本书得到国家社会科学基金"十二五规划"2015年度教育学重点课题
"地方高校转型发展研究"（课题批准号：AIA150008）的资助

地方本科院校转型与学生发展

吴红斌 著

Research on Transformation of
Local Undergraduate Colleges and
Universities and Student Development

社会科学文献出版社
SOCIAL SCIENCES ACADEMIC PRESS (CHINA)

序言 1

自 1999 年高等教育大扩招以来，我国高等教育系统就在进行着重大的变革和重构。在 20 年时间内，我国高等教育系统由以学科教育为主、以学术型研究型大学为牵引的单一系统逐步分化出新的轨道——以产教融合、校企结合方式培养应用型实践性人才的新轨道，高等教育呈现双轨系统。大专层次的高职教育、应用型本科教育以及研究生层次的专业研究生教育，成为新系统的重要组成部分。

围绕新系统的形成和发展演变，北京大学教育学院、教育经济研究所的研究团队在过去的 10 多年进行了持续研究。从 2009 年开始，我们就特别关注大专层次院校是如何从"普通本科的压缩式饼干"脱胎换骨，以服务为宗旨、以就业为导向，通过产教融合、校企合作方式培养企业所需要的高素质技术技能人才。这项研究得到教育部人文社会科学重点研究基地北京大学教育经济研究所的重大项目支持。我所在的研究团队围绕项目开展了大量的研究工作，发表了系列文章，探讨高职院校的组织转型、人才培养模式变革与毕业生素质能力变化以及三者间的关系。

2010 年后，随着我国产业结构转型升级，在国家强有力的政策引导下，一些地方普通本科高校开始向应用型转变。2013 年上半年，教育部有关领导明确提出新建本科院校向应用型转型；2015 年 10 月，教育部、国家发展改革委和财政部联合发布《关于引导部分地方普通本科高校向应用型转变的指导意见》后，地方普通本科高校转型和应用型院校建设就成为高等教育发展的重要议题。2015 年底，作为负责人，我承担了国家社科基金"十二五规划"2015 年度教育学重点课题"地方高校转型发展研究"（课题批准号：AIA150008）。在课题研究中，我深深地认识到：地方普通本科高校转型的核心是人才培养模式的变革，这是判断这些高校是否真转型的试金石；要实现人才培养模式的变革，关键在于产教融合和校企结合平台与机制的建设；要把人才培养模式真正建立在产教融合和校企结合的基础上，必须进行高校的组织制度变革，以组织制度变革引领和支撑培养模式变革；学生的发展，特别是能力与素质的变化以及就业情况的改善，既是转型结果，也是判断转型效果的重要依据。地方高校转型是系统性变化，既可以从组织制度角度开展研究，也可以从学生发展角度开展研究，还可以从劳动力市场的角度开展研究。长期以来，这三个研究角度是分离的，而要真正把地方高校转型发展的问题研究透，就需要把这些研究角度很好地结合起来。

在研究方法上，我们研究团队形成了自己的研究风格和研究路径——坚持在田野调查的基础上开展案例研究，在案例研究的基础上开展问卷调查和定量研究。从 2015 年开始，我们研究团队每年都会选择一些省份进行重点调研，开展田野调查，并在田野调查的基础上进行深入的案例研究，在案例研究基础上再进一步开展问卷调查。其间，2016 年和 2017 年，研究团队在全国范围内进行了大型问卷调查，针对地方高校的组织转型和学生发展获得了大量第一手资料。

吴红斌是我指导的硕博连读研究生，在读期间，红斌参与了我负责的国家社科基金"十二五规划"2015 年度教育学重点课题，是研究团队的重要成员。他的博士学位论文是基于 2016 年 5 ~ 6 月全国范围的大型调查问卷完成的，也是课题的重要阶段性成果。红斌以详实的资料、严谨的研究设计，比较系统地研究了地方本科院校向应用型转变对学生发展的影响。目前，国内关于地方本科院校转型发展的实证研究还相对缺乏，红斌以博士学位论文为基础完成的著作，尽管还存在需要完善的地方，但专著的出版，可在学界起到抛砖引玉的作用。我特别希望有更多的学界同仁能够关注地方本科院校向应用型转变和应用型院校建设的重大实践，开展更多的相关研究，并以扎实的研究成果更有效地指导实践。是为序。

郭建如

北京大学教育学院教育管理与政策系/教育经济研究所，教授

序言 2

当前，新一轮科技革命和产业变革蓄势待发，我国正处于全球竞争日益加剧、经济结构深刻调整和产业升级步伐加快的关键期，创新发展成为国家的根本动力。创新驱动战略的实施需要改变人力资本的供给结构和供给方式，重构教育与科技、产业和社会的关系。发达国家的实践经验证明，培养高层次应用型人才是渡过经济危机、保持国家竞争力的关键要素。为此，我国出台了一系列文件，先后提出引导一批地方普通本科高校向应用型转变，将发展应用型本科高校提高到国家战略层面。2015 年，教育部、国家发展改革委和财政部联合发布《关于引导部分地方普通本科高校向应用型转变的指导意见》（以下简称《指导意见》），为地方普通本科高校向应用型转型发展指明了方向。在国家文件精神的指导下，各省（区、市）陆续发布了相应的文件。

高等教育结构改革并非新问题，德国、瑞士、瑞典、荷兰和芬兰等发达国家已经在发展应用型本科高校方面积累了丰富的实践经验。2013 年，受教育部委托，我作为课题组负责人和一批年轻有为的学者开始致力于欧洲应用科技大学的研究。课题组提出，在发展中国自己的应用型大学的过程中，需要借鉴欧洲应用科技大学的经验，如办学定位应该以服务区域经济发展为主，推动大批地方普通本科高校向应用型办学方向转变，加强"双师型"教师队伍建设，专注应用科学研究，突出理论与实践相结合的教育教学改革，等等。随后，一场地方普通本科高校转型研究热潮掀起，特别是 2014 年 4 月，在河南驻马店，178 所高等学校共同发布了以"引导部分普通本科高校向应用技术型高校转型"为目的的《驻马店共识》。至此，中国已经在发展自己的特色应用型大学道路上迈出了第一步。

2017 年，课题组再次受教育部发展规划司委托，启动我国应用型本科高校发展状况的调研，非常荣幸，吴红斌老师参加了该项研究。课题组基于《指导意见》的基本思路，在各省（区、市）教育厅（教委）和地方普通本科高校的大力支持下，共收集 29 个省（区、市）教育厅（教委）和 326 所相关高校的总结资料。到 2017 年 10 月，距离《指导意见》发布已有两年时间。其间，教育部和有关部委积极推动落实转型发展的决策精神，多措并举，通过政策支持、项目推进、精准投入，推动地方普通本科高校转型发展，从制度供给到实践创新落地，各省（区、市）政府遴选了应用型本科试点高校，开展了丰富多样的实践探索，取得了可喜的成绩。

吴红斌老师作为课题组中最年轻的学者之一，胸怀理想、富有朝气、思想活跃、热爱教育。他的这部专著是在博士论文的基础上修改而成的。该书通过理论与实证相结合的方式，有效地在地方本科院校转型与学生发展之间建立了逻辑联系，同时构建了针对地方本科院校转型的课程设置、教学行为、实践教学、毕业/综合实习、学生参与、能力与素质发展六个量表，通过问卷调查、访谈等多种方法，多层面、多角度地揭示了地方本科院校学生的发展状况。该书有助于读者了解地方本科院校转型试点的实际情况，可为进一步推进我国高等教育的结构性改革提供参考。该书充分体现了他扎实的专业基础和严谨的治学态度，许多结论可以促进进一步的讨论与思考。最后，希望年轻有为的红斌老师再接再厉，在学术上不断取得新成就，期待一年更比一年好！

孙诚

中国教育科学研究院职业与继续教育研究所所长、研究员

目　录

第一章　绪论

第一节　问题缘起

常言道，有了一个好的研究问题，研究也就完成了一半。但研究者怎样发现和判断一个好的研究问题，教育领域中什么样的研究问题应该被选择，如何进行科学的教育研究……在确定研究问题的过程当中，本人时常对此进行追问。哈佛教育名著译丛《教育的科学研究》认为科学研究问题可以归纳为三种类型，分别是：（1）正在发生什么？（2）是否产生了效果？（3）效果是如何或通过什么机制产生的？（沙沃森，2016：11）。这三个类型的问题层层递进，"正在发生什么"要求研究者对问题、现象进行准确描述；"是否产生了效果"则要求研究者对问题发生的因果效应进行合理推断和估计；"效果是如何或通过什么机制产生的"则是效果如何发生的机制性问题，这也是科学研究的目标所在。具体到高等教育领域中，不禁要问我国高等教育领域正在发生什么，它是否产生了效果，其效果产生的机制又是如何？带着这些思考，和本人的研究兴趣，从宏观背景、学生为本、现实关注和定量分析四个方面，来逐步形成本研究的研究问题。

一　宏观背景：高等教育结构改革与地方本科院校转型

（一）高等教育大众化下的我国高等教育结构形态

自 1999 年高校扩招以来，我国逐步进入高等教育大众化阶段。高等教育大众化，其外在特征是高等教育供给规模的扩大，而内在特征则是高等教育结构体系的变革（潘懋元、肖海涛，2008）。随着我国高等教育大众化的推进，高等教育供给形式呈多样化发展，高等院校形成一定的层次结构。在不同的发展阶段，高等教育层次结构往往体现着不同的特点（何晓芳，2012）。按照已有研究者的观点，目前，我国高等院校已经呈现圈层态势（谢银萍，2007）。根据圈层态势的理念，2015 年我国高等教育结构形态的圈层态势如图 1-1 所示。由里到外第一圈共有 10 所院校，其目标是建设成为世界一流的高水平大学；第二圈为除第一圈 10 所院校外的其他"985"院校，共 29 所，其目标是建设成为国内外高水平的知名大学；第三圈为除"985"院校外的所有"211"院校，共 73 所；第四圈为老牌本科院校，即在 1999 年之前具有本科招生资格的院校，共 435 所，这类院校目前基本已经被批准可以授予硕士学位，甚至部分能够授予博士学位；第五圈为新建本科院校，即在 1999 年以后创建、升格、转设或合并而来的本科院校，主要进行本科教育，一般没有硕士、博士学位授予资格，这类院校在本科院校中数量最多，2015 年达到 673 所（包含独立学院 283 所）；第六圈，也是最外层有 1341 所，是高职高专院校。地方本科院校主要集中在第四圈和第五圈。

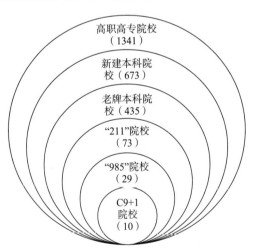

图 1-1 2015 年高等教育结构形态的圈层态势

资料来源：2015 年《中国教育统计年鉴》和 2015 年《全国教育事业发展统计公报》。

高等教育供给的增加使得高等院校数量不断增加，这集中体现在地方本科院校数量的增加。图 1-2 显示了 1999~2015 年以来每年新建本科院校的数量（不含独立学院）。2015 年，不含独立学院的新建本科院校数量达到 352 所，地方本科院校占普通高等本科院校比重达到 88.2%。地方本科院校自 1999 年以来，已经成为我国普通高等本科教育的重要支柱，而新建本科院校成为地方本科院校的重要组成部分。目前我国高等教育大众化正在摆脱以增加学生数量和院校数量为主的被动型、追赶型的外延式扩张的大众化模式，开始逐步走向质量提升的内涵式发展道路（李立国，2014）。当前我国经济发展和产业结构升级也对我国高等教育结构调整提出新的需求，更多高层次应用技术和技能人才、创新人才将被需要。

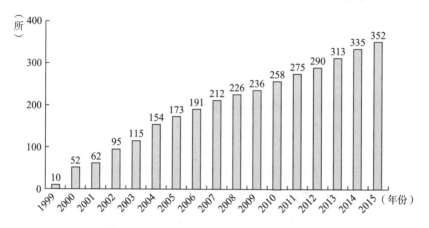

图 1 - 2 1999～2015 年新建本科院校数量

注：根据《中国教育统计年鉴》，2007 年及以前在本科院校统计中没有单独统计独立学院数量，2007 年之后才单独统计独立学院数量，在此，各年份新建本科院校中不包括独立学院。

资料来源：根据历年《中国教育统计年鉴》和历年《全国教育事业发展统计公报》制作。

（二）地方本科院校的发展困境和转型实践

如上所述，我国地方本科院校在 2015 年达到 1108 所，其中 673 所为新建本科院校，占全国普通本科高校总量的 55.2%，占所有地方本科院校的 60.7%。地方本科院校尤其是新建地方本科院校成为高等教育扩张满足高等教育需求的主力军。目前，我国高等教育已达 40% 的毛入学率，进入高等教育大众化阶段，在校生为 3000 多万人，居世界第一。

地方本科院校定位于为地方经济社会发展服务。但是实践及研究发现地方本科院校出现同研究型大学办学定位趋同、专业设置雷同以及课程设置老化、人才培养方式单一、"重理论、轻实践"等现象，难以培养地方经济社会发展所需要的人才［应用技术大学（学院）联盟/地方高校转型发展研究中心，2013］，这也造成了地方本科院校毕业生就业难问题，就业结构性矛盾突出。多项调查研究指出，地方本科院校本科生就业率低于"985"院校、"211"院校等研究型大学，也低于高职高专院校（于忠宁，2013）。针对上述现象，2013 年 6 月在教育部指导下我国成立应用技术大学（学院）联盟。2014 年 3 月教育部相关领导明确提出部分本科院校向应用技术教育和职业教育方向转型，并将引导地方本科院校转型写入 2014 年国务院印发的《关于加快发展现代职业教育的决定》。2015 年《政府工作报告》中李克强总理强调指出，要引导部分地方本科高校转型发展、向应用型转变。2015 年 10 月，教育部、国家发展改革委、财政部三部委联合提出《关于引导部分地方普通本科高校向应用型转变的指导意见》后，地方本科院校转型的步伐进一步加快。2016 年 3 月，十二届全国人大四次会议新闻中心记者会上，教育部时任部长袁贵仁明确提出中国地方本科高校的应用型转型发展，其实质是中国高等教育供给侧结构性改革，是我国经济供给侧结构性改革的主要部分；同时，袁贵仁指出转型的真正核心是人才培养模式的变革，推进的办法就是试点推动，典型示范（袁贵仁，2016）。

引导地方本科高校向应用型本科院校转型发展是深化教育综合改革、优化高等教育结构、提高高等教育质量、提升高等教育服务于地方社会经济发展能力的重要举措，是地方高校深化改革内涵、主动服务地方需求的必然要求（张大良，2015）。自 2014 年以来，各省份积极落实中央、教育部关于地方本科院校转型试点相关意见，开展了转型试点工作。如河南省已经开展了第二批转型试点学校和部分专业集群转型试点工作，并对第一批转型试点学校进行了考核和评估；云南省 2014 年底颁布《云南省教育厅关于推动部分地方本科高校转型发展的实施意见》，并在 2015 年启动本科高校转型发展试点改革项目、实验实习实训基地与技术创新服务中心项目及本科高校转型发展课题研究项目的遴选工作；山东省在地方本科院校转型试点相关政策出台前，在 2011 年已经开始实施山东省高等教育名校建设工程，并将部分条件合适的学校列为应用型人才培养特色名校立项建设单位。研究统计和分析了各个省教育厅关于地方本科院校转型试点的相关文件，发现大多省份已经出台关于地方本科院校转型试点工作的通知和方案，或将地方本科院校转型工作纳入地方高等教育工作要点当中。政策的出台很多情况下是落后于实践或是被实践所推动的，更何况各个省份在进行转型试点工作当中，很多是遴选工作，这也就说明在转型试点等政府文件出台以前，为应对发展需要，部分院校其实已探索向地方性、应用型、特色性方向转变，进行着转型发展。地方高校的积极主动探索，形成了较为丰富的学术成果，如相关专著就有《建设应用型大学之路》《建设应用型本科大学：组织转型与创新》《高等教育转型与应用型本科人才培养》《新建本科院校转型发展论》《中国新建本科院校转型发展研究》等。

二 学生为本：学生发展的备受关注和学生成就评价的多元化

伴随着高等教育规模的扩张和高等教育的多样化发展，高等教育发展的重点转向提高人才培养质量（石卫林，2011）。在此背景下，社会对高等教育质量越来越关注，世界各国研究者开始普遍关注大学经历对学生的影响，关注大学生成长的变化，并形成院校影响研究派。在世界各国中，美国研究者很早就开始对大学影响和大学对学生的影响问题进行系统研究，并取得了较为丰硕的成果，形成了院校影响理论的一系列相关模型，如早期的阿斯汀（Astin）院校投入－环境－产出的 IEO 经典模型、汀托（Tinto）的学生融入模型、帕斯卡雷拉（Pascarella）的学生发展综合因果模型、韦德曼（Weildman）的社会化模型等。全美大学生参与度调查（National Survey of Student Engagement，NSSE）和全美大型质量评估项目（the Wabash National Survey of Liberal Arts Education，WNSLAE），对美国本科教育实践产生了很大影响，也为研究提供了重要的支持。其他发达国家典型的学生发展调查项目有澳大利亚的课程经历调查（Course Experience Questionaire，CEQ）、英国的国家学生调查（National Student Survey）、日本的高校学生调查（College Student Survey）等。可以看出，许多发达国家都将高校学生调查作为促进高校教学质量提升的一个重要环节，这也使人们更加关注和了解大学对学生发展的影响。

高校扩招之后，保障和提升人才培养质量成为我国高等教育发展的重要方向，《国家中长期教育改革和发展规划纲要（2010—2020 年）》中明确提出高等教育要提高人才培养质量。大学对学生发展的影响评估是高等教育质量评估的一个重要方面，也是提高人才培养质量的重要环节。借鉴国际院校影响研究的已有成果，并结合我国高等教育现实发展的需要，近年来我国陆续开展了相应的大规模学生发展调查项目，以期掌握学生发展现状和分析院校对学生发展的影响，典型的调查项目有北京大学教育学院承担的"首都高校大学生发展状况年度调查"和清华大学教育研究院主持的"中国大学生学习性投入调查"与"中国大学生学习与发展追踪研究",2014 年北京大学还承担了全国高等理科教育改革调研项目,进行了全国高等教育改革学生问卷调查。在这些项目的支持下,一些研究者开展了关于国内院校影响学生发展的研究,取得了一定的成果,并尝试构建了本土化的学生发展理论(朱红,2010a)。国内研究者实证研究分析得出,只有实现高校人才培养模式的转化,才能有效保证学生的良好发展(鲍威,2010)。

学生发展的备受关注带来对学生发展结果、学生成就评价的多元化。学生成就评价是高等教育评价领域的一个重要组成部分,是提高教育时效性、推动教育科学化的重要手段,是高等院校教育教学质量的重要保障(张花,2010)。学生成就评价是根据一定的标准对学生的学习成果进行价值判断的过程(孙士杰、张国荣、冯喜英,2000)。一般来说,学生成就是指学生通过在校的课程学习、活动参与等经历而获得的成果,传统上以学生的学业成绩作为判断的主要依据。但随着学生发展理论的不断丰富和对学生发展、成长的关注,对于高校学生的学生成就评价不再局限于学业成绩。教育管理部门、劳动力市场用人单位、家长及高等教育利益相关者也希望得到更多关于高等院校学生成就的信息,高校也希望提供更为丰富的学生成就信息来应对社会各界的问责。在学生的专业知识技能、批判性思维、创新能力、人际交往能力等认知性技能得到关注的同时,学生的非认知技能,如情感、态度、价值观、公民意识、社会责任感等也成为衡量学生成就的重要组成部分,更有研究者指出要关注学生成就的长期效应,考察学生在劳动力市场的表现,如就业、职业、收入等(Astin,1991;Pascarella and Terenzini,2005)。可以看出,学生成就的评价越来越多元化,这极大地拓宽了我们对学生发展的认识,有助于我们更好地认识高等教育对个人产生的作用。

三 现实关注:扩张后高等教育不平等和新一轮"读书无用论"

高等教育规模扩张后,高等教育不平等现象的加剧,使得社会阶层之间贫富差距加大以及弱势群体教育资源不足等社会问题日益凸显,也逐渐改变着社会大众对高等教育的认识。自 1999 年高等教育扩招后第一届大学生毕业以来,大学生就业难问题逐步凸显,尤其是农村大学生在就业时存在明显劣势,使得新一轮的"读书无用论"开始频繁见诸媒体,引起社会公众的广泛讨论。

高等教育扩张后"读书无用论"抬头，尤其是对上大学是否有用的怀疑，可以看出人们教育观念的不断改变，"读书无用论"实质是对高等教育作用和高等教育质量的反思。长期以来，接受高等教育、上大学被认为是弱势家庭子女"跳出龙门、光宗耀祖"的有效途径，是实现向社会上层流动的必由之路。在我国恢复高考制度后的很长一段时间内，许多弱势家庭子女正是通过接受高等教育实现了向上流动。但随着高等教育扩张和就业机制的改变，通过高等教育改变命运、实现向上流动不再是一种必然，高等教育的社会分层功能存在弱化的倾向（庞明礼，2013）。随着大学生的不断增加，就业难问题凸显。尽管高等教育扩张提供了更多的上大学机会，但是弱势家庭子女上重点大学的比例不断下降，弱势家庭子女在大学入学上更多地集中于高职高专院校和一般本科院校。许多调查指出，一般本科院校毕业生就业率相对较低，且一般本科院校毕业生就业城乡差异巨大（熊丙奇，2014），而高职高专院校学生虽然有较高的就业率，但是就业质量堪忧（刘莹、刘进华，2012）。在就业单位选择上，让一般家庭觉得可以改变命运的体制内工作，则更多地被拥有一定家庭背景的学生所占据（文东茅，2005）。此外，高等教育扩张后实行学费成本分担机制，增加了上大学的成本，这也让一般家庭对于上大学慎之又慎，"读书越读越输"的思想开始显现。再者，部分高校的人才培养缺失、教学质量堪忧，也让学生觉得读大学学不到东西，大学生本身就对大学的作用产生怀疑。近几年，"大学生不如农民工"的话题更是频繁地引起大众的讨论，"读书无用论"有蔓延的倾向。不过仔细分析可以发现，"读书无用论"更多的是针对高职高专院校和一般本科院校，对于重点院校、名牌院校，如果农村家庭学生能够进入，则很少存在辍学的可能。但是现实情况是农村教育资源相对匮乏、城乡差距加大等一系列原因，使得农村学生进入重点院校、名牌院校的概率较小。从本科层次来说，地方本科院校的学生在就业上并没有优势，而就读于这类院校的普通家庭学生的就业问题更加明显。就业难、成本高、教学质量堪忧等众多因素影响着社会大众对大学的认识和选择，这在地方本科院校上表现得尤为明显。

四 定量分析：高等教育改革和政策评估的科学依据

公共政策评估是公共政策过程的重要环节。随着数理统计学方法和社会科学相关研究方法的不断突破，采用以因果推断模型为主的计量经济模型进行的公共政策定量评估与分析越来越多地被采用，使得公共政策评价的研究结论更为科学可信（雷德雨，2016）。目前，公共政策评估是我国公共政策理论研究和实践应用的一个薄弱环节，我国公共政策定量评估与分析的实践活动还相对较少，一方面，大多数政府机构对定量评估方法还缺乏一定的认识，对其重视不够；另一方面，统计工作的不深入，使得许多数据资料不可获得或不准确，或由于统计口径的调整，数据的可比性较低等（廖筠，2007）。此外，受我国高等院校中学科训练的影响，以往研究者较为缺乏自然科学和社会科学知识，其学科背景和知识结构较为单一，这些使得长期以来我国公共政策评估倾向于用判断代替事实和数据分析，这制约了政策评估的科学化和规范化，研究者指出中国公共政策评估应该走向实证主义、走向定量评估（和经纬，2008）。

教育政策作为公共政策的一类，具有公共政策的一般属性。教育政策评估不仅是考虑政策是否延续、是否需要改进或终结的重要依据，还是促进教育资源的合理有效分配、促进教育公平的科学保障，并最终影响教育事业的健康发展和社会的稳定（高庆蓬，2008）。有研究者指出，教育政策评估是促进教育公平、保障政策有效执行、实现教育决策民主化的现实着力点，也是近年来教育研究的热点之一（张茂聪、杜文静，2013）。时任教育部高等教育教学评估中心主任吴岩表示高等教育的研究不再停留于定性描述，而要运用大数据理论和技术加以定量研究，关于高等教育质量的定量分析与评价具有划时代意义（教育部高等教育教学评估中心，2016）。十余年来，随着教育领域可用于研究的数据库不断增加、定量评估方法在教育领域中的运用以及国家"科学发展观"在教育政策制定领域的不断深化，我国教育政策评估的定量研究在质量和数量上都在迅速提高，典型的研究有农村义务教育经费保障机制、义务教育教师绩效工资改革和"985工程"项目等的评估研究等。教育政策和改革的目标基本是提高教育质量和促进教育公平，每一项教育政策的出台，都有期望实现的目标，政策评估的目的在于通过科学的研究设计，把某项政策效果识别出来。因果推断模型是目前国际主流教育政策评估的方法，也是公共财政、劳动力经济学等多个社会科学领域所主要采用的实证研究方法（张羽，2013）。当前，为全面贯彻落实《国家中长期教育改革和发展规划纲要（2010—2020年）》和大力推进高等教育教学改革，我国组织实施了一批改革试点，启动了一批教育改革项目和制定了一系列的教育政策。这些试点工作、改革项目和政策执行得如何、是否有必要进一步推广以及如何去完善等，都需要科学的研究工作进行支撑。

五　问题提出

地方本科院校转型作为当前我国高等教育结构改革的一个重要方面，具有重大的现实意义。但是当前地方本科院校转型发展存在的"向哪里转"、"为何转"、"转什么"、"如何转"和"如何评价"等问题对地方本科院校转型发展政策的制定者、执行者和实践者造成普遍困扰（郭建如，2017）。本书认为对当下问题争论的关键在于目前还没有形成对全国地方本科院校转型发展现状和结果的普遍认识和科学分析，这就导致仁者见仁智者见智。当前，我国高等教育的发展重点从"规模扩张"转为"质量提升"，提高人才培养质量、促进学生发展、提升学生成就，已经成为政府管理决策人员、高校管理者和相关研究者高度关注的议题。地方本科院校转型的关键在于人才培养模式的变革，结合地方本科院校转型的要求和目标，从学生发展的角度对地方本科院校的转型进行分析，有益于地方本科院校教育教学质量的提升。"以学生为本"的理念与行动，也是对目前关于地方本科院校转型发展争论的有利回应。此外，由上可以看到，高等教育扩张带来的高等教育不平等和新一轮"读书无用论"的社会现象，在地方本科院校中表现得更为突出。这就需要我们不仅仅关注高等教育的入学机会，更需要关注高等院校的人才培养过程和学生院校经历，只有这样才能对上述社会现象进行进一步的解释和得到更加深入的认识。地方本科院校作为我国高等教育本科院校的主体，正在发生"转型"的巨大变革，已有研究中对地方本科院校转型的研究多基于价值判断层面，相关的定量研究较为缺乏，从全国层面进行的实证研究尚未出现，本研究主要采用定量分析的实证研究方法对地方本科院校转型进行研究。

基于以上四个方面的考虑，本书的研究问题如下。

（1）正在发生什么？地方本科院校发展和转型现状如何，有何表现？

（2）是否产生了效果？地方本科院校转型与学生发展间存在什么样的关系？地方本科院校转型是否能有效促进学生发展、提升学生成就、影响学生就业？其影响在学生发展的各个方面是如何表现的？同时，地方本科院校的转型发展，是否让优势阶层的子女获得了更好的发展，从而加大了高等教育不平等？

（3）效果是如何或通过什么机制产生的？地方本科院校的转型对学生发展的影响机制是什么？从学生发展的角度而言，地方本科院校的转型对高等教育不平等影响的可能路径又是什么？

本研究的主要目的在于评估地方本科院校转型对学生发展的影响，并结合当今社会问题，尝试进一步思考地方本科院校转型可能带来的平等问题。

第二节　相关概念

在结合研究问题对研究内容进行具体说明之前，有必要对上文涉及的相关概念进行说明。

一　地方本科院校

为更加清晰、准确地把握地方本科院校的内涵，有必要先阐明本科院校的概念。本科院校（undergraduate colleges）是指进行本科教育的高等院校。本科教育（undergraduate education）是高等教育的中间层次，是联合国教科文组织《国际教育标准分类》的第三级第二阶段的教育（卢晓中，2001），与专科教育、研究生教育构成高等教育的三个层次，为高等教育的主体部分，在高等教育结构中居中心地位。我国1998年颁布的《中华人民共和国高等教育法》中对本科教育进行了界定：本科教育应使学生比较系统地掌握本学科、专业必需的基础理论、基本知识，掌握本专业必要的相关知识，具有从事本专业实际工作和研究工作的能力（第九届全国人民代表大会常务委员会第四次会议，1998）。此外，1980年颁布的《中华人民共和国学位条例》第4条规定：高等学校本科毕业生，成绩优良，达到下述水平者，授予学士学位：（一）较好地掌握本门学科的基础理论、专业知识和基本技能；（二）具有从事科学研究工作或担负专门技术工作的初步能力（余伟良，2008）。从中可以看到，本科教育注重学科、专业的基础理论和基本知识的掌握，并要求学生具备从事工作的技能，还注重培养学生具有创造性和研究性（柳友荣、龚放，2008）。目前，根据我国普通高等本科院校录取批次，将本科院校分为一本、二本和三本，其中三本多为民办本科院校或独立学院。

简单而言，地方本科院校是从事本科教育的地方高等本科院校。

1995 年颁布的《中华人民共和国教育法》明确规定：高等教育实行国务院与省、自治区、直辖市人民政府两级管理分工负责的体制（全国人大常委会办公厅，2008）。我国普通高等本科院校按照隶属对象的不同，被划分为部属高校和地方院校两个层次。地方本科院校是指隶属于各省、自治区、直辖市、地级市，以地方财政供养为主，承担着为地方（行业）培养人才、提供服务的普通本科院校。考察我国大学发展的历史发现，除办学历史较长的地方本科院校外，改革开放后地方本科院校主要有三个形成期，分别是 20 世纪 70 年代末到 80 年代初中期、90 年代中后期和 1999 年高等教育扩张后至今。"文革"结束后不久我国开始恢复高考制度，同时在改革开放的社会背景下社会经济得到迅速发展，多年高考停招带来的求学人员和地方社会经济发展对人才的需求，使得一些地方开始筹办本科院校，这类院校有 100 余所，目前大多属于各地区省属重点院校。20 世纪 90 年代中后期，伴随着我国高等教育管理体制的调整和改革，高等教育宏观管理体制发生巨大变化，按照国家高等教育改革"共建、调整、合作、合并"的方针，一批原隶属于中央各部委管理的高等院校划归到地方政府管理（张筱，2014），这类院校大多被称为"行业院校"，院校虽然普遍办学历史不长但是具有较大的行业资源优势和较为雄厚的办学实力，现在大多属于地方本科院校中的省部共建院校或省属重点院校，共有 250 所左右。从 1999 年开始，为了扩招的需要，除地方新建本科院校外，更多的是一批行业类优秀专科院校、高职院校、师范专科院校或民办院校合并、重组或升格为本科院校，在此期间本科学历教育以上的院校与社会组织或个人合作，利用非财政性经费举办本科学历教育，即独立学院，这些院校被统称为新建本科院校。

　　总的来说，2015 年我国共有 1108 所非"211"地方本科院校（"985"院校均为部属院校，小部分"211"院校属于省属院校），可分为省部共建高校、一般地方本科院校和新建本科院校三个主要类别，按照举办时间可简单划分为老本科院校和新建本科院校，按照所属主体可分为省属和地级市所属院校①。近年来，随着院校定位变化和教育教学改革的推进，地方本科院校有了进一步区分。我国著名高等教育学家潘懋元教授

---

　　①　地级市所属院校，指由地级市（自治州）出资举办，接受省政府（教育厅）和地方政府双重领导的公立本科院校，一般为"省市共建"，地级市所属院校以本科教学为主。不过随着高等本科院校改革，目前，地级市所属院校较少，主要存在于经济较为发达的地市（自治州）。

在《国际教育标准分类》的基础上，对我国高等院校类型进行了分类，将其分为学术性大学（5A1）、应用型本科院校（5A2）和职业技术院校（5B）三个大类（潘懋元、王琪，2010）。其中，学术性大学以传统的综合性大学为主，包括所有的"985"院校和大部分的"211"院校；应用型本科院校以地方本科高校为主；职业技术院校主要指高职高专院校。此外，还有研究者按照教学和科研的侧重程度来将高校类型分为研究型大学、研究教学型大学、教学研究型大学和教学型大学（王玉萍，2009）。地方本科院校中的新建本科院校主要属于教学型大学，而其余院校则主要属于教学研究型大学。

参照黑建敏在博士学位论文中归纳的地方本科院校的特点（黑建敏，2010：95），本书认为地方本科院校具有的特点为：①地方本科院校在管理上虽然参照国家教育行政主管部门的相关规定，但更多的还是依照地方政府规定进行管理，地方的政策指向性和针对性相对较强，学校以"教学型"和"应用型"为主；②办学目标应是服务地方经济社会发展，这是由地方本科院校的办学历史、办学属性、办学需求等决定的；③除民办院校外（包括独立学院），地方本科院校在经费上主要依赖于地方政府，相对于部属院校，整体上地方本科院校在财政方面较为缺乏，但是由于不同地区政府财政能力差异较大，不同地区院校在财政上分化较为严重，这也造成地方本科院校在地区间可能差异较大；④除省属"211"院校和省部共建院校外，地方本科院校在生源质量、教师质量、教学和科研质量等方面与部属重点院校均存在明显差异。

需要注意的是，在地方本科院校中，新建本科院校占非"211"普通地方本科院校数量的61%，是地方本科院校中的主体，它与重点院校、老本科院校、高职院校一起构成了我国多层次、多元化的高等教育体系（盛欣，2015）。新建本科院校为满足地方经济社会发展需要，为实现高等教育大众化做出了重要的贡献，但是这类院校从其诞生的社会历史阶段和自身办学条件的局限性以及经济社会发展对人才结构和类型的需求来看，需要向应用型本科高校转型（李攀，2015）。各省目前开展的地方本科院校转型试点工作，主要是针对新建本科院校。

二　转型和地方本科院校转型

《汉语大字典》中对转型的解释是：转型是指社会经济结构、文化形态、价值观念、经济增长模式或企业的生产经营结构发生转变（汉语大字典编辑委员会，1988）。王建华（2012）认为转型是人类社会各种组织结构的一种发展方式，或是人类认知社会中各种组织结构发展的一种思考方式，用"转型"来描述社会或某种机构的发展是人类思维方式的一种普遍选择（王建华，2012；宋俊骥，2015）。中国教育学会会长钟秉林和王新凤认为转型是事物的结构形态、运转模型和人们观念的根本性转变过程（钟秉林、王新凤，2016）。不同转型主体的状态及其与客观环境的适应程度，决定了转型内容和方向的多样性。转型最初用来指的是社会和经济结构，而后逐步扩展到其他各个组织和领域，尤其是企业的组织转型被广泛地研究，转型的特征主要表现在外在环境的影响、转变、主动和创新。西方学者根据对企业组织的转型研究，形成组织转型理论（Organization Transformation Theory），该理论认为组织转型不仅是一种范式转换，还是一种自我认知的彻底改变，包括管理观念、思维方式和价值观等（王军胜，2013）。针对高等院校的转型，最早是由著名经济学家厉以宁教授提出，他在专著《转型发展理论》中指出，"转型发展就是新建本科院校在其演进过程中，既要实现形态的合理跃迁，又要实现学校的良性运行和可持续发展"，书中进一步指出，转型的重点是学校类型的转变而不是规模的大小，转型应该注重"内在建设"而不是"规模建设"（厉以宁，1996）。钟秉林、王新凤（2016）认为地方本科院校转型发展是我国经济发展方式转变、产业结构升级、解决新增劳动力就业结构性矛盾的迫切要求，是深化高等教育供给侧改革、破解高等教育结构性难题的深层次变革，也是部分地方本科院校生存发展的现实需求，转型发展涉及观念转变、目标定位、人才培养模式、队伍建设、制度保障等多方面内容。郭建如（2017）在研究中从技能、技术、科学三个角度对地方本科高校转型的内涵进行了分析，研究认为无论是倾向于哪个方面，判断这些高校是否发生转型最关键的指标就是人才培养的方式是否发生了根本的改变，是否确立了不同于普通本科高校以学科（学术）为导向的知识学习能力培养模式，并进一步指出，地方普通本科高校向应用型转变是"构型"的转变、"结构"的转变，最核心的是人才培养模式的转变，即教与学的问题。

地方本科院校转型发展是我国高等教育改革的一项重要内容，对政府相关政策文件的提法研读和分析有利于我们准确把握其转型内涵。在近年来颁布的国家政策文件中最早的一次提法是 2014 年国务院颁布的《关于加快发展现代职业教育的决定》，文件提出，"引导一批普通本科高等学校向应用技术类型高等学校转型，重点举办本科职业教育"。2015年10月教育部、国家发展改革委、财政部三部委颁布了《关于引导部分地方普通本科高校向应用型转变的指导意见》（以下简称《指导意见》），《指导意见》指出转型发展的背景是随着经济发展进入新常态，高等教育结构性矛盾更加突出，人才培养结构和质量尚不适应经济结构调整和产业升级的要求，转型发展在于真正增强地方高校为区域经济社会发展服务的能力，为行业企业技术进步服务的能力，为学习者创造价值的能力。转型发展在于推动高校将办学思路转到服务地方经济社会发展上来，转到产教融合、校企合作上来，转到培养应用型技术技能型人才上来，转到增强学生就业创业能力上来，要适度提高学生就业比例和就业专业对口比例。此外，2015年1月，教育部时任部长袁贵仁就推动地方高校转型发展，对《指导意见》中的相关内容进行了强调，并指出：转型的关键是明确办学定位、凝练办学特色、转变办学方式，其核心是人才培养模式的变革。高等教育司司长张大良也发表文章指出转型不是"挂牌"、不是"更名"、不是"升格"，而是要进行办学思想和办学模式调整，地方本科院校转型要使得地方本科院校坚持以地方需求和学生就业为导向，立足"地方性""应用型""重特色"的办学定位，其转型涉及办学的方方面面，是一项系统和复杂的工程（张大良，2015）。

本研究认为对于地方本科院校转型的内涵可以从以下几个方面来认识。首先，就转型主体而言，是部分地方本科院校，主要针对的是新建本科院校（包括独立学院等民办院校）；其次，就转型目标而言，是发展成应用型本科，能够较好地服务地方经济社会发展，学生在校取得较好发展，就业能力较强，就业专业对口程度高；再次，转型发展涉及高等院校运行的方方面面，但其核心是人才培养模式的变革；最后，就转型发展的人才培养定位而言，是培养高层次的应用型、专业技能型人才，区别于高职高专院校培养的应用型人才和研究型大学、综合性大学培养的学术型人才。

三　学生发展

学生发展这一概念比较常见，经常被用到。通俗来说，学生发展是指学校通过教育活动和实践直接或间接影响的学生收获的各个方面。周廷勇和周作宇（2012）认为学生发展具体指在特定教育环境中的学生个体在思想与文化、人格与品性、专业与专长、技能与潜能方面随时间而

发生变化的状态。查阅国内已有相关研究发现，学生发展最初的研究主
要集中在中小学领域，对于学生发展的界定更多的是从素质教育的角度
进行，主要学科基础是社会学、心理学和教育学。在国外，针对学生发
展的界定，多是从"人格发展""心理发展""自我发展""智力发展"
"技能发展"等角度来进行论述的（李继兵，2006）。

随着 20 世纪 60 年代以后世界各国高等教育规模扩张和社会对高等教
育质量问责的不断强化，在高等院校中关于学生发展的结果，即学生成
就的界定和测量受到关注。Arthur 和 Reisser（1993）综述了大学生发展
的四种理论模型，分别为心理学的发展理论、认知 – 结构理论、类型学
理论、个人和环境互动理论。心理学的发展理论将学生发展看作个体在
思维、情感、行为、价值观等方面的量的变化；认知 – 结构理论主要关
注学生的思维发展和信念、价值观的形成；类型学理论主要从学生的风
格品行、家庭等角度探讨学生发展的特征；个人和环境互动理论主要关
注环境如何影响学生的行为（周廷勇、周作宇，2012；Chickering and
Reisser，1993：1 – 41）。不同的研究者从不同的视角给出了学生成就的定
义，如 Lenning 和 Others（1977）将学生成就从经济、人格、知识、技
能、资源或服务的提供、美学或文化行为等方面来进行划分；Bowen
（1980）将学生成就具体划分为语言能力、数量分析能力、博深的知识、
审美能力、创造力、学术规范和明智的判断力；评估专家 Ewell（1989）
提出学生成就包括四大要素：认知的发展、技能的发展、态度的发展和
毕业后的表现。在众多相关研究中，Astin 对学生成就的研究最具影响力
和参考价值。Astin 从学生成就的类型、测评资料特性以及时间三个维度
对学生成就进行了系统定义。在类型方面，将学生成就分为认知和情感
层面，在测评资料特性方面分为心理和行为层面，在时间方面分为大学
期间成就和毕业后成就，并指出在时间上将高校学生成就区分为短期
效应和长期效应极为重要（鲍威，2014：43 ~ 50）。此外，Pascarella 和
Terenzini（2005）通过对 20 世纪 90 年代后期院校影响的相关研究发现，
高校学生成就是较为宽泛的概念，与没有高校学习经历的同龄群体相比，
高等教育不仅使得学生收获学术性和认知性变化，同时高等教育的作用
也体现在心理、态度与价值观、职业生涯与经济收益、生活质量等多个
方面。吉田文（2009，转引自鲍威，2015）基于学业成就和评估方式的
二维度分类框架，提出高校学生学业成就评估模式的四个分类。鲍威
（2015）在研究中指出吉田文学业成就评估模式中的模式 4 多采用高校问

卷调查，采用学生自我陈述形式对相关学业成就进行评价，且观测评估指标扩展至高等院校的"教"与"学"过程。虽然这类评估模式没有提供关于学生学业成就的直接证据，但是通过反映高校教学质量的二级指标，从中可发现提升学生学业成就的院校影响（鲍威，2015）。

近年来，国内学者在国际学生发展、学生成就相关研究的基础上，结合自身相关研究的需要和中国的国情，也给出了关于学生发展测量的不同指标。鲍威（2010）在使用《2008年首都高校学生发展问卷》度量学生发展时，选用学生学业成就和认知发展水平两个方面，其中学业成就以学业成绩来衡量，而认知发展水平则被认为代表了学生的能力素养，学生能力素养包括合作交流能力、核心能力、知识素质三个方面。鲍威（2015）还在研究中进一步指出我国高校学生学业成就的增值体现在核心胜任力、公民意识、专业素养三个方面。朱红（2010b）在研究学生发展中的学生参与度时，将学生成就设为四个维度进行测量：知识活动（专业知识和理论、操作能力、发展前沿等），认知思维能力（信息处理、发现与解决问题的能力、批判性思维等），组织表达能力（书面写作能力、口头表达、与人相处和社会交往等），道德价值观（全球化意识和国际化视角、政治关心程度、诚信度与社会规范意识等）。杨钋和许申（2010）在研究本专科学生能力发展时，认为学生发展可以从科学思维和领导沟通能力、知识和一般技能、公民素质、职业和心理素质四个维度来进行测量。周廷勇、周作宇（2012）在研究中将学生发展与成就设定为社会性发展、通识能力发展、实践能力发展和科学技术能力发展四个维度。赵晓阳（2013）则从认知学习、实践能力和情感道德发展三个方面来衡量学生的发展水平。马莉萍、管清天（2016）采用全国85所高校学生的调查数据，将学生成就（能力增值）分为创新能力、非认知技能、专业素养、公民素养和认知技能五个方面。

可以看出，如前所述，对于高校学生发展的衡量不局限于学业成绩，不局限于在校期间的各种表现，还包括学生的人际关系、沟通表达、情感态度等非认知因素发展，以及成功就业、职场的升迁、进一步学术深造的机会等。本研究认为学生发展是学生通过高校学习后在知识、技能、态度、价值观、学术或就业倾向等方面发生的改变，这不仅包括学生在认知、非认知等能力方面的增值，还包括学生的就业状况。本研究结合地方本科院校转型的相关要求和目标，根据Astin的学生成就类型，采用吉田文二维度分类框架中的模式4，具体将从学生的能力与素质和就业状况两方面来考察学生发展。

第三节　研究内容

从研究内容来看，本研究包括以下四个方面。

一　地方本科院校现状和转型比较

本部分将首先采用全国层面的学生调查数据和高校经费数据，对地方本科院校发展现状进行描述统计，主要考察指标有院校的经费水平与规模、学生入学特征、院校人才培养过程和学生发展等，并将采用方差分析等方法将地方本科院校发展情况和"211"院校、"985"院校等的发展情况进行比较，以期对地方本科院校的发展现状和学生情况有整体性的认识。此外，研究对样本中的地方本科院校进行进一步划分，分为省部共建院校、一般本科院校和新建本科院校三个类型，研究认为这三个类型代表了地方本科院校的三个层次，层次越高，院校选拔性越强。新建本科院校是地方本科院校转型的主体，对地方本科院校进行进一步划分有助于对转型主体发展和现状形成清晰的认识。

此外，本研究将使用地方高校人才培养与就业调查数据对转型试点院校和非转型试点院校进行比较分析。在分析中将比较转型试点院校和非转型试点院校在生源状况上的差异，并进一步比较转型试点院校和非转型试点院校转型的关键所在，即人才培养模式变革的差异。对人才培养模式变革的差异将从两个方面来进行分析，一是学生对人才培养模式变革的感知，二是人才培养模式变革中的课程设置、教学行为、实践教学和毕业/综合实习等几个关键环节。最后，本书将对学生发展情况进行比较分析。

二　基于学生发展的地方本科院校转型的定量评估

地方本科院校转型到底对学生发展有没有影响，其作用多大，在学生发展的各个方面又是如何表现的，在能力与素质和就业状况上是否存在明显不同，这是本书的一个研究重点。如前所述，对于学生发展的测量，参考 Astin 的学生成就类型和吉田文学业成就评估模式4，并结合地方本科院校转型试点要求，综合考虑学生能力与素质和就业状况。在学生能力与素质上，参考已有成熟量表和转型试点要求设计六个维度，分别为专业技术与能力、专业素养与态度、批判创新能力、职业认知与规划、沟通表达能力和团队协作能力。在就业状况上，主要指标有就业对口程度、就业比例、就业起薪和工作总体满意度。研究将采用因果推断的计量模型——倾向得分匹配模型，从调查样本中构建实验组和对照组，以期有效控制内生性，来获得院校转型对学生发展的净影响。此外，研究还将细分样本，分学科专业类别进行专门讨论和分析，以期更加准确地获得地方本科院校转型对学生发展的影响。

三　地方本科院校转型对学生发展的影响机制分析

在进行地方本科院校转型试点对学生发展的影响机制分析之前，将首先对学生发展的影响因素进行分析，以期了解学生个体特征、家庭背景、院校经历、院校特征、人才培养过程等对学生发展的影响情况。对于学生个体层面的个体特征、家庭背景、院校经历等对学生发展的影响，将采用院校-专业类固定效应模型，以期控制院校-专业类层面的遗漏变量偏误。而对于院校和专业类层面的院校特征、人才培养过程中的变量将主要采用多元线性模型来进行，同时根据因变量的特征，采用 Tobit 模型和 Logit 模型。

进一步地，为探讨转型试点对学生发展的影响机制，将从两个方面进行实证分析。一是考察转型试点对学生个体和专业类层面的层级效应，在此将采用三层模型来进行，即从院校、专业类和学生个体三个层面对学生发展的影响进行分析，这不仅帮助我们弄清院校、专业类和学生个体三个层面对学生发展的影响大小，还将帮助我们考察转型试点在学生个体层面（院校经历，包括学生参与和毕业/综合实习）和专业类层面（课程设置、教学行为和实践教学）对学生发展的调节作用。二是采用结构方程模型来考察院校转型对学生发展的具体影响路径和各路径作用大小，在研究中将针对学生能力与素质和就业状况分别建立相关模型，并参考已有学生发展的研究成果，在路径分析中考察学生参与的中介作用。

四　地方本科院校转型的再审视

已有调查研究已经指出，地方本科院校尤其是新建地方本科院校中农村学生占比较高，农村学生在高校的"获得感"影响着社会对高等教育的选择，目前新一轮的"读书无用论"的出现纵然有当前就业形势严峻、就业难等原因，但其深层次原因在于地方本科院校教学和人才培养与实际需求相脱离和"以学生发展为中心"的缺失。地方本科院校的转型是当前我国一项重要的高等教育改革,不同家庭背景学生对院校转型试点中的人才培养模式变革感知是否存在明显差异;在促进学生发展方面,是否不同阶层、不同家庭背景的学生存在显著不同,是否优势阶层的子女在这个过程当中获得了更好的发展,学生在能力与素质和就业状况上是否存在明显不同;在地方本科院校转型中是否存在 EMI 理论假设①的情况。对这些问题的探讨将有助于我们对转型的进一步认识,也将帮助我们认识高等教育改革对社会不平等的影响,这也是对现实问题的有效回应。

第四节　研究意义

一　理论意义

(一) 建立院校转型与学生发展之间的逻辑联系

研究相关文献发现,已有院校转型和变革理论主要关注院校转型与变革的动机、内容和路径,而对于院校转型与变革的初衷(其中之一就是高等教育人才培养质量)的回应明显不够。本研究认为,当前情况下高等教育改革的根本目的在于根据办学目标提高高等教育质量和促进学生发展,只有学生切实获得了较好的发展,才能够有效解决就业难、招人难并存的结构性矛盾和"读书无用论"等一系列现实问题。目前,国内关于高等院校转型的研究以案例研究为主,且较多关注宏观和中观层面,而对学生发展的研究极为缺乏,本研究拟采用定量分析的研究方法,尝试建立院校转型与学生发展之间的逻辑联系。本研究认为,如果院校转型不能够有效促进学生发展,那么院校转型要么没有成功发生,要么在内容和定位上可能存在缺失。下文中,本研究将结合分析结果和已有院校转型理论对此展开讨论。

(二) 丰富和扩充已有院校影响力理论

已有院校影响力理论尽管在本土化的工作当中已经有较为深入的研

---

① 可简单理解为优势阶层子女获得了质量更优的教育。

究，但是在已有研究中受到样本选择的影响，对于学科专业在其中的作用关注较为不够。同时，已有研究中还没有专门针对地方本科院校的全国层面的定量研究。本研究拟在研究中采用三层线性模型，将学科专业（专业类）作为中间层，以此来更加准确地刻画不同层级对学生发展的影响，同时研究将采用结构方程模型来厘清转型试点对学生发展的影响路径关系。此外，本研究将进一步尝试突破院校影响力理论基于社会学这一学科的局限，积极引入教育经济学的教育生产函数和高等教育财政的研究视角，探索跨学科视角的有效结合，这有利于进一步拓展和深化我国高等院校学生发展和学生成就的影响机制，有利于丰富和扩充已有院校影响力理论。

（三）丰富 EMI 理论

鉴于我国目前社会制度和高等教育状况，EMI 理论有助于理解和解释我国高等教育不平等状况，对于我们认识新一轮"读书无用论"提供了分析的视角。EMI 理论在关注教育质量方面，是从学校层级（如重点学校）或从进入的教育轨道（学术教育还是职业教育）来进行的，对于同一层级院校内部教育质量的分化和分层却没有关注，且 EMI 理论的前提是社会掌握教育质量信息。但是对于地方本科院校转型，转型试点院校的教育质量信息，学生在入学之前并不知道。地方本科院校转型试点为我们提供了一个极佳的机会去考察在教育质量信息不对称情况下 EMI 理论是否仍然适用。学生发展中的能力与素质和就业状况在实际中表现并不相同，就业状况相对更加外显，而学生能力与素质一般难以测量。对此的分析，将丰富 EMI 理论。

二 现实意义

（一）把握地方本科院校转型实际，推进高等教育的结构性改革

当下，各个省份和地区积极制定了关于地方本科院校转型的试点意见和方案，这对于深入推进地方本科院校转型、实现高等教育结构性改革和调整具有重要的作用。一些地区的部分院校在探索应用型本科转型上已经取得了较好的成绩，也被各个省份和地区作为转型的示范和典型院校。这些被地方政府认可的转型试点院校，目前到底发展如何，其转型是空有虚名还是落到实处？首先，本研究将通过对地方本科院校和

"985"院校、"211"院校的对比分析，整体上了解地方本科院校的发展现状；其次，在对地方本科院校进一步分类的基础上，深入了解不同地方本科院校在发展上可能的不同，也让我们对转型的主体院校能够有宏观上的把握，明确转型主体院校在我国普通高等本科教育中所处的位置；最后，研究从学生发展的视角来分析试点院校的转型效果和转型试点对学生发展的影响机制。上述三个层面将有效帮助我们准确把握地方本科院校转型的实际情况，这对于制定和完善地方本科院校转型政策，促进高等教育的结构性改革，将具有重要的借鉴意义。

（二）认识新一轮"读书无用论"，增进对学生发展的全面理解

前文已经指出，高等教育规模扩张后，弱势家庭子女上重点大学的比例近年来整体呈现下降趋势，"上大学无用"论调浮现出来。新一轮"读书无用论"迫切需要我们关注作为高等教育主体的地方本科院校的人才培养和学生发展状况。当前许多地方本科院校在面临现实和发展问题时，进行着丰富的探索实践。对地方本科院校转型的分析，将有助于社会大众详细了解地方本科院校的实际发展情况，增强对我国地方本科院校、对高等教育的信心。此外，研究还将引导教育管理者、院校、社会大众真正关注学生发展，切实做到"以学生为中心"，而不仅仅是以就业作为院校人才培养成效的参考依据。学生的发展具有丰富的内涵，只有全面了解学生发展，才更有可能客观评价和提高高等教育质量。

（三）探讨家庭背景与学生发展，促进高等教育和社会平等

平等已经成为现代社会的基本共识，但是在现实生活中存在广泛的不平等现象。高等教育在促进社会流动方面具有重要的作用，高等教育的不平等与社会的不平等密切相关。高等教育规模扩张后，现实中社会阶层固化的不断加剧让我们不得不反思我们的高等教育。对此也产生了大量的相关研究，已有研究中对高等教育机会均等的关注主要集中在数量（教育机会）的获得和院校层级上，而对同一层级院校间质量的差异缺乏考虑，同时对于过程和结果关注较为不够。本研究聚焦于地方本科院校，围绕地方本科院校转型，深入探讨家庭背景在学生发展中的作用。这对于进一步认识地方本科院校转型，认识当前我国进行的高等教育结构改革，提高政策制定者、院校管理者、社会大众等对平等问题的重视，具有重要的作用。本研究将结合相关发现，尝试提出相关建议。

第二章 理论基础与文献述评

第一节 理论基础

一 教育的结构效应论

教育的结构效应论最初源自迪尔凯姆（Émile Durkheim）关于社会事实的相关论述（哈里楠，2004：138）。迪尔凯姆作为社会学三大奠基人之一，社会事实是其研究中一个重要的分析概念。将集体思考和个人思考结合起来对行为进行解释是迪尔凯姆对社会事实进行分析的核心。社会事实以外在的形式"强制"和作用于人，"行动、思考和感觉的方式对个体来说是外部性的，是由强制性力量按其控制个体的理由而赋予的"（Durkheim，1938）。迪尔凯姆强调，虽然个人可以根据自己的性情自由行动，但是在社会现实环境中表现出来的则是"令人吃惊的规则性"（哈里楠，2004：141）。迪尔凯姆在其经典著作《自杀论》中对"自杀"这一社会事实概念进行了着重分析，在著作中论述了关于家庭环境（如结构性质）、社会机制对自杀的影响。结构功能主义代表人物默顿在《社会结构和社会失范》中在迪尔凯姆的观点上进行了进一步论述，并将其同社会结构因素联系起来，社会结构指的是"文化结构"和"制度性规范"用作寻求合法目标的手段时的结合，默顿将行为看作对文化价值目标和制度化手段所规定的环境的"角色适应类型"（Merton，1937）。此后，默顿（1957）在《社会结构和混乱理论续论》中对社会结构做了进一步说明，社会结构指的是"一套社会或团体成员都不同程度地被包含进去的组织化了的社会关系"（参见哈里楠，2004：145）。威尔逊在《社会阶层的住宅隔离与中学生的抱负》一文中从社会分层和社会心理学的角度出发，论述了个体的行为和判断是由来自上级以及横向同辈的阶层压力决定的，个体的价值选择倾向与他们所属的社会阶层相关，学校可以对个体的动机产生规范性的影响（Wilson，1959）。彼得·布劳（Blau，1960）沿袭了迪尔凯姆的传统，在《结构效应》一文中针对结构效应（structural effects）进行了专门论述。布劳通过对公共机构的不同工作群体分析认为结构效应表现为群体价值影响那些价值取向各不相同的个体行为。这种影响机制需要通过社会互动而在工作群体中得到认可，环境中各种规范因素和互动因素共同影响员工行为（Blau，1960）。

科尔曼（Coleman，1966）从组织结构问题转向运用调查方法来研究学校组织及其效应。在《教育机会均等》（即《科尔曼报告》）中科尔曼和同事采用与结构－行动逻辑高度一致的投入－产出的分析模式来对教育机会均等问题进行分析。在该分析中，投入为学校特征，包括设备设施、课程、氛围等，产出为学生学业成绩，此外研究还控制了学生的个体特征（如社会背景、人口学特征等）。罗伯特·德瑞本认为该研究刺激了采用大规模调查去研究教育效果的做法，巩固了结构性效应设计的使用，但是投入－产出模式没有推动对学校教育过程的分析，没有打开学校教育过程的黑匣子，这也是结构效应中一直困扰研究者的机制这一关键问题（Dreeben，2000：107 - 135）。20 世纪 80 年代，教育社会学家尝试打开这个黑匣子，研究结构效应的机制问题。比德维尔和卡萨达（Bidwell and Kasarda，1980）认为学校创设了学生受教育的条件，学校组织会贯穿并影响这个教育过程，要了解学校效应必须追踪其对受教育活动的影响，然后再去考察受教育活动与学生学业的关系。巴尔与德瑞本（Barr and Dreeben，1983）在此基础上，构建了层次区分理论（Nested Layers Theory），以便进一步探究各系统各个不同结构层次之间的关系（见图 2 - 1）。层次区分理论的基础是由美国现代社会学奠基人帕森斯奠定的。帕森斯在《现代社会的结构与过程》（帕森斯，1988）中区分了组织的技术、管理、文化三个不同功能系统，并认为各个不同系统彼此间倾向于发生关系。根据帕森斯的体系，在教育组织中，资源分配属于管理系统，而技术系统则是教与学的实际过程，教育组织活动的产出主要体现在技术系统上。巴尔与德瑞本（Barr and Dreeben，1983）提供了具体可供管理层分配的资源（如时间、材料等）以及技术层面发生的活动（包括课程、教学等）。层次区分理论在经验研究中获得了成功，研究者还通过路径分析、多水平模型对此进行了验证（哈里楠，2004：53~56）。由教育结构效应论可知，对学生个体产生作用的因素主要来自个体所在的社会阶层和院校组织结构。

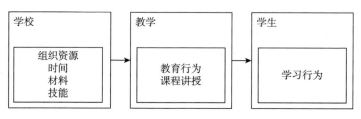

图 2-1 层次区分理论

资料来源：哈里楠，2004：53。

二 高校组织转型相关理论与模型

20 世纪后期，高等教育内外部发生了一系列变化，这主要包括七个方面，分别是多样化、信息技术的发展、质量问责、新型学习市场、经济生产力、全球化和资源约束（彼得森，2007）。这些变化使得高等院校在近二十年来不断地发生着组织的转型与变革。相关研究者在已有研究的基础上，尤其是在已有关于高等院校组织模型研究的基础上，结合高等院校案例，提出了解释高等院校为应对上述变化发生转变的分析框架和理论模型，其中以加姆波特（Gumport）和斯波恩（Sporn）的组织适应（adaptive）模型、彼得森（Peterson）的情景模型和克拉克（Clark）的创业型大学模型最为典型。

加姆波特和斯波恩在著作 *Institutional Adaptation：Demands for Management Reform and University Administration* 中分析了不同时代环境在高等院校管理中所扮演的角色，并分析了高校是如何适应环境的变化的（Gumport and Sporn，1999：103-145）。在该研究中，两人关注了环境中不同主体与院校作用的关系，考察了环境对于学校的需求和环境（如财政压力）对院校的影响（尤其表现在管理上），文中还结合美国院校的案例说明了大学应对的组织措施。在组织适应模型中，研究者借鉴了组织研究中的制度理论、权变理论和战略选择理论，并分析了院校在应对环境变化中不断获得"合法性"的组织行为转变。而后斯波恩结合美国和欧洲的六所院校的案例，对高等教育组织适应理论进行了进一步的扩展，研究指出尽管这六所院校面临着不同的社会经济环境，其历史、文化也可能不同，但是在组织转型和变革过程中表现出共同的特性，即"组织适应"的过程（Sporn，1999）。

情景模型与组织适应模型类似，也借鉴了制度理论。在情景模型中，尤其注重和强调环境中的行业（industry）的概念，认为它是分析社会环境对高校管理挑战的关键要素。该理论模型认为在面对院校内外部环境的巨大变化时，高校面临着多种挑战，表现为重新定义行业和行业在高校管理中扮演的角色，重新对高校定位以及处理高校和外部组织的关系，重新组织和规划高校学术、教学组织和管理结构、功能与过程，更新高校的学术组织和文化。彼得森认为要想较好地应对这些挑战，高校需要发生一些转型和变革，如制定完善的变革方案、从企业行业中获得意见、使用激励措施鼓励教职工参与到学校变革当中、加强基础设施建设、利用好信息技术手段等（Peterson and Others，1998）。

创业型大学模型由伯顿·克拉克提出，其影响最为广泛，成为目前分析我国高校组织变革与转型的经典理论框架（Clark，1998）。克拉克对英国、荷兰、瑞典、芬兰等国家的大学创业经验进行了深入的个案研究，在1988年出版了《建立创业型大学：组织上转型的途径》一书。书中提出大学实现成功转型，也就是变成创业型大学需要具有五个核心要素，分别为强有力的驾驭核心、拓宽的发展外围、多元化的经费来源、激活的学术中心地带和整合的创业文化。①强有力的驾驭核心（a strengthened steeringcore），高效率的行政领导不可或缺，也包括学术基层单位——系与教师群体；②拓宽的发展外围（the expanded developmental periphery），在大学传统结构的周边出现许多更大更复杂的运行单位（如产学研机构），这些单位较之传统的系或学院更容易跨越传统大学的边界；③多元化的经费来源（the diversified funding base），需要不断拓宽自由资金的来源渠道（如捐赠、经营收入、投资收益、学费等）；④激活的学术中心地带（the stimulated academic heartland），变革使得"科学和技术"方面的院系和研究中心更容易获得主动特性；⑤整合的创业文化（the integrated entrepreneurial culture），良好的文化可以产生对组织的认同，并形成最大的决心来实现组织的目标。克拉克认为这五种因素之间存在紧密的联系，强有力的驾驭核心能够保证大学在不确定性的环境中进行果敢的行动，为大学的发展寻求到关键资源；而寻求关键的资源，最重要的就是大学活动范围要扩大，大学不断地向外延伸；大学活动的延伸也使得大学获得多元性的发展机会，激活大学最核心的学术地带；学术中心地带的发展又为学校拓展外围的活动提供了支撑。

上述三种模型均是采用制度理论的分析方法，并从系统的视角来看待高等院校组织及其环境。认为面对变动的环境，高等院校采取了更加主动的立场，积极地去应对所面临的各种压力和变化，融入相应的环境当中去，或者经历一次宏观或转型式的变化。此外，其他相关经典研究还有 Leslie 和 Slaughter（1997）从学术资本主义的视角来分析美国高等教育在组织结构和行为上的改变；Levin（2000）在关于美国社区转型和变革的研究中，从组织变革的范式转变、使命和目的转变、文化转变、功能过程转变四分类框架来分析美国社区院校的转型与变革。虽然本书并不是要分析院校组织转型和变革的过程，但是这些关于高校组织转型与变革的经典研究，对于我们全面认识和分析地方本科院校转型提供了帮助。

三　院校影响力理论

院校对学生发展的影响研究，是院校影响力理论（College Impact Theory）探讨的核心命题。院校影响力理论关注院校整体环境与学生个体发展的相互影响与互动，并基于学生个人信息、院校组织与结构，以及整体环境等维度全方位分析大学生发展和成就的成因（Pascarella and Terenzini，2005）。鲍威在综述国内外经典研究基础上，在著作《未完成的转型：高等教育影响力与学生发展》中认为院校影响力理论是基于社会学分析视角，其理论假设为高等院校的组织禀赋特征、管理制度、资源投入、教学服务等对学生当前和未来的知识能力、行为、态度、价值观、信念、兴趣甚至认知偏好等都会施加一定的影响（鲍威，2014：40）。随着大量国内外实证研究的不断积累和深入，针对院校对学生发展的影响效应和影响机制，已形成较多成熟的理论解释模型，其中阿斯汀（Astin）的 I-E-O 模型最早提出，也最为典型。I-E-O 模型成为之后大量相关研究的基础，为诸多研究者在思考院校影响力问题时提供参考，依据阿斯汀的模型发展出了一系列的院校影响力理论和模型，如帕斯卡雷拉（Pascarella）的学生综合发展因果模型和魏德曼（Weidman）的高校学生社会化模型等。

图 2-2 为 I-E-O 模型。在 I-E-O 模型中，产出是指学生的能力发展结果，包括学生在毕业后体现的知识、技能、价值观、信仰、个人资质等，这也是高等院校实施教育的目标和影响所在。投入主要指的是学生在接受高等教育之前具备的个人特质，具体包括学生人口统计学特征、家庭背景、入学前学业成绩和社会经历等；而环境指的是学生在高校期

间经历的各种实际体验和经历，其中包括来自教学课程、课堂、教师、专业、校园娱乐生活等校内校外各方面的经验或时间。I-E-O 模型解释了高校这个大环境如何与各种不同特质的学生产生交互作用，并向社会输出不同的产品（学生），该模型强调学生在高等院校中的参与。在该模型中，院校环境是关键因素，具有创造性的环境会为所有学生提供更多的参与机会，从而可以使学生获得更好的发展。在 I-E-O 模型中，产出作为因变量，而投入和环境理解为自变量或外生性变量，其中投入也可以称为控制变量，图中的箭头显示了三个变量之间的关系，常规的教学评估所关注的是环境效应与成果之间的关系，但 Astin（1992）通过对博士生产率的研究发现，仅依靠环境效应并不能完整解释学校成果的全部。除此之外，学生投入不但会直接影响学习成果，也会通过教学环境影响学习成果。

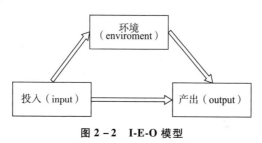

图 2-2 I-E-O 模型

帕斯卡雷拉对院校影响力模型进行了改进，得到学生综合发展因果模型。该模型认为学生的个人发展就是在求学这段时间内认知能力、有影响力的个人品质、态度、价值观以及行为方面的改变。学生发展受到院校组织和结构特征（如招生规模、师生比等）、学生背景、院校环境、学生在院校中的社会性互动（师生互动、生生互动等）和学生努力程度这五个方面的直接和间接影响。该模型还指出学生发展是以学生融入大学的学习生活，出现自我理解和自我意识为标志的，他们获得经历和自信，从而影响外在的行为并逐渐影响内在的控制过程。魏德曼的高校学生社会化模型在上述模型的基础上增加了家长和非院校因素的影响，根据该模型家庭社会经济地位、职业声望、社区组织、雇主等会通过院校影响学生的社会化过程（Weidman，1989：289-322）。社会化在这里被定义为获得符合社会某一职业或角色所需要的知识、技能、语言和态度等。社会化模型强调院校环境的正式和非正式影响，以及其他非院校因素如家长、雇主、社区、同伴等对学生发展的影响（石卫林，2011）。

院校影响力理论解释了院校环境因素对学生成就的影响，而在此基础上，学生参与理论进一步强调了学生成就影响机制中学生参与的关键作用。正如阿斯汀强调的，学生只有积极参与学校的各种活动，才能学得更好，学校的学习就是学习参与的整个过程（Astin，1984）。乔治·库恩（Kuh）等人的学生投入（student effort）概念同样强调学生院校学习、活动中的参与情况（Kuh et al.，1997）。库恩将影响学生成功（发展）的多重路径纳入学生成功概念模型中。在该模型中第一个要素是学生入学前经历，包括前期教育的学习准备、家庭背景等。这些学前要素对于学生胜任大学期间的学业、持续就学的能力等方面有着直接的影响，继而影响学生在就学期间获得成功的可能性。模型中第二个要素是院校经历，这包括两大部分：学生行为和院校状况。学生行为主要是指学生投入学业、社会性互动的时间和努力；院校状况则包括院校提供的资源、课程与时间，以及院校的结构性特征等（Kuh et al.，2006）。学生投入则是学生行为和院校状况之间的交叉项，是对学生个人参与行为和院校学习构建的参与条件和机会的综合性概括。可见，学生参与同样对解释学生发展情况至关重要，它反映了学生在院校学习过程中的主体性。影响学生发展的不仅仅是学生参与的"量"，还包括学生参与的专注程度、学生参与的类型或方式等"质"的方面。学生参与度反映了学生行为，也体现了院校的办学质量水平，院校不仅为学生提供教学直接影响学生成就，还通过各种资源投入与分配、组织、教学实践、激励机制等鼓励学生参与或提升其努力程度，从而对学生成就产生影响。

国内相关院校理论的学生发展模型方面，以鲍威的首都高校学生发展模型最为典型，近几年也依据该模型进行了较为丰富的实证研究，取得了不错的进展。具体来看，鲍威是以国外院校影响力和学生发展相关理论和模型为分析框架，构建了首都高校学生发展调查的理论框架模型（鲍威，2010）。基于此框架，并利用首都高校学生发展调查数据发现中国高校学生成就不仅受到学生基本特征、学生参与状况以及学生与教师、同学之间互动要素的直接影响，还取决于所在高等院校的组织与结构性特征和教学环境等。此后，北京大学教育学院高等教育改革课题组在实践的基础上，对此框架进行不断丰富和完善，更加关注"教与学"过程对学生发展的影响（北京大学教育学院，2014）。

四　EMI 理论

20 世纪以来，世界各国教育规模的扩张使得学者开始越来越关注教育可能带来的不平等问题。对于教育不平等的研究，在教育学、社会学和经济学等领域形成了教育分层研究。在教育分层研究中，最具有代表性的理论之一是 EMI（Effectively Maintained Inequality）理论（Samuel and Lucas，2001），它是卢卡斯（Lucas）于 2001 年在 MMI（Maximally Maintained Inequality）理论（Raftery and Hout，1993）基础上进一步提出的。

MMI 理论由拉夫特里（Raftery）、豪特（Hout）和卢卡斯于 1993 年提出。爱尔兰中等教育规模在 20 世纪不断稳定扩张，尤其是在 20 世纪 60 年代后期出现急剧扩张。60 年代后期教育规模的急剧扩张与 1967 年在爱尔兰实施的中学学费减免和一些其他教育平等政策密切相关。拉夫特里和豪特通过研究爱尔兰 1908~1956 年出生群体的教育获得和受教育轨迹（education transitions）发现，无论对于哪个阶层来说，家庭背景对教育机会的影响在减弱，但是阶层之间的屏障（class barriers）并没有消失。研究认为教育扩张不一定会促成教育平等，只有优势阶层的教育需求得到满足，弱势阶层才有可能获得教育机会，从而有可能出现教育平等化的趋势，否则教育不平等将以最大化的形式维持，研究基于数据分析的结果提出 MMI 理论。研究最后回归到 1967 年实行的政策（改革），认为政策并没有对教育机会的均等造成影响。

MMI 理论提出以来，被不同国家的一系列经验研究证实，但也受到质疑。首先，尽管 MMI 理论被一些国家的经验研究证实，但是也有一些国家的经验研究表明教育机会规模扩大，教育不平等确实是在下降，对于此 MMI 理论无法解释。其次，MMI 理论可能与爱尔兰教育系统的特征[①]本身有关，在研究中仅仅关注了受教育机会上数量的平等，而没有关注教育质量的差异。在这些质疑中，卢卡斯的研究最为典型也最受关注，卢卡斯据此提出了 EMI 理论。在卢卡斯的研究中，回顾了已有研究中关于家庭社会经济背景对教育不平等的解释，这主要是对 LCP（the Life Course Perspective）和 MMI 理论的回顾。LCP 理论由缪勒（Muller）和卡勒（Karle）于 1993 年提出，该理论认为在越往后的教育轨迹中，家庭特征（包括父母特征）对孩子的影响就会越小。如果学生在后期的教育阶段中对父母的依赖程度越小，家庭社会经济背景对学生在教育获得中的影响应该也越小。LCP 认为阶段越高的教育，其相对越平等。卢卡斯在

---

① 爱尔兰在中等教育中实行的是国家统一课程，全国各地的学生在同样的时间接受的是相同内容的教育，因此教育质量的因素并不重要，也不容易被发现。

对 MMI 理论的回顾中认为，MMI 理论有四个基本原则，分别是：①中等教育规模的扩大反映了需求的增加；②如果招生规模超过预期教育需求，那么弱势阶层的人才可能获得更多的教育机会，但是即使如此，社会阶层的影响仍然存在；③当某一特定水平的教育在优势阶层变得普遍时，社会背景对教育机会获得的影响才会减小，否则教育规模的扩大不能够维持（教育规模的扩大由优势阶层主导，优势阶层会最大化其利益）；④社会背景影响的减小会反过来增加社会背景的影响力，如果公众对教育的支持减小，社会背景的影响将增加。卢卡斯在研究中指出 LCP 理论和 MMI 理论的最大不同在于 MMI 理论认为社会背景在后阶段的教育轨迹中影响更大，而 LCP 理论则相反。卢卡斯认为这些关于教育轨迹的研究对于我们理解教育分层具有重要的作用，但是卢卡斯也指出这些研究的局限在于，没有考虑到教育系统中同一阶段的教育在质量和水平上存在差异，仅仅是关注了教育机会获得的数量差异。对此，卢卡斯提出 EMI 理论，解释教育继续的过程（process of school continuation）和教育轨迹的移动方向（track mobility）。EMI 理论认为家庭社会经济背景的优势将会确保优势阶层的孩子在教育获得上的优势。如果教育机会在数量上差异是明显的，那么优势阶层将获得数量上的优势；而如果教育质量上差异是明显的，优势阶层将获得质量上的优势。根据 EMI 理论，教育不平等有两个层面，分别是数量上和质量上的，即使教育规模扩张使得数量上的不平等下降，质量上的不平等仍会维持。卢卡斯使用 1980 年来自 HS & B（High school and Beyond）大学二年级的学生数据对 EMI 理论进行了证实。

第二节　文献述评

一　地方本科院校相关研究

（一）已有研究概况

以"地方本科院校"为关键词在百度学术①上进行检索，发现关于地

---

① 百度学术搜索是百度旗下提供海量中英文文献检索的学术资源搜索平台，目前涵盖了各类学术期刊、会议论文、图书等资源，涵盖数据库有：中国知网、万方数据、维普资讯、Springer、Jstor、Web of Science 等。之后不再单独说明。检索时间为 2016 年 12 月 13 日。

方本科院校的研究始于 1999 年，2015 年达到最热,①　文章数为 705 篇，
至今共有相关论文 3593 篇。图 2－3 为 1999 年以来以"地方本科院校"
为关键词的相关研究走势。可以看出，地方本科院校的研究始于 1999 年
高等教育规模扩张，之后相关研究不断增加，2005 年以后呈现急速增长
态势，2010 年和 2012 年出现小高峰，2013 年后相关研究又不断增加。随
着地方本科院校研究的不断深入，与地方本科院校研究相关的研究点也
不断增多，分析发现"人才培养模式"自始至终是地方本科院校的相关
研究点；"新建地方本科院校"在十余年来与地方本科院校研究关联最为
紧密，这说明众多学者在探讨地方本科院校时主要研究和分析的是新建
（地方）本科院校；"应用型人才""教学改革""实践教学"等也与地方
本科院校研究关联紧密。此外，进一步从与地方本科院校研究相关的学
科分布来看，地方本科院校的研究跨越教育学、应用经济学、工商管理
学等多个方面，其中与教育学相关的研究点主要有教学改革、实践教学、
人才培养；与应用经济学相关的研究点主要有地方经济、转型发展、发
展战略等；与科学技术史相关的研究点有产学研合作、协同创新等；与
艺术学相关的研究点有音乐专业人才、美术学人才等；与工商管理学相
关的研究点有财务管理、会计学等。可以看出，工商管理学、艺术学相

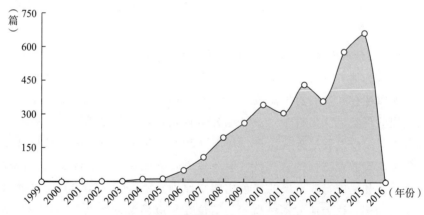

图 2－3　以"地方本科院校"为关键词的相关研究走势

资料来源：根据百度学术关键词检索结果，运用大数据技术分析得来，后同。

---

①　2016 年数据由于数据库检索的滞后性，检索结果和实际当前已经发表的结果可能存在
偏差。之后不再单独说明。

关研究点均是和应用型专业相关，科学技术史相关研究点主要分析地方本科院校如何做好产学研合作、做好产学融合，而应用经济学相关研究点则主要探讨地方本科院校如何服务地方经济社会发展和如何为地方经济转型服务。

具体分析十几年来关于地方本科院校的研究主题，主要有定位、办学理念、特色发展、发展战略、问题与困境、专业设置与专业建设、人才培养、教学改革、实践教学、应用型本科、转型发展、毕业生就业等，这些研究可分为宏观、中微观两个层面。

（二）宏观研究

在宏观层面上，主要关注的是学校宏观层面整体的发展和办学思路，关键词有定位、办学理念、特色发展、人才培养目标、困境与问题、应用型本科建设和转型发展。这些关键词并不是单独出现在相关研究中，而是相互之间有着紧密联系，其中"定位"是核心。

已有研究概况中已经指出，关于地方本科院校的相关研究兴起于1999年，且主要讨论的是新建地方本科院校。新建地方本科院校自被提出以来，受到越来越多的学者关注，其中一个最主要的关注点就在于其定位上。众多研究者结合自身所在院校，以个案研究为分析方法，从院校发展的困境与问题出发，阐述对地方本科院校定位的看法。余三定（2005）结合湖南理工学院发展的实际和地方本科院校发展中实际存在的问题，认为地方本科院校应该结合地方经济社会办出特色，特色是一所高校赖以生存和发展的生命线。江红霞（2007）分析了当前地方本科院校发展的现状，认为科学定位是地方本科院校发展的基础，创建特色是地方本科院校发展的有效途径。程燕（2007）认为地方高校定位应该坚持完善高等教育结构的合理性、服务地方发展的区域性、满足大众需要的多样化和适应行业发展的特色化四个原则。顾永安（2009）以常熟理工学院为例，认为地方本科高校的定位在于应用型创新人才的培养，具体可以从开展校园创新活动、推进学分制管理、课程改革、研究性和实践性教学、校企互动等方面来进行。钱国英（2010）以浙江万里学院的实践为例，认为普通地方本科院校应确立面向行业的应用型人才培养的定位，要以学生能力成长为核心，创建理论、实践和素质拓展三位一体的应用型人才培养体系。蔡袁强等（2010）以温州大学为研究对象，认为我国地方本科院校普遍存在人才培养目标定位模糊、趋同性强、缺乏办学特色、院校人才培养没有和地方经济社会发展紧密结合等问题，认为地方本科院校以培养应用型人才为目标，要主动服务地方产业的转型升级，凝练特色。赵芳林（2013）以临沂大学为例，认为随着近年来生源数量的减少、人才市场的竞争加剧，地方本科高校在定位上要有特色，才能应对高等教育改革创新的挑战。

也有研究者从某一省份、某一区域或全国的地方本科院校调查现状出发，探讨和分析地方本科院校的定位。谢凌凌（2011）以生态位战略为视角，结合分析广西高等教育的特征，认为地方本科院校在高等教育群落中应该错位发展，不应走传统的学术性、综合性大学的道路。叶芳（2014）在研究中从中国高等教育发展与分类着手，以福建新建地方本科院校为研究对象，认为新建地方本科院校科学定位有四个基点，分别是本科、教学、应用和地方。柳友荣（2011）在博士学位论文中通过对全国120所新建地方本科院校负责人的问卷调查，得出院校的办学定位在应用型本科院校，服务定位在为地方经济社会发展服务。窦丽芳和吴太山（2013）基于对全国51所新建地方本科院校的调查，认为这些院校在办学定位上存在或多或少的误区，院校应从制定合理办学目标、增强地方服务意识和打造学校品牌特色三个方面进行科学定位。潘懋元教授结合中国高等教育学会重大研究项目"做强地方本科院校"的全国性调查结果，认为地方本科院校的目标定位要紧紧围绕应用型人才的培养进行，大力培育自身的特色，大力推进产学研合作教育及实践教学（潘懋元、车如山，2009）。陶东梅（2015）认为当前地方高校在人才培养、专业设置、行政管理等方面存在一定问题，如抽样调查的43所高校专业设置与结构调整合格率仅为59.8%，专业建设合格率约为69.8%，报告通过对世界高等教育分类趋势及中国高等教育现状的分析表明，应构建学术型、专业应用型、职业技术型三元交叉体系，以此找准地方本科院校的办学定位，促进其转型发展。

此外，部分学者结合地方本科院校发展实践，形成了宏观上关于地方本科院校发展的学术性著作。高林在专著《应用性本科教育导论》中在分析我国新建地方本科院校的发展现状和发达国家高等教育研究的基础上，认为建设应用型大学是我国新建地方本科院校的科学定位，在教学实践中应该实施应用性本科教育（高林，2006）。孔繁敏在专著《建设应用型大学之路》中以北京联合大学应用文理学院为案例，指出高校培养应用型人才是高等教育由精英教育向大众化教育转变的产物，关键要处理好应用型的学科专业结构、应用型的课程体系、应用型的产学研合作、应用型的师资队伍和应用型的开放体系（孔繁敏，2006）。钱国英在著作《高等教育转型与应用型本科人才培养》中探讨了国际化以及社会转型和高等教育大众化对我国地方性普通本科院校的发展战略、办学定位、人才培养与区域经济社会发展的影响与制约，并构建了应用型人才培养体系（钱国英等，2007）。任玉珊在专著《建设应用型本科大学：组织转型与创新》中对 5 所应用型本科大学进行深入分析发现，地方本科院校在向应用型本科院校建设的过程中，其主要表现在领导变革、资源调配、结构重组、流程再造和文化重塑五个方面（任玉珊，2012）。杨红卫和彭增华（2015）在其合著《应用型本科院校建设探索》中以云南省首批应用型本科试点建设院校云南经济管理学院为例，详细介绍了该学院探索的"政、产、学、研、用"一体化人才培养模式的办学定位。

可以说，地方本科院校发展实践中面临的问题已经引起了高校管理者、研究者的广泛关注，目前已经普遍认同地方本科院校，尤其是新建地方本科院校向应用型本科院校转型的发展定位。另外宏观上关于地方本科院校的研究，还有对地方重点本科高校的研究（卓奕源，2010）、地方本科高校的经费（李欣，2015）和地方本科高校的治理研究（盛正发，2009）等，不过这些研究相对较少。

（三）中微观研究

有关中微观的研究，主要涉及人才培养模式（教学改革）、专业和课程设置、学科建设、师资队伍建设、学生发展与成长、毕业生就业等方面，其中关于学生发展与成长、毕业生就业等的相关研究将在学生发展相关研究综述中说明。

在人才培养模式方面，已有学者已经普遍达成"以学生发展为中心"的人才培养模式体系建设。钱国英（2010）认为要提高地方本科院校质量，不仅要加大教学投入、改善办学条件、改进教学方法，更要以学生发展为核心，突出创新精神和实践能力培养，不断深化教学改革和创新人才培养模式。孙莹（2012）在案例研究的基础上，考察和归纳地方本科院校人才培养特色的范式，从人才培养的目标、过程和结果三个方面，总结出地方本科院校应用型、研究型和复合型人才培养的范式。盛欣（2015）在博士学位论文中通过比较分析法与案例分析法在厘清新建地方本科院校现状基础上，重点探讨了人才培养质量保障的体系构建。

教学是人才培养模式体系构建的关键所在，近年来，针对人才培养模式体系的变化，很多学者围绕教学改革进行了相关分析和研究。具体来说，在教学改革方面，研究者主要围绕教学行为、实践教学、校企合作、创新创业教育、产学研合作等方面进行了相关讨论。在人才培养过程中，首先随着教学改革的不断深入，将教学行为（教学方法）的改革作为一项主要内容进行了有效的实验和实践，一些高校倡导引导型、参与型、互动型、创新激励型等教学方法，多元的教学方式在不断增加，传统教学行为整体上不断减少（季诚钧、何菊芳、卢双坡，2010；鲍银霞，2006）。实践教学是地方本科院校人才培养的重要环节，是提高人才核心竞争力的有效途径，当前地方本科院校要进一步深化实践教学改革（李群英，2008）。刘晶（2012）对国内新建本科院校实践教学体系的研究指出，整体上院校还缺乏对实践教学体系的系统构建，课程的内涵性建设不够、实践性教师队伍建设较为薄弱。王萍（2009）在硕士学位论文中则对地方本科院校的创业教育进行专门的研究，认为创业教育是地方本科院校学生发展的必要，对于地方本科院校自身发展意义重大，不过当前地方本科院校创业教育还明显不足。林琦芳（2013）通过对应用型本科院校中校企合作的系统研究，认为我国地方本科院校虽然都基本明确培养应用型本科人才的定位，但是在教学过程中未能提供较好的专业实践基地，校企合作不充分，提出院校应围绕企业需求开展真正有效的校企合作，要把校企合作作为人才创新教育的重要载体。

专业和课程是人才培养的依托和载体。专业和课程设置与建设是地方本科院校内涵提升的基本前提。周光礼和吴越（2009）在对新中国成立 60 年高等教育专业设置的制度演进的分析上得出我国高校专业设置制度呈现强劲的路径依赖特征，这可以有效地帮助我们认识目前地方本科院校专业设置的现状。此外，徐斯雄和吴叶林（2011）分析得出我国高等学校的专业和课程设置具有受学术资本主义影响的显著特征，即重应用性、技术性专业，轻基础性、人文教育专业；近市场，远公共与公益专业。鲍嵘（2007）也提出专业设置关注的焦点是学术、政府与市场三种力量。通过对我国普通本科院校专业设置结构进行实证研究发现，不同层次、类型院校间广泛开设的专业存在一定差别，地方本科院校在专业开设的基础学科上明显少于研究型高校，但专业设置趋同性较高，且研究发现院校层次越高，院校开设专业类个数相对越多，专业设置相对越分散。经过十几年的快速发展，地方本科院校已面临专业数量较为饱和、重复设置比例较高、学科覆盖面广、专业布局不合理、专业设置过于盲目、脱离地方经济社会发展等问题，如何全面提升专业建设质量、解决专业结构性问题，是地方本科院校实现转型发展面临的重要问题（潘雅静，2009；杜才平，2011；陈秋燕，2013）。课程设置是专业设置与建设的基础，在地方本科院校中，已有研究指出，课程设置中存在和专业设置同样的问题，例如课程设置缺乏特色、过时、不能适应人才需求等（李莎，2014）。

　　学科、专业和课程三者之间存在密切的关系，对于三者之间的关系，有学者认为学科是龙头、专业是依托、课程是基础（罗云，2004）。郭建如（2017）在针对地方本科院校转型的教育内涵分析中认为部分高校转型存在以学科为导向的教学方式，只不过要增加实习实训环节。更多的研究在探讨地方本科院校中的学科建设现状与问题。在学科建设方面，有研究者认为目前地方本科院校学科建设中存在的问题有管理机制不健全、学科带头人优势不足、科研实力不强大，并提出了地方本科高等学校开展学科建设要坚持的四项策略，即重视学科管理，坚持以管促建；突出重点学科，坚持以点带面；造就学科梯队，坚持以人为本；加大经费投入，坚持以研促发（汪建飞、李柱梁、王伟，2005）。还有研究者认为地方本科院校要形成特色，要以学科建设为突破口，要紧密依托地方经济社会发展，加强学科基地建设；抓好项目，构建学科建设载体（徐敏、李明，2003）。栗新在硕士学位论文中专门讨论了地方本科院校的学科建设问题，研究结合对地方本科院校学科建设走势的概述，详细分析了地方本科院校学科建设的现状和目前存在的问题，提出了地方本科院校学科建设的基本原则即优势学科重点突破原则、以人才培养为中心原则、服务地方经济社会发展原则和特色发展与创新原则（栗新，2007）。

　　教师是人才培养实施的主体，教师质量决定着教学质量，与人才培养质量密切相关。在师资队伍建设上，众多研究者在提及地方本科院校现状及问题时，都或多或少提到目前地方本科院校在师资队伍建设上较为薄弱，存在数量不足、结构不合理、流动性较大、实践性技能不足、教学方法单一和落后、高端人才极其缺乏、教师培训力度不够等一系列问题（朱波涌、罗雪松，2008；刘志英，2010；刘洋，2013）。研究指出为保证地方本科院校的健康发展，必须构建学科梯队新模式，加强中青年教师在职培养力度和不断推进教师国际化（顾华锋，2007），要不断加强双师型队伍建设，调整教师结构、改革教师聘任制度和评价体系，积极引进行业公认人才作为兼职教师，同时有计划地选送教师去企业挂职实践来增强教师实践能力（张道文，2010；黄素霞，2014；赵晨曦、张世英、刘臻，2015）。

可以看出上述关于地方本科院校的中微观研究聚焦在分析现有状况的基础上，如何有效落实地方本科院校向应用型本科院校转型。同时，必须指出的是，还有部分研究关注地方本科院校的教学质量，不过此部分的研究大多也是从上述五个方面来进行论述的，也有关于教学质量的相关研究是从学校管理、评价和监控体系等方面来进行探讨的（彭旭，2009；刘勇，2012；樊正恩，2013）。本书针对地方本科院校转型，落点在人才培养模式改革的几个关键环节上，结合地方本科院校转型试点要求和特点，具体将从课程设置、教学行为、实践教学和毕业/综合实习等方面展开。

二 组织转型与院校转型相关研究

（一）已有研究概况

首先让我们来看关于"组织转型"的相关研究。图 2 - 4 为"组织转型"相关研究走势，"组织转型"相关研究从 1994 年开始出现，2010 年达到最热，至今共有 275 篇相关论文，可以看出关于"组织转型"的研究在 1999 年以后有着较为明显的上升。进一步分析发现，"组织转型"的相关研究最早出现在关于"业务流程"和"企业组织"的研究中，而在高等教育领域里面，主要是与"创业型大学"的研究相关。"组织转

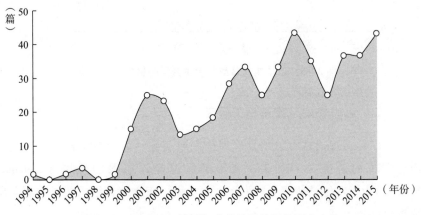

图 2 - 4 以"组织转型"为关键词的相关研究走势

型"相关研究的学科分布显示，相关学科主要有教育学、应用经济学、社会学和管理科学等。其中在教育学科中，与之相关的关键词有伯顿·克拉克、创业型大学、信息技术和组织学习等。

与"院校转型"相关研究的学科分布情况进行对比发现，和"组织转型"相关研究学科分布差异并不大，具体在教育学科上，"院校转型"相关研究的关键词主要有地方本科院校、人才培养、教学改革和高职院校等。此外，图2－5显示了以"院校转型"为关键词的历年研究走势，可以看出"院校转型"相关研究出现在2000年以后，此后年份保持较为缓慢的上升，在2014年急剧增加，并在2015年达到最高。可以推测，"院校转型"相关研究的急剧增加和国家地方本科院校转型相关政策的出台紧密相关。对"院校转型"相关研究的关键词进行分析发现，"高职院校"和"教学改革"出现得最早，但是此时相关研究比较少，且所有的关键词都集中出现在2014年以后，且"地方本科院校"和"转型发展"出现的频率最高。可知，目前对于院校转型的研究，主要围绕地方本科院校的转型发展来进行。

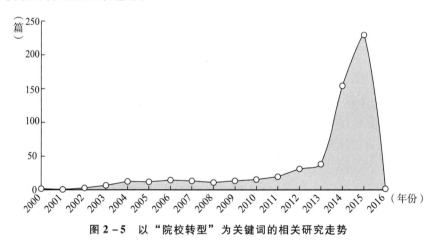

图2－5 以"院校转型"为关键词的相关研究走势

（二）组织转型与变革相关研究

组织转型理论是由组织发展理论发展而来，关于组织转型的研究与组织变革的研究紧密相关，变革可以说是深层次的转型（Fletcher，1990）。为了对组织转型有更为深入的认识，在此结合组织变革的相关研究进行综述。

关于组织转型与变革的研究产生于西方学者对市场经济中的企业组

织的相关研究，众多学者结合相关企业案例对企业组织进行了较为深入的研究，并取得了一系列的成果，这极大地促进了组织理论的发展。进行文献研究时发现组织转型和变革的内涵一方面随技术的进步和组织外部环境的变化而不断拓展，另一方面转型和变革的思想、理念、技术、过程、结构、文化、方法也随着管理的实践与研究的深入而逐步涉及和展开（齐振宏，2002）。其突出表现在两个方面，一方面，如何使组织与环境相适应，使得组织在日益动荡、"混沌"的环境中得以生存和发展；另一方面，组织本身如何通过组织转型或变革使组织协调成为有机的统一体，打造核心竞争力，使组织具有优势从而实现组织的可持续发展。组织转型和变革就其本质含义来说，就是组织为了适应内外部环境变化，对其各个组成要素进行调整、改变和创新从而更好地实现组织目标的过程。组织转型和变革是组织发展的重要手段，对维系组织生存，促进组织健全发展，体现组织本质特征具有重要意义。一般认为关于组织转型和组织变革的理论基础有资源依赖理论、制度变迁理论（傅平，2005），以及权变理论、复杂性理论、组织再造理论、学习型组织理论等（焦明宇，2012）。不过，Romanelli 和 Tushman（1994，2015）提出间断平衡理论（Punctuated Equilibrium Theory）作为组织转型的一个理论基础，并通过实证研究进行了证明，研究指出大部分组织的转型和变化是通过组织活动中突然或断断续续的改变来完成的，同时外在主要环境的变化和企业负责人影响组织的转型和变化。受企业组织相关研究的影响，一些研究者也对公共组织、社会组织等进行了研究，如国内学者齐明山、刘孅毅（2009）在探讨公共组织的转型时指出当前中国正处于工业社会向后工业社会的转型，未来公共组织的转型发展方向是开放性、团队合作性。林海等（2010）在研究中实证指出非营利组织受到外在环境变迁的影响，需要思考如何在有限资源的激烈竞争下生存和发展，非营利组织的转型需要兼顾社会使命和经济效益。

还有相当部分研究探讨组织转型和变革的动力机制，黄容霞（2012）在博士学位论文中在综述前人研究的基础上认为，在分析组织转型和变革的动力时，可以分为同构型理论、分化理论和同质异形理论三个分析范式。同构型理论认为组织的变革和转型首先承认环境的挑战，而后找到方法遵从这些外在的力量，组织的变革和转型必须与环境变迁的方式相适应。变革和转型受制于宏观的社会结构，与社会宏观的制度环境具有一定的同构型，组织不仅要为资源开展竞争，也要为制度合法性开展竞争（Baum and Dobbin，2000）。分化理论则强调组织的变革和转型不仅仅受到环境和制度的影响，组织自身特定的文化历史也会塑造它们对当前变革和挑战的应对方式，组织变革是组织对环境的一个能动的应对过程，会出现不同的组织变革形式和类型，同构只是其中一种可能性而已（Oliver，1991）。同质异形理论则认为组织变革和转型虽然表现为不同的形式，制度、文化、历史等环境也不一样，但是仍有可能归纳出相通的组织变革类型，并提到高校变革就是一个同质异形的过程，这其实就是理论基础中提到的组织适应模型。

此外，还有部分研究关注转型和变革的内容。在组织转型与变革的内容方面，不同学者有不同的维度划分。最早也是应用得比较早的是 Leavitt 提出的三类组织转型和变革的划分（Ketchen and Giunipero，2004）。第一类是组织结构的变革，通过正式工作结构和职权关系的改善，企图改善绩效的管理行为；第二类是人员的变革，是指员工态度、技能及知识基础的改变，主要目的是提高人员的生产力并与他人协同一致地完成指派的工作；第三类是技术的变革，是指将资源转变成产品或服务的任何新方法的应用。之后更多的学者结合所处时代的特点更具体地进行了划分。20 世纪 90 年代及之后，可以发现许多研究组织转型和变革的学者开始强调行为与文化。如前所述，Levy 和 Merry（1986）指出组织转型和变革分为四类，分别为范式转变、使命和目的转变、文化转变和功能过程转变，这一分类框架被成功地用于对美国和加拿大社区学院和大学学院等的分析中。Kavanagh 和 Ashkanasy（2006）认为变革的两个基本维度是思想和行为，两者之间的关系类似于中国古代哲学中的阴阳，领导变革者的任务就是实现两者的变革并平衡两者间的关系。另外，根据组织变革的相关实践一般将组织变革分成三种模式（李作战，2007）。第一种为美国模式，以美国 GE 公司的转型与变革为典范，其内涵包括战略、组织、流程、技术、人员和文化六个层面的重整和改变。第二种为英国模式，主要涉及制度的变迁和管理模式的改革。第三种为日本式变革，主要着眼于全面经营革新，不过主要建立在文化基础上，不以并购、倒闭裁员为手段，而偏向流程及文化的改造与体制的重建。王雪莉（2003）在总结组织变革维度相关理论和实践的文献基础上，进行了两次探索性研究来考察组织变革的维度。两次探索性研究分别采用针对管理者样本的调查问卷和针对管理者的访谈来进行，研究最终选择战略、文化、结构和制度来进行组织变革的维度说明，同时将四个维度和人的行为与认知结合起来。黄群慧和白景坤（2013）在国有企业的研究中指出，制度变迁是推动国有企业组织转型的决定性因素，其转型阶段可划分为观念转型、制度转型、结构转型和战略转型四个阶段。胡荣（2015）通过分析经济转型带来的外部环境改变，认为企业应从组织学习、组织结构和技术创新三个方面来进行转型。

（三）院校转型相关研究

对于院校转型研究，自 20 世纪 50 年代以来，国外学者已经开始有相关研究，并积累了较为丰硕的研究成果。来自社会学、人类学、组织学、政治学、管理学等学科的相关学者在对高等教育组织研究的基础上，提出了相应的分析模型，如松散连接组织、有组织的无政府模型、资源依赖模型、社团模型、理性或课程组织模型等（伯恩鲍姆，2003）。而后伴随世界各国高等教育扩张、知识社会与学术资本主义思潮的兴起，高校的内外部环境发生了急剧的变化，使得高校开始重新定位，关于高校转型与变革的研究也就应运而生，一些学者提出了相应的高校组织研究模型（彼得森，2007），如理论基础中提到的组织适应模型、情景模型和创业型大学模型。

在国内研究方面，关于院校转型方面的研究，前期主要集中在行业院校、独立学院、高职高专院校和民办高校等的研究上，并形成了一些较为典型的案例研究。在行业院校划转方面，如韩高军（韩高军、郭建如，2011；韩高军，2012，2013）从组织社会学制度主义的视角，对行业院校划转为地方（应用）本科院校的转型进行了深入的案例分析，研究认为案例学校在转型过程中主要表现为在办学目标、科系结构等方面进行了"适应"，并认为应用转型的核心是知识与市场对接（知识生产新模式），路径是产教融合、校企合作，关键是教师。在独立学院研究方面，研究认为独立学院具有先发展后规范的特征，在发展中逐步形成"公办型独立学院"和"民办型独立学院"两种基本类型，在社会转型的背景下政府、市场、家庭和教育的多重制度逻辑的相互作用影响了独立学院的转变（陈学飞等，2011；王富伟，2012）。在高职高专院校方面，杨钋（2012）在关于高职高专院校的转型和变革的研究中以组织学和社会学的理论为分析框架，研究考察了中国高职高专院校正在进行的变革，认为在宏观层面上，高职高专院校正从社会公共机构向企业转变，将就业能力作为新的使命，在微观上，学校在培养目标、专业建设、教学

方式、教师发展和内部管理上都发生了很大的变化。周志光和郭建如
(2013) 在对高职示范校建设的案例研究中归纳提炼出与高职院校组织变
革相关的要素，分别为领导核心、组织结构与资源配置、组织学习、培
养模式变革与校企结合，研究认为组织学习是核心机制，而领导核心、
组织结构与资源配置（包括激活的院系）是作为组织保障的要素，培养
模式变革与校企结合是组织学习追求的结果。对于民办高校转型，阎凤
桥（2004，2007）主要从制度主义分析的视角，通过追溯中国民办高校
自 20 世纪 80 年代以来的发展或者结合国外私立高等教育发展的规律等方
面，总结了民办高校组织发展的企业组织属性、民办高校模仿公立高校、
民办高校相互模仿等特征。郭建如（2007）通过对陕西四所民办本科院
校的案例研究指出这些院校在经历专科院校到本科院校的转型过程中，
不仅受到制度环境的影响，也深受市场竞争环境的影响。周朝成（2009）
以制度变迁和新制度主义为分析框架，以浙江一所民办院校转型为案例，
分析得出院校转型是理性选择、权力冲突以及文化同构等多种力量共同
作用的结果。王军胜（2013）在博士学位论文中对民办本科高校的转型
路径进行了案例和实证相结合的研究，构建了民办本科高校创业能力评
价体系。此外，还有许多研究对新建本科院校的转型进行了专门的研究，
这些研究主要分析了新建本科院校从专科到本科办学的转变和转型过程，
如王玉丰（2008）在博士学位论文中对新建本科院校的这次转型进行了
专门的研究，认为新建本科院校转型是一种基于内外部因素综合作用的
客观结果，教学服务型大学是新建本科院校转型发展的目标取向。任玉
珊（2009）结合伯顿·克拉克的创业型大学模型，通过对五所新建本科
院校的实践分析，归纳出这些院校向应用型本科院校发展具有五个核心
要素，分别是领导变革、资源调配、结构重组、流程再造和文化重塑。
对于新建本科院校转型，陈新民（2009）在研究中指出新建本科院校的
转型可以分为两个阶段，一是刚升格为本科的阶段，二是本科办学一段
时间后如何进行进一步的发展实现转型的阶段，其中第一个阶段新建本
科院校都呈现相同的特点，就是接受教育部的"升本"评估。从上述研
究可以发现，对于院校转型的研究主要从制度主义的视角来进行，另外
有研究者从后现代组织理论（王莉、董春利，2012）、社会创业理论（赵
莉、严中华，2012）、学习型组织理论（刘跃华、龙伟，2009）等视角来
考察我国高校的组织变革与转型。

随着近几年国家地方本科院校转型的提出和地方本科院校在实际发

展中涌现的问题，许多学者开始对地方本科院校在新形势下的转型①进行
讨论和分析，主要集中在转型发展的认识、问题、路径和建议等方面，
但是典型的案例研究还相对较为缺乏。全国教育科学"十一五"规划教
育部重点课题"区域经济发展视野下的新建本科院校转型研究"（教育
部，2014）对新建本科院校转型的动因、现状、功能定位、转型方向、
转型路径等问题，以"理论研究和个案分析"相结合的研究方法进行了
分析，研究组提出了新建本科院校的转型路径主要包括：优化学科专业
布局、优化人才培养体系与模式、调整科研服务方向等。中央教育科学
研究院"地方本科院校转型发展研究"课题组在研究报告中通过分析对
比欧洲各国应用型本科大学办学经验和对我国新建本科院校的调研，提
出了我国新建本科院校转型的困难和方向建议。研究认为新建本科院校
存在培养的人才学科和专业集中度很高、部分专业设置与社会需求脱节、
校企合作不深入、评估标准落后等问题，并提出要以专业和课程改革为
抓手，促进产教融合和推动人才培养模式变革、修改评估标准等转型建
议（孙城、杜云英等，2013）。我国应用技术大学（学院）联盟、地方高
校转型发展研究中心在 2013 年发布的《地方本科院校转型发展实践与政
策研究报告》中也从新建地方本科院校存在的问题、欧美经济发达国家
的高等教育调整启示等方面，提出了我国地方本科院校转型发展的详细
建议（教育部，2014）。刘振天（2014）在研究中指出地方本科院校转型
发展不是单纯的制度变迁与技术革新，而是涉及深层次的观念革命，需
要从办学体制、专业建设、教学模式、人才培养模式、师资队伍建设、
管理服务模式等方面进行改革。张应强（2014）从政府和高校的关系方
面分析了地方本科高校转型发展的政策，分析包括政策能否帮助地方高
校走出发展困境、能否缓解毕业生就业难和能否完善我国高等职业教育
体系三个方面。别敦荣（2015）针对地方高校转型发展问题认为高校要
实现转型发展必须有明确的战略，战略主要包括愿景、目标和重大行动
三个要素。张莉萍（2015）认为地方本科院校转型为应用技术型大学，
各方虽已达成初步共识，但是转型仍然面临许多挑战和障碍。其中，最
突出的是观念制约、师资问题和人才培养模式问题。杨钋等（2015）通

---

① 这里所说的新形势下的转型是相对于高职高专院校、民办院校、独立学院等升格为本科
或行业院校划转为地方本科院校的转型而言的，从这个意义上而言，目前的转型可视为
第二次转型。

过对芬兰应用型本科院校的经验分析发现，我国地方本科院校面临的挑战有平等地位、学术惯性、校企合作、教师发展和系统的开放性五个方面。邢晖和郭静（2015）通过对全国 27 个省份 86 位地方院校校级领导的调查发现，大部分院校领导认同转型，认为"应该转、必须转"，且转型的重点在于人才培养模式和专业课程的改革，而其中的难点在于教师质量和教师观念、体制机制障碍（如专业设置的自主权）和专业课程改革三个方面。宋征征（2016）和姚婕（2016）分别在硕士学位论文中对甘肃和河南地方本科院校转型进行了研究。

三 院校影响和学生发展相关研究

（一）已有研究概况

图 2 - 6 显示了以"学生发展"为关键词的相关研究走势，可以看出"学生发展"相关研究自 20 世纪 60 年代开始出现，而后一直发展较为缓慢，在 2000 年后迅速增加。对"学生发展"相关研究的关键词进行分析发现，关键词主要表现在"课程教学""引导学生""培养学生""素质教育"等方面。通过对"学生发展"相关研究的学科分布进行分析发现，以教育学、心理学研究居多，教育学相关的关键词有"新课程""课程改革""课程教学"，而心理学相关的关键词有"学业成绩""个体评价"等。从这些关键词可以看出，"学生发展"的相关研究还主要集中在中小学领域，主要讨论的是课程和教学改革对学生发展的影响、如何培养和引导学生，以及如何对学生发展进行测量和评价等方面。下面将结合本

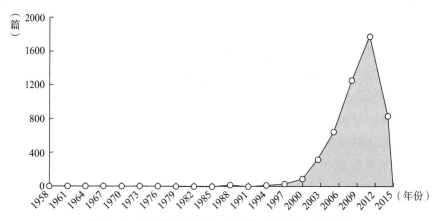

图 2 - 6　以"学生发展"为关键词的相关研究走势

研究，重点集中在高等教育中的学生发展相关研究，尤其关注学生发展的相关影响因素。

（二）非院校因素对学生发展的影响

学生发展与院校影响的相关研究是近些年研究的一个热点。在相关研究中主要探讨院校对学生发展和学生成就的影响，这尤其表现在院校对学生学业表现的影响上，院校在此作为一个重要的影响因素。在具体探讨院校影响学生成就之前，有必要先对非院校因素对学生成就的影响进行简单说明。

已有研究指出高中经历、高中学业成绩、标准化考试成绩等入学前学生特征与大学学习成绩有密切关系（Betts and Morell，1999；Rothstein，2004；罗璇，2012）。根据多家研究机构 1986～1990 年合作调查的数据，Smith 和 Morrison（1994）研究认为，高等教育会使男女学生的学业成就有所不同，即大学给不同性别的学生带来的影响是不同的，其他研究机构的数据也支持这样的结论（Flowers and Pierson，2001），且该研究指出在不同学科专业领域男女性所获得的收益不同，在数学、文学、自然科学和社会学领域女性从高等教育中获得的收益要少于男性。在人口学特征上，除性别外，已有研究也分析了独生子女和民族等特征对学生发展的影响（黄琳、文东茅，2008；祖力亚提·司马义，2008）。学生在校的身份特征，如党员身份（张海涛、白雪，2010）、学生干部身份（潘文庆、李溢航，2013）也都被证实对学生就业状况产生显著的影响。除学生入学前特征和人口学特征外，家庭背景也会影响学生成就。Wang 等（1996）的研究表明家庭背景是高等教育参与度的一个重要决定因素，影响着学生成就的获得，父母的受教育程度对学生的在校表现具有显著的正向影响。Maani 和 Kalb（2007）运用新西兰学生的面板数据分析发现，学生学术表现会受到个人和家庭因素的影响，家庭因素包括父母的收入、职业和受教育程度。国内学者也通过实证分析得出，家庭背景对学生成就具有显著的影响（谭英，2012），且家庭背景与学生对于高等教育质量的评价呈倒 U 形分布，收入最低和最高阶层的人群对于高等教育质量评价最低（岳昌君、胡丛，2008）。吴晶（2009）的实证研究也发现学生的学业成就与学生的家庭背景因素之间存在显著的关联性，但教学质量在一定程度上可以削弱学生的家庭背景因素对学业成就的影响。扩招后学生群体多元化的特征也使得研究者关注各类学生的行为特征，研究认为不同的行为特征将导致学生在学业成就方面出现明显的异质化倾向（鲍威，2009）。此外还有学者认为不同类别，如不同种族、不同能力偏好、不同学习情绪和动机的学生在学业成就上表现不尽相同（朱省娥、孙熠，2006；俞国良、董妍，2005）。

（三）院校对学生发展的影响研究

已有研究文献都在不同程度上实证证明院校特征、课程设置与教学行为和学生参与对学生发展产生影响。在院校特征上，关注的有院校选拔性（院校质量）、院校组织禀赋、院校投入和资源配置、院校人才培养模式、院校环境等。研究发现，进入不同学术选拔性机构对学生获取专业知识能力会产生不同的影响。关于院校选拔性，即院校层级，刘精明（2014）指出，高等学校层级越高，对学生的能力要求越高，学生成就相对越高，但学生出身的影响也越强，随着本科院校层次的提升，能力效应和出身效应同时扩大。杨钋和许申（2010）利用首都高校学生发展调查数据，分析了高职高专院校和一般本科院校学生在能力发展方面的差异，发现专科生在职业和心理素质方面优势显著，而本科生在公民素质方面自我评价很高。任兆璋和范闽（2005）在分析学生教育回报率时，引入了名校虚拟变量，研究发现名校的回报率也要高于普通本科院校。张倩和岳昌君（2009）则关注不同类型学校学生满意度，并发现相比于"211"高校和普通高校，"985"院校的学生在自我评价和对学校满意度方面得分更高。赵琳等（2012）则进一步比较了不同地区学生对院校的满意度，并发现东部地区的"985"院校的学生自我评价最高，西部地区普通本科院校学生也处于较高水平，要优于中部地区的"211"院校。考虑学生入学的自选择偏差，Prashant 等（2012）利用陕西省的数据研究了高考分数在一本线附近的学生，并建立断点回归的模型以控制学生入学前的能力差异，研究发现：就读一本还是二本对专业志愿的录取有显著影响，但是对预期工资、读研选择、班级排名等方面并没有显著影响。

在院校投入和资源配置方面，Zhang（2009）利用面板数据研究发现，在控制了院校固定效应的基础上验证了政府高等教育的财政支出对于学生学业成就的促进作用。杜育红和梁文艳（2010）实证研究发现院校经费投入对学生学习成绩具有显著影响。鲍威指出关于高等院校资源配置对学生成就的影响，需要区分直接性投入（院校经费支出）和间接性投入（学生资助）（鲍威，2014：215～228）。在课程设置和教学行为方面，研究表明课程经历对于学生的认知能力提升具有重要的影响（Strauss and Volkwein，2002）。针对教师教学行为，实证研究发现教师的积极教学行为对学生课堂参与有显著的预测作用，从而影响学生成就（李莉、白云阁、徐少冈等，2010）。罗建平和马陆亭（2013）基于2011年"首都高等教育质量和学生发展监测"数据分析发现，教学环境是影响学生综合素质形成和提升的关键因素。朱红和安栋（2016）利用全国高校调查数据分析了各类教学行为对本科生创新能力的影响程度和机制，研究发现相比传统讲授型教学行为，创新型和互动型教学行为对本科生创新能力具有更强的正向显著影响。

此外，正如学生参与理论所述，院校学生参与也是在分析院校学生成就中经常被关注的因素。朱红（2010b）使用首都高校学生发展调查数据，验证了院校学生参与度理论在中国大学情境下的适切性。学生参与度理论认为学生在大学的学习生活参与程度是影响学生成长最为关键的因素（Astin，1985）。相关实证研究进一步表明学生参与度对学生成长具有正向的中介作用（陈娜、朱红，2014）。对于学生参与，已有研究还对其进行分类，探讨不同的学生参与对学生发展和学生成就的影响。杨钋和许申（2010）研究发现学生学习参与、社会活动参与和集体活动参与的积极程度对于个人能力的发展均具有显著影响，但三者影响大小并不相同。鲍威和张晓玥（2012）总结国内外的研究，并考虑到中国高校学生群体特征，着重关注学生参与的方式和参与的努力程度，结合卡尔博纳罗（William Carbonaro）的学生努力方式将学生参与划分为规则性参与、过程性参与、自主性参与三种模式。三类学生参与的努力程度自规则性、过程性向自主性逐渐递增。赵晓阳（2013）在博士学位论文中提出改变高等教育质量评价模式须从学生体验的视角对学生的学习过程和效果进行评价，并认为学生参与度已经逐渐成为衡量高等教育人才培养质量的新标准以及高校改革人才培养模式的重要依据。研究基于学生体验的视角，对学生高校教育环境的感知、学生参与及学生发展之间的关系进行了实证研究，研究发现学生的学科专业、城乡来源及是否为一代大学生的背景均会对学生参与及学生发展的影响路径起到调节作用。需要说明的是，高水平的学生参与和院校教育的实践或教学状况有关，如学生的社会性活动、积极的合作学习、院校支持环境等，院校特征可以通过学生参与来影响学生成就（鲍威、张晓玥，2012）。此外还有研究考察了院校文化对学生成就的影响（李继兵，2006）。

四　地方本科院校转型与学生发展相关研究

分析已有研究发现，目前还没有专门针对地方本科院校转型对学生发展的影响研究。已有研究在讨论地方本科院校转型时，在前文已经指出，更多的是讨论地方本科院校转型的背景、对转型的认识和转型的路径等方面，这大多属于思辨层面。此外，部分研究采用个案的研究方法，对转型试点院校进行了整体性或宏观层面的分析，但缺乏对转型与学生发展的实证研究。但是，已有研究中关于地方本科院校中学生发展的实证研究，和高职院校的转型与变革对学生发展的影响研究，对本研究具有一定的启示。

就业现状和就业能力反映了学生发展的情况，在已有的实证研究中更多地探讨了毕业生的就业问题。赵彩英（2007）通过对南京、合肥、兰州及长春的部分地方本科院校毕业生就业的系统调查和分析发现，目前地方本科院校就业现状堪忧，研究认为毕业生就业问题的出现与高校部分专业设置不合理、高校忽视大学生能力培养、毕业生整体综合素质不高、高校对就业指导工作不重视等原因有关。朱世一（2008）对河北省六个城市的地方普通本科院校的就业进行调查，调查显示大学生就业能力较为不足、创业观念较为落后，学校课程设置与实践脱节较为严重。刘智广（2010）在对新建本科院校大学生就业调查的基础上得出：目前新建地方本科院校大学生就业呈现压力巨大、学生就业率较低、学生就业质量不高等问题。高玉峰和刘泽义（2010）通过对河北6所高校的毕业生的择业趋向调查表明，毕业生更希望在大中城市和经济发达地区就业，"先就业后择业"得到了毕业生的普遍认可，毕业生动态择业意识较强。邓国英和许加明（2015）以"CCSS - 2013"[①]为调查工具，对某地方本科院校学生进行了调查，调查发现家庭背景、年级、城乡、性别等都对学生在学校的成就和在校满意度具有显著的影响。何二毛（2016）通过对河南4所地方普通高校毕业生的调查发现，毕业生中农村生源比重高，父母受教育程度偏低，毕业生实践动手能力弱、参与实践锻炼方面表现不积极，其求职困难主要在于个人能力和工作经验的缺乏。研究进一步分析认为影响毕业生"能力发展"的关键在于人才培养与市场需求脱节。此外，还有部分针对地方本科院校的调查关注了学生的创业意

---

① 指的是清华大学教育研究院"中国大学生学习与发展追踪研究调查问卷"（2013）。

愿。白小斌（2014）对江苏两所高校的四个年级的学生进行创业意向调查发现，学生已经有了创业意识，但比例仍偏低，且女学生不愿意创业的比例明显更高。陈萌（2016）通过开放式问卷调查发现学生对于创业大多持支持态度，家庭因素是影响创业意愿的最大因素。

　　在全国性的院校学生发展调查的实证研究中，一些研究者也对地方本科院校的学生发展情况进行了分析和探讨，该部分的已有研究成果在"院校影响和学生发展相关研究"中已经部分综述，在这再进行补充说明。杨素红和杨钋（2014）通过对麦可思研究院2010年全国高校毕业生就业调查数据采用多层线性模型分析发现，毕业生起薪的整体差异12%由院校层面的差异造成，普通地方本科院校在起薪方面显著低于"985"和"211"等重点院校，且研究指出院校选拔性越高，性别之间的差异越小，即地方本科院校在起薪上性别差异显著高于"985"和"211"等重点院校。马莉萍和管清天（2016）通过对全国85所学校调查的实证研究发现，地方普通本科高校在学生能力增值方面与重点高校并没有显著性差异，这与Prashant等（2012）的研究结果保持一致，但与刘精明（2014）的研究结果较为不同，这可能是由三者对学生发展的测量维度不一致和数据使用的不同造成的。吴晶（2009）利用首都高校学生发展调查数据，分析发现在学生满意度方面，一般本科院校满意度最低，"985"院校满意度最高，且在教学质量评价上也是一般本科院校表现最差。

　　在转型对学生发展的影响研究方面，郭建如、邓峰、杨钋等围绕高职院校的变革进行了较为集中的研究。邓峰和郭建如（2014）利用北京大学2012年开展的"全国高职院校教育与毕业生就业调查"数据，通过采用包含学校层次、院系层次以及个体层次的三层线性模型对毕业生就业能力进行实证分析，研究将就业能力分为内在综合素质、工作相关的知识与技能和求职与自我营销技能三个方面。研究发现高职院校实施培养方式变革的年数越长，其毕业生就业能力越强，"双师型"教师比、课程设置、顶岗实习均对就业能力的培养具有显著的作用。郭建如（2014）采用上述数据进一步的实证研究结果发现，高职培养方式改革对高职毕业生的就业能力、就业概率和起薪的影响有着不同途径和效果。此外，郭建如和邓峰（2015）还就高职院校培养模式变革对毕业生起薪差异的影响进行了专门的实证研究，研究采用同样的数据，并继续使用多层线性模型来进行，研究发现培养模式变革内容中的培养模式改革年数、"双师型"队伍建设、课程设置针对性、校内实训条件和顶岗实习开展等均对毕业生起薪有着显著的正向作用。杨钋（2012）对高职院校实地考察后认为，高职院校的组织变革应该将提高学生就业能力作为其使命，但是要防止高职院校退化为职前就业培训机构。就业能力、毕业生起薪等是学生发展的重要衡量维度，高职院校变革和转型对毕业生就业的影响的相关研究对于分析地方本科院校转型对学生发展的影响研究具有一定的借鉴作用。

五　高等教育不平等相关研究

高等教育具有促进社会流动的重要功能，是个人向上流动的最好通道。20 世纪以来，高等教育扩张成为世界范围内的普遍现象，伴随而来的是扩张对社会流动的影响，也就是越来越注重对高等教育平等的关注，这在各国学界引起了一场广泛而热烈的讨论。针对这一议题，如理论基础中所述，常被提到的是最大化维持不平等理论（Maximally Maintained Inequality，MMI）和有效维持不平等理论（Effectively Maintained Inequality，EMI）。对此进行解释和分析的理论主要有布劳和邓肯的地位获得模型和布迪厄的文化再生产理论。研究认为家庭背景等先赋因素在子女地位获得（发展）过程中的作用大小及变迁是辨别一个社会是否开放、平等的重要指标（李煜，2009）。

自 1999 年我国高等教育规模扩张后，研究者开始关注我国高等教育扩招与教育机会的均等化，关注高等教育不平等现象。对于这方面的研究，近年来积累了丰富的实证研究结果。综观这些研究，可以将之分为三个类型或三个层次，一是高等教育规模扩张中的入学机会均等化研究，即来自优势阶层的子女是否获得了更多的入学机会；二是扩张中来自优势阶层的子女是否获得了更好的高等教育入学机会、更多地进入重点大学，或选择了更好的专业等；三是不同阶层的子女在高等教育结果方面的平等问题，即来自优势阶层的子女是否通过高等教育经历获得了更好的发展，能够在就业机会、职业、收入等方面具有显著的不同。在此选择部分典型研究进行说明。

文东茅（2005）对全国高校毕业生调查数据分析发现，不同家庭背景子女接受高等教育的相对机会并不均等，重点院校学生家庭背景优于普通高校，且来自不同家庭背景的毕业生就业结果也不同，家庭背景越好，毕业时的落实率、升学率和起薪越高。丁小浩（2006）利用 1991 年与 2000 年城镇居民入户调查数据分析发现：扩招后，弱势家庭的子女在高等教育的参与状况方面有了明显的改善，越来越多的农村家庭子女接受高等教育，但是研究也指出优质高等教育资源有更倾向于流向经济背景好和社会地位高的家庭子女的趋势。刘精明（2006）采用 2003 年全国综合社会调查（CGSS 2003）数据进行研究，发现大学扩招后在高等教育入学机会上，阶层差距有所缩小，但深入分析发现在地位取向明确的本科教育中，高校扩招导致优势阶层较大程度地扩大了他们的相对优势。郝大海（2007）对 2003 年度全国综合社会调查数据实证分析发现高等教育机会的扩大，并未如人们所预期的那样明显地缩小教育分层，中国教育分层正显现 MMI 假设的诸项特征。林卉（2012）采用历次全国抽样调查数据也证明了 EMI 和 MMI 假设，并指出社会结构对教育不平等的影响，体现在教育机会、在校教育过程和教育获得结果的每一个环节之中。李春玲（2010）则通过使用 2005 年 1% 的人口抽样调查数据，发现扩招并没有增加教育的代际流动，而是加剧了社会阶层间的差距，加大了不平等现象。吴愈晓（2013）使用 CGSS 2008 数据，关注了重点学校制度和学轨制所造成的教育不平等，研究发现家庭社会经济地位越高的学生越有可能进入重点学校，也越有可能选择学术教育轨道而非职业教育轨道，研究结果支持 EMI 理论。沈艳和张恺（2015）基于 2013 届高校毕业生的调查数据分析发现，不同家庭背景子女接受高等教育的相对机会并不均等，家庭背景较好的学生进入"211"院校的优势更明显，而家庭背景较差的学生则是进入一般本科院校或高职高专院校。叶晓阳和丁延庆（2015）利用首都高校学生调查数据也得出同样的结论，不过研究进一步指出高等教育的学生分层实际上只是基础教育阶段学生分层的结果和延续。另外，一些研究指出，重点高校农村学生比例呈现下降趋势，优势家庭的子女更多地进入重点院校，而弱势家庭子女则更多地进入普通的地方本科院校或高职高专院校（杨东平，2006，2009；刘云杉、王志明、杨晓芳，2009）。此外，已有研究还进一步指出，不同家庭背景的子女在学科专业的选择上也出现分化和分层，优势家庭的子女更多地进入热门或优势专业，就业也相对较好（潘彭丹、余期江，2004；孟大虎，2006；刀福东、丁小浩，2008；谢作栩，2008）。此外，还有众多的研究对此问题进行了讨论，在这不再一一列出。本研究将沿着已有研究的思路，进一步探讨在地方本科院校中家庭背景等因素对学生发展的影响，院校转型对这种影响又会产生怎样的影响。

第三节　已有研究启示与局限

一　已有研究启示

从理论基础和文献综述来看，已有研究对本研究有众多启示，主要表现在以下几个方面。

第一，已有理论基础为本研究提供了很好的分析和讨论框架。教育的结构效应论帮助理解高等院校组织中作为技术系统的教学过程，理解学校组织对个体产生影响的效应机制，其结构层面可包括社会阶层（学生的家庭背景）和院校结构两个层面。高校组织转型相关理论和模型虽然主要关注的是院校转型和变革的起因、内容和路径，看似和本研究所要研究的转型效果的评估不是很相关，但是单纯的效果评估并不能让我们打开院校转型的"黑箱"，组织转型与变革的理论和模型可为我们提供进一步分析和讨论院校转型的框架，这对于全面深入了解地方本科院校转型起到重要作用，有利于我们评估院校转型的系统性效果。院校影响力理论的几个模型，为分析学生发展的影响因素提供了重要的参考，院校特征、学生参与、学生的个体特征和家庭背景、课程设置与教学行为等均是预测学生发展的重要解释变量。EMI 理论让本研究关注世界各国都在讨论的教育机会均等问题，对于此的讨论不应该局限于教育机会数量上的获得，还要更加注重教育的质量，教育质量的表现是多样化的，这也让本研究沿着 EMI 理论的思路进一步探讨地方本科院校转型可能带来的平等问题，这也有利于进一步分析地方本科院校转型发展。上述理论对本研究的启示，也给本研究一个较好的可以和已有理论对话的机会。

第二，从地方本科院校的相关研究来看，目前对于地方本科院校中新建本科院校的讨论较多，对地方本科院校的定位、发展战略、人才培养、教学改革、转型发展等方面的已有研究对于充分把握目前地方本科院校的现状和对转型的认识具有重要的帮助。同时众多的案例研究，使我们对于认识地方本科院校的现状和转型发展也形成了较为直观的印象。地方本科院校相关研究中的宏观、中微观结果，有助于全面把握和认识地方本科院校，同时相关分析层次如人才培养模式、专业设置、教学改革、实践教学和校企合作等也利于本研究对人才培养模式变革中关键环节的选择和分析。

第三,从组织转型与院校转型的相关研究来看,组织转型的相关研究可以让本研究从一个更广阔的视野来看当下地方本科院校转型,组织转型中制度、文化、结构、人员、技术等要素对于分析地方本科院校转型和反观地方本科院校转型效果(学生发展的角度)具有一定的借鉴意义。已有院校转型的相关研究,在各个不同类型院校转型的案例研究中形成了较为丰富的成果,这些院校也大多属于地方本科院校,这对于认识地方本科院校的多样性和复杂性具有重要的帮助。同时,当下地方本科院校转型的分析视角和地方本科院校转型发展的挑战也对本研究的分析和探讨具有一定帮助。

第四,从院校影响和学生发展相关研究来看,当下对于学生发展的讨论还主要聚焦在教学和课程上,这也让本研究在关注学生发展上要充分考虑教学和课程等因素。院校和非院校因素对学生发展的影响,有利于本研究在定量模型设计上对相关控制变量的选择,以免有重要的遗漏变量偏误,并且要充分考虑到相关变量间的相互作用关系。同时,已有研究的相关估计方法也对本研究具有一定的启示。

第五,从地方本科院校转型与学生发展的相关研究来看,文中综述的主要是已有研究中地方本科院校关于学生发展的实证研究和高职院校的转型变革对学生发展的影响研究。地方本科院校的学生发展实证研究,有助于本研究了解当下地方本科院校学生发展的现状,进一步补充和完善对于学生发展维度的选择。同时,一些全国性调查中对于地方本科院校和其他类型院校的比较,也让本研究尝试先从整个高等教育系统去看地方本科院校目前所处的境况,这对于深入认识当下我国高等教育结构改革具有一定的帮助。高职院校的组织转型与变革对于学生发展中就业、起薪的研究,对于本研究中考察转型对学生发展的影响在定量模型选择、变量处理等方面具有直接的借鉴作用。

二 已有研究局限和突破点

通过对已有研究的回顾发现,已有相关研究的局限和本研究的突破点主要体现在以下几个方面。

第一,在研究内容上,已有研究中针对地方本科院校转型的研究在内容上呈现宽泛性、经验性等特征。在内容宽泛性上主要表现为已有研究集中在院校转型的方方面面,虽然有部分研究集中在对于院校转型的认识或院校转型中的专业设置或实践教学等方面，但是研究深度较为缺乏，更多的是停留在思辨层面。在研究内容的经验性上则表现为个案研究居多，区域性或全国性的针对地方本科院校转型的实证研究暂未出现。已有研究多重视对地方本科院校转型这一问题的描述，或者结合研究者所在院校对转型过程中出现的问题进行归纳和说明，或是对院校转型发展经验进行介绍。更进一步，已有研究中对转型发展的目标更多的是停留在价值判断层面，而对此进行的定量分析较为缺乏。本研究从学生发展的角度在全国范围内对地方本科院校的转型进行评估，将有效弥补已有研究的不足。

第二，在研究方法上，和以往研究主要集中在案例研究或是和其他类型院校一起较为笼统地定量考察地方本科院校不同，本研究将根据全国范围内大样本的学生调查数据，有针对性地对地方本科院校进行定量研究分析，并根据地方本科院校办学历史和发展情况将地方本科院校进行进一步细分。在相关变量处理上，已有关于学生发展的评价，主要从学生学业成就的提高或者学生不同维度能力发展的角度来进行，而本研究根据地方本科院校转型试点的主要内容，设计了专门针对地方本科院校学生发展的能力与素质量表，且有针对性地设计了学生参与、课程设置、教学行为、实践教学、毕业/综合实习等量表。[①] 本研究将综合学生在校的能力与素质情况，以及从地方本科院校或者社会大众更关注的就业状况来综合考察学生的发展。此外，在技术处理上，影响学生发展的因素较多，且在模型中很容易存在内生性，遗漏变量现象也较为严重，且存在院校、专业类、学生个体等不同层面的问题。已有研究由于各方面原因限制，对此处理较为不够，只能初步得出一些变量和学生发展的相关关系，且不能有效厘清院校、专业类对学生个体发展的层级效应。本研究在对地方本科院校转型评估的方法上，将通过因果推断的倾向得分匹配模型构建合适的控制组和实验组，以此来评估转型试点对学生发展各个维度的影响。同时研究将采用多层线性模型和结构方程模型，来考察学生发展的层级效应和转型评估对学生发展的影响机制问题。

第三，在理论关怀上，已有研究对学生发展的考察主要停留在院校影响力理论，而没有将院校组织转型和变革结合起来进行讨论。本书的分析不仅将院校组织转型与变革的理论视角扩展到院校评价上，同时从

---

① 为避免和实践教学有所重叠，在具体过程中主要针对学生的毕业/综合实习来进行。

学生发展的角度来看院校组织发生的变化，这也有利于丰富和发展院校组织转型与变革理论，且对进一步理解结构效应的发生机制、理解学校组织中技术系统的作用也具有一定的帮助。此外，已有院校影响力理论，虽然经过这些年的发展，已经形成较为丰富的成果，但是纵观这些研究，对学生就读的学科专业类别的专门关注较为缺乏，且已有研究中对于课程设置、教学方法等的衡量也忽略了学科专业类别间可能存在的差异和相似性。本研究将采用三层线性模型进行分析，其中学科专业类别将作为中间层，这有助于更准确地把握院校影响中学科专业类别的作用。此外，在对学生发展的刻画上较为单一，要么使用相应的学生发展（成就）量表，要么使用就业相关变量（如就业率、就业起薪等），而没有将其综合起来进行考虑和分析。最后，已有关于高等教育不平等的研究很少聚焦在地方本科院校内部，且缺乏从学生发展的角度对此进行的综合分析，本研究聚焦在地方本科院校内部，并从学生发展的视角来着重分析和探讨地方本科院校转型可能带来的不平等问题，这有利于进一步深化对地方本科院校转型的认识。

第三章 研究设计

第一节 理论框架与研究假设

结合研究内容，基于既有文献和理论的梳理，在此尝试构建本研究的理论框架，见图 3 - 1。

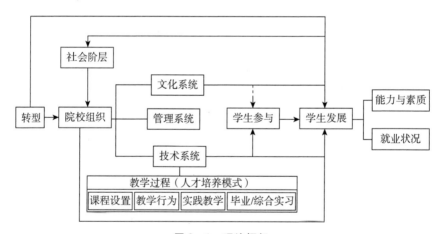

图 3 - 1 理论框架

在该理论框架中，根据理论基础中教育的结构效应论，并参考帕森斯的论述，将院校组织的功能系统分为技术系统、管理系统和文化系统（帕森斯，1988：48 ~ 60）。每一个正式组织都有一定的"技术"功能，在教育组织中，技术功能就是教学的实际过程，而在政府组织中，则是与公众直接有关的管理过程，如税务局收税。针对本研究，其技术系统为教学过程，表现为人才培养模式的过程部分。根据地方本科院校转型试点的目标和要求，其人才培养模式过程的关键环节主要有课程设置、教学行为、实践教学和毕业/综合实习。课程设置反映了教学的内容取向，教学行为则呈现了教学形式与方法，实践教学和毕业/综合实习体现了院校的校企合作状况。四个环节可以较为有效地反映院校人才培养过程。至于四个方面的具体内容，结合已有研究和人才培养模式改革目标，也即转型试点要求来尝试构建，这将在变量定义与说明中采用探索性因子分析和验证性因子分析来进行分析。研究假设，院校转型对学生发展的作用将主要通过技术系统来发挥。由文献述评可知，根据学生参与理论，院校通过技术系统对学生发展产生影响时，会存在学生参与的中介作用。当然，转型试点也可能对学生发展产生"标签效应"。

管理系统则更多地体现在组织决策和资源分配上，管理系统中做出的决策控制着技术系统的活动。帕森斯解释为，在政府组织中，"局"基本上是技术系统，而政府的"政治"部门就属于管理系统。在高等院校组织中，管理系统更多地表现为领导和组织机构。管理系统涉及院校定位、人才培养目标的取向、资源分配等。前面的分析指出，地方本科院校转型试点目标在于院校向应用型转变，其关键在于人才培养模式的变革。对于管理系统，其决策应服务于院校人才培养模式的变革，这体现在技术系统的课程设置、教学行为、实践教学和毕业/综合实习等方面。因此，本研究中对转型试点通过管理系统而对学生发展产生的影响并不做专门探讨。

文化系统体现的是组织的制度、规范与氛围等。学校制度和规范的建设取决于院校的目标，在此不做专门讨论。本研究在文化系统上，从学生视角出发，考察学生对院校人才培养过程变革的感知。正如前文指出，转型试点的关键在于人才培养模式的变革，这会对院校组织氛围产生影响，从而被学生所感知。学生感知程度的不同会对学生发展产生一定影响。当然，学生感知的不同可能会影响学生参与，从而进一步影响学生发展，但是由于本研究主要考察技术系统的作用，故在文化系统的考察中，对学生参与的中介机制不做专门讨论。

结构效应论和院校影响力理论均已指出，学生个体行为不仅受到所在组织的影响，还受到个体所在社会阶层的影响。在院校组织选择上，个体社会阶层的不同会影响进入的院校组织。同时，个体（学生）发展的不同会影响个体所进入的社会阶层。如果来自优势阶层的子女通过院校组织的影响获得更好的学生发展，那么会进一步巩固或加大社会阶层之间的差距，从而造成阶层的固化、加大高等教育的不平等，呈现 EMI 现象。如研究内容中所言，本研究将对转型试点过程中社会阶层和学生发展的关系进行探讨。对于社会阶层的衡量，参考已有众多研究成果，将从学生的城乡背景、文化资本（父母受教育程度）、社会资本（父母职业）和经济资本（家庭经济收入）来进行。

在学生发展方面，考虑到不同专业、不同院校间学生学业成绩的不可比性，且学生学业成绩也不能有效反映学生的能力与素质或在劳动力市场的表现，本研究并没有将学生学业成绩作为学生发展的一个衡量指标，而是从学生的能力与素质和就业状况两个方面来衡量学生的发展程度。这在相关概念中已经进行讨论，在此不再说明。具体操作上，本研究中学生的能力与素质，将通过学生的能力与素质增值评价来反映，具体维度包括学生的专业技术与能力、批判创新能力和核心非认知能力，就业状况从学生就业比例、就业对口程度、就业起薪和工作总体满意度四个方面来考察。就业比例和就业对口程度两个指标的选择主要的参考依据来自政府文件中给出的对转型试点院校的要求。研究认为学生就业的这四个方面能够较为全面地展现学生的就业状况。根据理论框架，具有如下研究假设。

假设 1：高等教育体系呈现明显分化和分层现象，相比"985"院校、"211"院校等重点院校，地方本科院校在资源与规模、学生认知能力和社会阶层、就业状况等方面均处于明显的弱势，但是地方本科院校学生在能力与素质增值上并不一定低于重点院校。在地方本科院校内部，老本科院校和新建本科院校差异明显。

假设 1 中的前半部分已经被众多的研究所证实，本研究对此进行进一步论证。本研究认为自"985"院校、"211"院校到地方本科院校，其资源和规模均不断下降。在学生入学特征上，主要体现在学生的社会阶层和学生入学前认知特征也呈现明显下降的趋势。在地方本科院校内部，根据建校历史，可大致分为老本科院校和新建本科院校，地方本科转型试点院校集中在新建本科院校，老本科院校和新建本科院校在学生群体的社会阶层上存在显著差异。虽然在国家关于地方本科院校转型试点通知文件出台之前，转型试点院校已经在人才培养模式上进行了改革，但是对于此，社会大众和学生群体并不知悉，这之间存在信息不对称。国家正式出台相关文件是在 2014 年，而本研究中采用 2016 级毕业生样本，故认为新建本科院校中转型试点院校和非转型试点院校在学生的社会阶层差异上并不明显。

假设 2：转型试点院校和非转型试点院校在学生变革感知和院校技术系统上均存在显著差异。与课程设置和教师教学相比，在校企合作上差异更为明显。

地方本科院校转型的核心是人才培养模式的变革，也即技术系统发生变化。考察各个省份的地方本科院校转型试点工作，发现存在一定的遴选和试点特征，尽管转型试点院校的"名分"是在近两三年才被赋予，但是这些转型试点院校在技术系统上已经发生了一定变化。故本研究假设转型试点院校和非转型试点院校在院校组织的技术系统上发生了明显变化，也即人才培养模式发生了明显变革，具体表现在课程设置、教学行为、实践教学和毕业/综合实习等方面。国家三部委关于转型的《指导意见》明确提出以"产教融合、校企合作"作为转型的突破口，突出培养实践型、运用型人才，实践教学和毕业/综合实习作为与此最密切相关的部分，更容易被关注和发生变化。此外，组织的变化并不一定被组织中的个体所感知，个体对组织变化的感知需要建立在一定的条件基础上。相对而言，技术系统的变化最容易被个体感知（帕森斯，1988）。地方本科院校转型的核心在于技术系统的变化，在于人才培养模式的变化，这与学生学习密切相关，很容易被学生觉察。因此，本研究认为，相比非转型试点院校，学生能够明显感知到学校、所在专业在人才培养模式上的变化，并且对人才培养模式改革的具体方面，如课程设置、教师教学、校企合作等也能有明显的感知，且在校企合作上表现更为明显。

本书第四章的内容为地方本科院校现状和转型比较，将集中检验假设 1 和假设 2，回答"正在发生什么"的问题。

假设 3：院校转型对学生发展具有显著的影响，相比学生就业状况，转型试点对学生能力与素质提升的促进作用更为明显。

对院校转型的评估关键在于控制学生个体特征与家庭背景等的影响，在此部分将采用处理效应模型倾向得分匹配的方法，构造可比较的处理组和控制组来估计转型试点对学生发展的净影响。此模型中将院校培养的过程，即技术系统作为黑匣子，因此在对结果进行估计和分析时需要考虑院校层次的作用。考虑到老本科院校和新建本科院校在学生入学的社会阶层、院校资源、院校声誉等方面的明显差异，本研究还将采用新建本科院校的细分样本进一步估计转型试点的效果。相比较学生的能力与素质，学生就业状况受外在影响更大，研究假设认为与学生就业状况相比，转型试点对学生能力与素质提升的促进作用更为明显。具体在能力与素质的不同维度上，相比专业技术与能力、批判创新能力等核心认知能力，核心非认知能力更容易被改变和培养，且本研究在设计能力与素质量表时对核心非认知能力几个方面的考察，充分结合了转型试点政策文件的相关内容，因此研究假设相比核心认知能力，转型试点对核心非认知能力的影响更为明显。此外，考虑到不同学科专业在人才培养模式变革上的路径并不一致，与人文社科类专业相比，理工类专业在实践性、应用性的培养上变化可能更为明显，效果可能更为显著，因此本研究认为与人文社科类专业相比，转型试点对理工类专业学生发展影响更大。

本书第五章将集中检验假设 3，回答"是否产生了效果"，即"效果如何"的问题。

假设 4：学生个体特征、家庭背景、院校经历以及学生对变革的感知、院校特征等均对学生发展具有显著影响。

在控制院校 – 专业类的固定效应下，参考已有研究，假设学生个体特征与家庭背景对学生发展具有显著的影响，且在学生能力与素质和就业状况上的影响并不相同。学生院校经历主要体现在学生参与和学生毕业/综合实习上，研究在院校 – 专业类的固定效应中，在控制学生个体特征等变量后，学生院校经历对学生能力与素质和就业状况也将产生显著的影响。此外，研究假设学生的个体感知，即对学校人才培养模式变革的感知将对学生发展产生显著的影响。根据前文文献分析发现，院校特征，如院校财政资源、所在地区、办学体制也可能对学生发展产生影响，且可能主要表现在学生就业状况上。

本书第六章将集中检验假设 4。

假设 5：院校转型对学生发展的影响具有层级效应。

和郭建如、邓峰（2013，2015）对高职院校变革对毕业生就业影响的研究类似，本研究同样构造三层线性模型，分别为院校层面、专业类层面和学生个体层面，来分析转型试点对学生发展的影响，试图打开院校影响的黑匣子。院校对学生发展具有层级效应，这在已有的多个研究中已被证实。本研究认为由于院校层次较低，转型试点院校的院校层次对学生发展的影响较为有限，但是通过技术系统方面的变革，学生也能获得较好的发展。与其他类地方本科院校相比，技术系统对学生发展的层级效应将会更大，技术系统在这主要表现在专业类层面的课程设置、教学行为、实践教学等方面。在控制院校组织内的技术系统特征等变量情况下，院校（转型试点）对学生发展的影响将不再是黑匣子，有助于帮助我们了解不同技术系统对学生发展的影响。此外，考虑到与学生就业状况相比，能力与素质内隐性更强，因此研究假设跟能力与素质相比，院校和专业类在就业状况上的层级效应相对较大。

本书第七章将对假设 5 进行集中检验，在检验之前，第六章将采用多元线性回归模型分析学生发展的影响因素。

假设 6：院校转型将通过技术系统来影响学生发展，不同技术系统对学生发展的影响并不一致，且学生参与在技术系统对学生发展的影响中起中介作用。

院校转型的核心在于技术系统的变化，院校转型对学生发展的影响，应该体现在技术系统对学生发展的影响上。根据结构效应中的层次区分理论，院校转型对学生发展的影响具有技术系统的路径作用，因此研究假设院校转型将通过技术系统影响学生发展。本研究中技术系统包括课程设置、教学行为、实践教学等方面，这些方面在对学生发展的影响上并不一致，且对学生发展的能力与素质、就业状况等不同方面的影响也可能存在差别。此外，院校影响力理论中学生参与的中介作用已经得到国内实证研究的证明，因此本研究也假设学生参与在技术系统对学生发展的影响中将起到中介作用。

本书第七章将对假设 6 进行集中检验。假设 4、假设 5 和假设 6 将主要回答"效果是如何或通过什么机制产生的"的问题，这也是对"效果如何"问题的进一步探讨和分析。

假设 7：地方本科院校的转型试点能够在一定程度上抑制家庭背景对学生发展的影响。

《科尔曼报告》（Coleman，1966）和后续相关研究都证明，与个体特征相比，院校对学生学业成就的影响较为有限。对于地方本科院校，本研究同样认为相比院校对学生发展的解释作用，学生的个体特征对学生发展的影响更大，这尤其表现在学生切身相关的就业起薪上。地方本科院校转型使得院校在技术系统中发生变化，从而对学生发展产生影响，也就是说，通过技术系统的变化，一定程度上提高了教育质量。按照 MMI 理论和 EMI 理论，来自优势阶层家庭的子女将在教育机会和教育质量的获得上均具有优势，在文献综述中已经综述了国内的相关实证研究。但是本研究认为优势阶层子女在教育质量的获得上更有优势的前提是教育质量这一信息充分透明。而具体到本研究中，学生在进行院校选择时对院校质量的评估还停留在之前的认识上，停留在已有的对院校质量的判断上，对学校是否为转型试点、是否发生技术系统的变化存在明显的信息不对称。因此，本研究假设地方本科院校的转型通过提高教育质量，能够在一定程度上抑制家庭背景对学生发展的影响，增进学生发展，即院校转型试点在一定程度上可以缩小社会阶层带来的不平等。

第八章将对假设 7 进行集中检验，是从问题缘起中"现实关注"层面对"效果如何"和"效果是如何或通过什么机制产生的"等问题的回应。

本研究试图通过对上述假设的验证，在现实层面，深入分析和探讨地方本科院校转型对学生发展的影响和影响机制问题；在理论层面，分析社会阶层和组织结构，尤其是组织技术系统对个人行为和成就获得的影响。

第二节　研究工具

一　调查问卷：高等教育改革学生调查问卷

（一）问卷设计与抽样说明

该问卷的设计和调查实施基于 2014 年教育部高教司委托北京大学教育学院开展的针对全国高等理科本科教育的学生调查课题。本问卷的调查对象为具有一定理科毕业学生数的普通本科院校。在专家调查和北京大学教育学院"首都高校教学质量与学生发展监测"（简称"首都高校学生发展"）项目测量工具研发成果的基础上，设计研发了测量工具，即"高等教育改革学生调查问卷（本科生问卷）"。"首都高校学生发展调查问卷"是北京大学教育学院研发团队在借鉴国外高校学生调查测量工具经验的基础上，经过 2006~2014 年持续的研究实践，所形成的符合中国高校人才培养机制和学生参与经历特质、具有本土化特色的高等教育"投入－教与学过程－学业成就"测量工具。研究者核心参与本次调查的实施、数据清洗、分析和调查报告的撰写等。在全国范围大调查前，进行预调研和问卷量表信效度检验。问卷发布和收集主要使用北京大学现代教育技术中心网络问卷调查平台，调查得到教育部高教司、部分省教育厅、高等理科教育学会和调查院校等单位的大力支持。

本次调查共回收有效问卷 100941 份，其中有效问卷单个院校回收数在 500 份以上的占到 76%。共调查了不同层次高等院校 97 所，由于本次调查为理科专业的强度抽样，为得到和全国各专业同等比例的适用于全国各专业的学生发展调查数据，在四类学科基础上抽取出性别比例合宜的样本，且删除个案数小于 50 的院校，清洗后共得到抽样的有效样本数为 41554 份，院校数量为 85 所。

研究将使用"高等教育改革学生调查"的抽样数据来进行前期的初步分析，以期了解地方本科院校在高等教育结构体系中的现状，从而对转型主体形成整体性的把握和认识。

（二）数据说明

本研究使用的"高等教育改革学生调查问卷"中，共有 85 所院校，其中"985"院校 18 所、"211"院校 10 所、普通本科院校 57 所。考虑到仅有少部分"211"院校属于地方本科院校，直接将这里的 57 所普通本科院校归为地方本科院校一类。样本中"985"院校学生数为 3608 人，占比为 8.68%；"211"院校学生数为 5896 人，占比为 14.19%；地方本科院校学生数为 32050 人，占比为 77.13%。结合前文对地方本科院校的论述，进一步将地方本科院校分为省部共建院校、一般本科院校和新建本科院校三类，样本中省部共建院校 28 所、一般本科院校 17 所、新建本科院校 12 所。省部共建院校一般为国家部委划转院校或者各省的省属师范院校，属于省属的重点院校，相对另外两类地方本科院校而言办学资源和条件较为丰富。样本中省部共建院校学生数为 16110 人，占比为 38.77%；一般本科院校学生数为 8831 人，占比为 21.25%；新建本科院校学生数为 7109 人，占比为 17.11%。本次调查中虽然"211"院校数量较多，但是在学生数占比上和全国"211"学生数占比情况大致相当，且整体上三大类院校在校本科生数量占比也与全国比例大致接近。在一定程度上，本样本可以较好地代表全国本科院校的情况。

（三）信效度检验

本问卷基于首都高校学生发展调查问卷，问卷中各量表信效度均得到较好的检验。为进一步保证量表的信效度，课题组在正式开展网络调研之前，进行了预调研。根据预调研的结果，对问卷进行了进一步修改和调整。采用 Cronbach's Alpha 来检验问卷整体信度和各个量表的信度，可靠性统计分析发现问卷整体信度为 0.782，基于标准化的信度系数为 0.851。此外，在效度方面，主要包括内容效度和结构效度，内容效度的验证一般是通过定性的方法进行，本问卷中各量表的设计基于十余年的调查和专家的意见，可以认为其内容效度较好。在结构效度方面，主要针对问卷中各量表的分析，采用探索性因子分析和验证性因子分析进行。本问卷共包括 7 个主要量表，分别为入学动机、学生参与、专业学习非认知因素、课程设置、教学行为、能力与素质和职业成就动机。对每个量表进行探索性因子分析后，得到各个量表的结构维度，再进行验证性因子分析。各个量表信效度较好。

二 调查问卷：地方高校人才培养与就业调查

（一） 问卷设计与抽样说明

"地方高校人才培养与就业调查"是 2015 年度国家社科基金教育学重点课题"地方高校转型发展研究"的一项重要内容。研究者在北京大学教育学院"高等教育改革学生调查"、"首都高校学生发展调查"和 2015 年高职院校毕业生就业调查等问卷基础上设计了本次调查问卷的初稿。而后和课题组负责人、核心成员结合地方本科院校教育教学、人才培养的特点、国家关于地方本科院校转型的相关政策文件等进行了详细修改，形成"地方高校人才培养与就业调查（本科毕业生问卷）"。该问卷旨在全面了解我国地方本科高校人才培养与就业现状，为完善地方高校改革、地方本科高校转型提供咨询服务和政策建议。本次调查对象为全国地方本科院校的 2016 届毕业生，整体框架上沿用了"高等教育改革学生调查"问卷的"投入－教与学过程－学业成就（学生发展）"的分析框架。

具体来说，本问卷共分为五个部分，分别为基本信息、学习经历、课程与教学评价、实习经历、能力发展与就业状况。基本信息包括学生的院校专业信息、学生个体特征（性别、独生子女与否、中共党员与否、学生干部与否等）、家庭背景（城乡背景、父母教育、职业背景、家庭经济收入）、学生在校的奖助贷和支出情况等；学习经历包括高中学习及高考情况、专业情况、学生在校的实际学习行为、时间分配等；课程与教学评价包括学生对人才培养变化总体上和各方面变化的感知情况、实际专业课程设置情况、实际实践教学情况、实际教学行为等；实习经历包括经历的实习种类、毕业实习经历情况、毕业（专业综合）实习感知、实习作用等；能力发展与就业状况主要包括学生对个人实际能力与素质的自评量表、就业状况、就业单位评价等。

本次调查采用方便性整群抽样。调查从东中西部各抽查 2~3 个省份，结合院校特征，每个省份调查院校数为 5~6 所，每个地区选择一个重要省份。结合目前全国各省份开展地方本科院校试点的实际情况，东中西部地区的重要省份分别为山东、河南和云南。每所院校所调查的二级学院，其专业主要集中在计算机类、电气类、机械类、信息工程类、化学与工程类、工商管理类、会计学、新闻传媒类、艺术设计类等应用性专业，同时尤其注重调查卓越工程项目专业、省级/校级综合改革试点或人才培养模式改革试点专业，对各个院校选择的专业采取整群抽样方法。在开展实施调查前，课题组在北京某院校进行了预调研，对问卷的信效度进行了初步检验，对问卷进行了部分修正。2016 年 6 月 1 日到 7 月 4 日，课题组成员奔赴绝大多数抽样的院校进行现场集中指导性填答，以保证问卷填写质量。对于少数院校，由于时间（学生毕业离校）、人员等各方面限制，未能现场集中指导填写的，课题组成员通过邮寄问卷的方式让所在院校的联系人组织学生集中填写，并反复叮嘱填答说明，以保证填写质量。需要特别说明的是，样本中试点院校名单的认定主要参考了各省教育厅官方文件公布的转型试点院校名单，并结合了课题组对样本院校实际调研中获取的各个院校的信息。

（二）数据说明

本次调查根据抽样学校各专业情况，计划共发放 9500 份问卷，在实际执行过程当中由于四所院校在进行调查时和其他学校时间冲突，且毕业生离校较早，无法集中组织，最终调查样本中共有院校 25 所，其中东部地区 10 所、中部地区 8 所、西部地区 7 所，实际回收有效样本数为 7241 份，东部、中部、西部样本占比分别为 37.30%、39.33% 和 23.37%，样本院校基本信息见表 3-1。由表可知，样本中转型试点院校共 10 所，且均为 1999 年以后的新建本科院校。

表3-1 "地方高校人才培养与就业调查"院校信息

学校名称	院校省份	院校地区	民办院校	本科年份	转型试点	办学体制	位于省会城市	具有研究生教育资格
GDA	广东	东部	是	2004	否	社会办学	是	否
JSA	江苏	东部	否	2003	否	市属	是	否
SDA	山东	东部	否	1974	否	省属	否	是
SDC	山东	东部	否	1984	否	省属	否	是
SDC	山东	东部	否	1999	是	市属	否	否
SDB	山东	东部	否	2000	否	省属	否	否
SDE	山东	东部	是	2003	否	社会办学	否	否
EDF	山东	东部	是	2008	否	社会办学	是	否
ZJA	浙江	东部	否	1959	否	省属	是	是
ZJB	浙江	东部	否	1992	否	省属	是	是
GZA	贵州	西部	否	2005	是	市属	否	否
SXB	陕西	西部	是	2005	是	社会办学	是	否
SXA	陕西	西部	是	2009	是	社会办学	是	否
YNC	云南	西部	否	2001	否	省属	否	是
YNA	云南	西部	否	2003	是	省属	否	否
YND	云南	西部	否	2004	是	市属	是	否
YNB	云南	西部	是	2011	是	社会办学	是	否
HBA	河北	中部	否	1978	否	省属	是	是
HNB	河南	中部	否	2002	是	省属	否	否
HNX	河南	中部	否	2004	是	省属	否	否
HNA	河南	中部	是	2004	是	社会办学	否	否
HND	河南	中部	否	2007	否	省属	是	否
HBA	湖北	中部	否	1977	否	省属	是	是
HNA	湖南	中部	否	1999	否	省属	否	否
SHXA	山西	中部	否	1953	否	省属	是	是

虽然本研究对于每个抽样院校的调查专业较为确定,但是在实际调查过程中难免出现其他专业。本研究结合实际样本中相关专业信息和相关专家建议,将调查的专业类别分为人文社科类、理工类两大类,其中人文社科类分为经济管理类、公共管理/教育类、人文类、传媒艺术类;理工类分为基础学科应用类、计算机/信息类、机械/电气/制造类、工程

类,样本中经济管理类占比最大,达到 23.85%,其次为计算机/信息类,占比为 18.91%,而公共管理/教育类和人文类占比相对较小,分别为5.86% 和 5.34%。从转型试点院校和非转型试点院校各专业类分布来看,两者总体上差异较小。

表 3 - 2 为样本分布特征。

表 3 - 2 "地方高校人才培养与就业调查"样本分布特征

单位:人,%

类别	变量	取值	人数	占比
个人特征	性别	女	3145	43.6
		男	4071	56.4
	独生子女	否	4597	63.9
		是	2592	36.1
	党员	否	5627	78.3
		是	1559	21.7
	学生干部	否	3656	50.5
		是	3585	49.5
家庭背景	家庭所在地	直辖市	350	4.9
		省会城市	450	6.3
		地级市	1108	15.4
		县城或县级市	1409	19.6
		乡镇	708	9.9
		农村	3147	43.9
	母亲受教育程度	小学及以下	2483	34.5
		初中	2584	35.9
		高中	1295	18.0
		大专及以上	827	11.5
	父亲受教育程度	小学及以下	1645	22.8
		初中	2743	38.0
		高中	1675	23.2
		大专及以上	1146	15.9
	父亲职业层次	基层就业	5361	78.0
		中层就业	421	6.1
		高层就业	1088	15.8

续表

类别	变量	取值	人数	占比
家庭背景	母亲职业层次	基层就业	5544	81.9
		中层就业	593	8.8
		高层就业	630	9.3
	家庭年收入	低收入家庭	4037	56.5
		中等收入家庭	2173	30.4
		高收入家庭	935	13.1
入学特征	高中类型	重点或示范性高中	2792	39.0
		普通高中	4275	59.8
		中等职业学校	85	1.2
	高中文理分科	文科	1788	31.2
		理科	3938	68.8
	志愿录取	非第一志愿录取	2804	39.4
		第一志愿录取	4309	60.6

注：父母的职业层次分为三类，高层就业包括行政管理人员（处级或县乡科级以上干部）、企业高层管理人员、专业技术人员、私营企业主；中层就业包括技术辅助人员（技术员、护士等）、一般管理及办事人员、商业/服务业人员；基层就业包括个体户、农（林、牧、渔）民、工人（生产、运输设备操作人员）、进城务工人员和无业。

根据问卷设计，将家庭年收入 3 万元以下设为低收入家庭，家庭年收入 3 万～10 万元为中等收入家庭，家庭年收入 10 万元以上为高收入家庭。

部分变量存在缺失值。

（三） 信效度检验

本问卷结合地方本科院校人才培养特征，并基于北京大学教育学院设计的首都高校学生发展调查问卷和高等教育改革学生调查问卷而设计，问卷中相关量表信效度均得到较好的检验。为进一步保证量表的信效度，课题组在正式开展网络调研之前，在北京某高校进行了预调研。根据预调研的结果，对问卷进行了进一步的修改和调整。采用 Cronbach's Alpha 来检验问卷整体和各个量表的信度，对问卷整体（共 185 项）进行可靠性统计分析发现，问卷的 Cronbach's Alpha 系数为 0.732，基于标准化的信度系数为 0.809，各个量表的信度见表 3 - 3。由表可知，除毕业/综合实习量表信度系数低于 0.8 外，其余各个量表信度系数都大于 0.8，各个量表信度系数都处于可以接受范围。在效度方面，本问卷中各量表的设计基于十余年的调查和专家的意见，可以认为其内容效度较好。在结构效度上，主要针对问卷中各量表的分析，具体采用探索性因子分析和验证性因子分析进行。本问卷共包括6个主要量表，分别为学生参与、课程设置、教学行为、实践教学、毕业/综合实习、能力与素质。对每个量表进行探索性因子分析①后，得到各个量表的结构维度，再进行验证性因子分析，进一步得到各个量表的模型拟合程度（拟合优度指数 GFI、调整的拟合优度指数 AGFI、近似误差均方根 RMSEA ）。问卷中各个量表信效度较好。

需要特别说明的是，本研究中，除第四章第一节中使用的数据主要为高等教育改革学生调查数据外，其他部分的数据来自地方高校人才培养与就业调查。本节变量定义与说明针对的是地方高校人才培养与就业调查数据。

表 3 – 3 "地方高校人才培养与就业调查"各量表信效度

量表名称	结构维度	题项数	组合信度	信度系数	GFI	AGFI	RMSEA	所在问卷位置
学生参与	课程参与	3	0.843	0.802	0.982	0.978	0.058	问 11
	规则参与	2	0.807					
	活动参与	2	0.773					
	主动学习	3	0.697					
课程设置	应用实践性	4	0.865	0.935	0.986	0.977	0.048	问 13
	前沿交叉性	2	0.789					
	学科理论性	2	0.838					
	职业就业性	3	0.793					
实践教学	资源充分性	4	0.874	0.930	0.994	0.988	0.042	问 14
	内容质量性	3	0.848					
	自主探索性	2	0.799					
	教师应用性	1	0.892					
教学行为	探究引导型	3	0.812	0.934	0.978	0.974	0.045	问 15
	学以致用型	4	0.835					
	传统教学型	3	0.812					

---

① 根据探索性因子分析，最后的结果中各量表的部分题项有删除，探索性因子分析和验证性因子分析具体结果见变量定义与说明部分。

量表名称	结构维度	题项数	组合信度	信度系数	GFI	AGFI	RMSEA	所在问卷位置
毕业/综合实习	实习指导	3	0.827	0.750	0.988	0.979	0.062	问 18
	实习制度	2	0.750					
	实习考评	2	0.733					
能力与素质	专业技术与能力	4	0.814	0.933	0.956	0.948	0.046	问 21
	专业素养与态度	3	0.787					
	批判创新能力	3	0.726					
	职业认知与规划	3	0.778					
	团队协作能力	3	0.746					
	沟通表达能力	2	0.697					

第三节　变量定义与说明

一　核心自变量界定与说明

本研究的核心自变量为院校转型试点，在回归模型中为虚拟变量。对于院校是否为转型试点院校前文已经指出，并给出了相关说明。除此之外，地方本科院校转型的核心要素也是本研究的核心自变量。地方本科院校转型的关键在于人才培养模式的变革，结合三部委文件中关于地方本科院校转型中人才培养模式变革的要求，研究针对人才培养模式变革设计了课程设置、实践教学、教学行为和毕业/综合实习等量表，这些是本研究的核心自变量。校企合作主要通过实践教学和毕业/综合实习来反映。同时如前所述学生参与作为直接影响学生发展的关键性变量，也是本研究的核心自变量。学生参与、课程设置、教学行为、实践教学、毕业/综合实习均为相应量表，对这几类变量说明如下。

（一）学生参与

学生参与维度的划分是依据问卷"地方高校人才培养与就业调查"中第二部分学习经历问 11："请评价您在校修课期间的实际学习行为。"根据已有学生参与的划分并结合地方本科院校的特点和研究目的，学生参与包括课程参与、规则参与、活动参与和主动学习四个维度。探索性因子分析采用的方法为主成分分析方法，旋转矩阵方法为最大方差法，得到的四个公因子的累计方差贡献率为 76.0%。题目可靠性分析 Cronbach's Alpha 系数为 0.802，题目信度可接受。探索性因子分析的 KMO（Kaiser-Meyer-Olkin）检验值为 0.859，大于 0.7，抽样充足度得到检验；Bartlett's 球形检验显示，相关系数矩阵为单位矩阵的伴随概率为 0.000，因此不是单位矩阵，适合进行探索性因子分析。探索性因子分析结果见表 3-4。

表 3-4 "学生参与"量表探索性因子分析结果

一级指标	题目内容	载荷	Cronbach's Alpha	累计方差贡献率（%）
课程参与	1. 课堂上主动提问或积极回答问题	0.827	0.843	44.8
	2. 课前预习课后复习	0.823		
	3. 课后与老师或同学讨论与专业相关的问题	0.773		
规则参与	（已反向）7. 没有按时完成作业或草率完成作业	0.906	0.807	61.4
	（已反向）8. 逃课	0.916		
活动参与	9. 参与校内学术讲座、学术性社团活动	0.546	0.773	70.2
	10. 参与校内外职业性或实践性讲座或社团活动	0.903		
主动学习	5. 参与教师的科研项目	0.545	0.697	76.0
	6. 利用校内资源自主学习	0.656		

采用验证性因子分析方法对上述探索性因子分析结果进行有效性分析，得到验证性因子分析模型拟合指数[①]。分析得出，学生参与量表得到的四个公因子模型具有较为理想的拟合度，模型处于可接受的范畴。

（二）课程设置

课程设置的划分是依据问卷"地方高校人才培养与就业调查"中第二部分学习经历问 13："请根据您入学以来上课的经历，对所在专业的课程实际情况进行评价。"通过探索性因子分析，得到课程设置各维度的公因子。课程设置包括应用实践性、前沿交叉性、学科理论性和职业就业

---

① 在此统一略去模型拟合指数各指标值，如有需要可和作者联系。

性四个维度，也即探索性因子分析得到的四个公因子。探索性因子分析采用的方法为主成分分析方法，得到的四个公因子的累计方差贡献率为77.2%。题目可靠性分析 Cronbach's Alpha 系数为 0.789，题目信度较好。探索性因子分析的 KMO 值为 0.954，相关系数矩阵为单位矩阵的伴随概率为 0.000。探索性因子分析结果见表 3 - 5。

表 3 - 5 "课程设置"量表探索性因子分析结果

一级指标	题目内容	载荷	Cronbach's Alpha	累计方差贡献率（%）
应用实践性	5. 实验/实训/应用实践类课程比重大	0.771	0.865	60.7
	6. 应用导向突出，强调应用技术和实践能力培养	0.655		
	7. 应用性课程能及时反映相关行业的技术前沿和技术需求	0.545		
	9. 专业理论学习与实验/实训/实践循环交替进行	0.685		
前沿交叉性	3. 关注学科发展的前沿动向，包括国内外的最新学术发展	0.715	0.789	67.7
	4. 重视不同学科或专业的交叉融合，强调复合型知识与能力结构	0.709		
学科理论性	1. 注重学科的体系性，使学生掌握系统化的学科知识与理论	0.823	0.838	73.0
	2. 强调培养学生深厚的专业理论基础	0.820		
职业就业性	10. 创业创新教育与专业教育有机结合	0.596	0.793	77.2
	11. 职业规划课程、就业指导与训练课程贯穿于大学的每个学期	0.841		
	8. 专业课程与国家职业标准或技术等级考试相衔接	0.462		

采用验证性因子分析对上述探索性因子分析结果进行有效性分析，得到验证性因子分析模型拟合指数。分析得知，课程设置量表得到的四个公因子模型具有较为理想的拟合度，模型处于可接受的范畴。

（三）教学行为

教学行为维度的划分是依据问卷"地方高校人才培养与就业调查"中第二部分学习经历问 15："请根据您入学以来感受，对所在专业任课教师实际教学行为进行评价。"通过探索性因子分析，得到教学行为三个维度的公因子，分别为探究引导型、学以致用型和传统教学型。题目可靠性分析 Cronbach's Alpha 系数为 0.910，题目信度较好。探索性因子分析的 KMO 检验值为 0.938，抽样充足度得到检验，相关系数矩阵为单位矩阵的伴随概率为 0.000，探索性因子分析结果见表 3-6。

表 3-6 "教学行为"量表探索性因子分析结果

一级指标	题目内容	载荷	Cronbach's Alpha	累计方差贡献率（%）
探究引导型	5. 注重启发引导，激发学生的学习兴趣	0.704	0.812	26.6
	6. 普遍采用案例教学和项目教学方式	0.732		
	7. 喜欢采用探究式或研讨式学习方式	0.776		
传统教学型	2. 重视学生的出勤考评	0.834	0.791	49.8
	3. 要求学生课前预习和课后复习	0.720		
	4. 将作业的指导性建议反馈给学生并答疑	0.616		
学以致用型	10. 重视树德立人，能把专业规范与职业道德教育融于专业教学	0.711	0.799	72.5
	11. 倡导学以致用，不追求纯理论，而倾向于理论的实践运用	0.780		
	12. 常会将其从事的应用性研究项目的成果融入课程	0.675		

采用验证性因子分析对上述探索性因子分析结果进行有效性分析，得到验证性因子分析模型拟合指数。结果得知，教学行为量表得到的三个公因子模型具有较为理想的拟合度，模型处于可接受的范畴。

（四）实践教学

实践教学维度的划分是依据问卷"地方高校人才培养与就业调查"中第二部分学习经历问 14："请根据您入学以来的经历，对所在专业实验/实训/应用实践类实际教学情况进行评价。"根据设计，这将包括实践教学的资源充分性、内容质量性、自主探索性和教师应用性四个维度。通过探索性因子分析，得到上述四个维度的公因子。探索性因子分析采用的方法为主成分分析方法，得到的四个公因子的累计方差贡献率为 79.4%。题目可靠性分析 Cronbach's Alpha 系数为 0.930，题目信度较好。探索性因子分析的 KMO 检验值为 0.947，抽样充足度得到检验，相关系数矩阵为单位矩阵的伴随概率为 0.000。探索性因子分析结果见表 3-7。

表 3 – 7 "实践教学"量表探索性因子分析结果

一级指标	题目内容	载荷	Cronbach's Alpha	累计方差贡献率（%）
资源充分性	6. 校内实验/实训/应用实践设施充足，保障学生有单独训练机会	0.565	0.874	61.5
	8. 校内与专业相关的创业、创新或实践机会多	0.696		
	9. 校外实践教学基地条件好，对实践教学重视程度高	0.754		
	10. 校外合作企业参与应用性课程或实践教学较多	0.812		
内容质量性	1. 实验/实训/应用实践类课程要求严格	0.808	0.848	68.9
	2. 实验/实训/应用实践课内容与理论学习联系紧密	0.807		
	3. 实验/实训/应用实践课内容与行业技术需求紧密相连	0.665		
自主探索性	4. 学校和院系鼓励学生自主开展学术探索	0.794	0.799	74.8
	5. 学校和院系鼓励学生自主开展技术应用创新	0.779		
教师应用性	7. 实验/实训/应用实践类课程的教师具有较高应用技术水平	0.817	0.892	79.4

同样，采用验证性因子分析对上述探索性因子分析结果进行有效性分析，得到验证性因子分析模型拟合指数。实践教学量表得到的四个公因子模型具有较为理想的拟合度，模型处于可接受范畴。

（五）毕业/综合实习

毕业/综合实习维度的划分是依据问卷"地方高校人才培养与就业调查"中第二部分学习经历问 18："请您对经历的毕业实习（专业综合实习）的实际情况进行整体评价。"经过探索性因子分析，得到毕业/综合实习的三个公因子：实习指导、实习制度和实习考评。探索性因子分析采用的方法为主成分分析方法，旋转矩阵方法为最大方差法，得到的三个公因子的累计方差贡献率为 77.8%。题目可靠性分析 Cronbach's Alpha 系数为 0.884，题目信度可接受。探索性因子分析的 KMO 检验值为 0.900，相关系数矩阵为单位矩阵的伴随概率为 0.000。探索性因子分析结果见表 3 – 8。

表 3-8 "毕业/综合实习"量表探索性因子分析结果

一级指标	题目内容	载荷	Cronbach's Alpha	累计方差贡献率（%）
实习指导	1. 实习工作与专业的关联度很紧密	0.865	0.827	59.1
	2. 实习单位指导老师技术水平高，实习指导效果好	0.777		
	3. 学校的指导教师对学生的实习指导效果好	0.660		
实习制度	8. 实习单位很重视与高校在人才培养上的合作	0.800	0.750	69.7
	9. 实习单位对大学生实习有系统、规范、严格和成熟的制度	0.792		
实习考评	10. 我的毕业设计选题来自实习单位的真问题、真需求	0.797	0.733	77.8
	11. 实习单位的考评构成我大学专业成绩的重要部分	0.823		

采用验证性因子分析对上述探索性因子分析结果进行有效性分析，得到验证性因子分析模型拟合指数。毕业/综合实习量表得到的三个公因子模型具有较为理想的拟合度，模型处于可接受的范畴。

二 核心自变量层次转换

院校人才培养模式的变革主要集中在专业类层面，本研究对专业类层面如课程设置、教学行为、实践教学等的调查是基于学生个体对所在专业的评价，所得到的是个体层面的数据。从学生个体层面的数据获得各专业类层面的数据，需要进行聚合转化，而聚合转化的前提是满足组内一致性和组间差异性，需要分别进行 Rwg 和 ICC 检验（Howe，1977）。若通过 Rwg 和 ICC 检验，则说明符合聚合条件，可以进行专业类层面的聚合和分析，这是本研究进行多层模型分析和结构方程模型分析的前提，也有利于本研究获得更高质量的分析数据。需要说明的是，院校人才培养模式变革还会体现在学生的毕业/综合实习中，但学生的毕业/综合实习个体性更强，并不适宜聚合转化为专业类层面数据。[①]

（一）Rwg 检验及结果

Rwg 是反映组内一致性的指标，聚合的前提条件之一是需要满足组

---

① 本研究还对毕业/综合实习个体层面数据进行了聚合转化，Rwg 和 ICC 检验效果均不佳。

内一致性（罗胜强，2012；李璐，2016）。在数据样本中若存在多个组，则每个组都会有自己的 Rwg 值。Rwg 的取值范围在 0 到 1 之间，有可能出现负值，负值作为 0 处理，若 Rwg 大于 0.7，则认为组内一致性相对较好，即可进行由个体层面变量到上一层面变量的聚合加总计算，之后取平均值作为上一层面的变量（帕森斯，1988）。Rwg 的计算公式为：

$$Rwg_{(J)} = \frac{J\left(1 - \frac{\delta_J^2}{\delta_{max}^2}\right)}{J\left(1 - \frac{\delta_J^2}{\delta_{max}^2}\right) + \frac{\delta_J^2}{\delta_{max}^2}} \tag{3-1}$$

$$\delta_{max}^2 = \frac{A^2 - 1}{12} \tag{3-2}$$

其中，J 为子题项的个数，δ_{max}^2 是指最大方差，A 是各题项的选择项个数，如本研究中为 4 点量表，则 A 为 4，δ^2 是该题项在某一层面的方差。Rwg 取值范围在 0 到 1 之间，且大于 0.7 表示满足聚合条件。判断各组得到的 Rwg 值是否符合聚合标准的方法为：①按照各组 $Rwg_{(J)}$ 从小到大排序，得到的中位数组的 $Rwg_{(J)}$ 值若大于 0.7，表示整体可以进行聚合加总；②若所有组中有 90% 以上的组的 $Rwg_{(J)}$ 值大于 0.7，则表示可以进行聚合计算。若全部组的 $Rwg_{(J)}$ 值均大于 0.7，表示组内一致性充分满足聚合条件，是最理想的情况。表 3-9 报告了不区分院校的情况下在专业类层面的各专业类在课程设置、教学行为、实践教学三个方面各维度变量上的 Rwg 值。各院校内部的 Rwg 检验，即对每个院校在所调查的各个专业类内的一致性进行了检验，结果显示，在进行个体层面到专业类层面的变量转化时，要注意考虑不同院校可能存在的结果，进行多层线性模型和结构方程模型分析时，需要结合本研究的目的选择典型且满足检验条件的院校进行。

表 3-9 专业类层面各变量的 Rwg 检验

	维度	经济管理类	公共管理/教育类	人文类	传媒艺术类	基础学科应用类	计算机/信息类	机械/电气/制造类	工程类
课程设置	应用实践性	0.88	0.87	0.91	0.89	0.89	0.88	0.90	0.88
	前沿交叉性	0.77	0.76	0.80	0.72	0.80	0.74	0.75	0.72
	学科理论性	0.78	0.77	0.83	0.75	0.79	0.76	0.79	0.76
	职业就业性	0.86	0.86	0.90	0.84	0.86	0.85	0.86	0.84

续表

	维度	经济管理类	公共管理/教育类	人文类	传媒艺术类	基础学科应用类	计算机/信息类	机械/电气/制造类	工程类
教学行为	探究引导型	0.88	0.87	0.91	0.86	0.87	0.86	0.87	0.86
	学以致用型	0.92	0.92	0.95	0.91	0.91	0.91	0.91	0.91
	传统教学型	0.93	0.93	0.94	0.91	0.93	0.92	0.93	0.91
实践教学	资源充分性	0.89	0.89	0.93	0.88	0.89	0.89	0.88	0.88
	内容质量性	0.87	0.87	0.90	0.85	0.87	0.87	0.87	0.83
	自主探索性	0.77	0.75	0.86	0.77	0.80	0.78	0.76	0.75
	教师应用性	0.74	0.76	0.75	0.74	0.77	0.70	0.74	0.73

（二）ICC 检验及结果

ICC 检验包括 ICC（1）和 ICC（2）两个指标的计算，它们是反映分组信度的两个关键指标（段锦云、王娟娟、朱月龙，2014）。ICC（1）衡量组内一致性，ICC（2）反映组间差异性（Bliese，2000：349 - 381）。在此主要计算 ICC（2）。一般情况下，ICC（2）值应当大于 0.7，在 0.7 到 0.85 之间被认为是合理范围。ICC（2）的计算公式为：

$$ICC(2) = \frac{MSB - MSW}{MSB} \qquad (3-3)$$

其中 MSB（Mean Square Between-group）代表组间均方值，MSW（Mean Square Within-group）代表组内均方值。ICC（2）在 0.7 以上，则可以进行个体层面变量的聚合计算，生成上一层面的变量。表 3 - 10 报告了专业类层面各变量的 ICC 检验结果，由检验结果可知，在课程设置、教学行为、实践教学三个方面，除教师应用性外，各个维度上的 ICC 值均大于 0.7。进一步针对各个院校样本进行 ICC 检验。

此外需要说明的是，为进一步检验 Rwg 和 ICC 的结果，本研究还对明显为个体层面的学生参与、毕业/综合实习和能力与素质三个量表的各维度进行了上述检验，检验结果发现，这三个方面明显不适合进行聚合转化到上一个层面，这也侧面印证了采用 Rwg 和 ICC 检验对上述三个方面进行组内一致性和组间差异性检验的必要性，保证了从个体层面聚合到专业类层面的有效性，也保证了在实际进行模型分析估计相关结果时能够有效选择相应样本，得到更加准确的估计结果。

表 3 - 10　专业类层面各变量的 ICC 检验

	维度	全样本
课程设置	应用实践性	0.85
	前沿交叉性	0.80
	学科理论性	0.81
	职业就业性	0.84
教学行为	探究引导型	0.86
	学以致用型	0.79
	传统教学型	0.83
实践教学	资源充分性	0.74
	内容质量性	0.76
	自主探索性	0.83
	教师应用性	0.65

三　因变量界定与说明

（一）能力与素质

学生总体能力与素质为学生能力与素质量表各题项得分的平均分，取值范围为 1~4。研究还将对能力与素质各维度进行分析。能力与素质维度的划分是依据问卷"地方高校人才培养与就业调查"中第五部分问 21："您是否同意下列有关您个人实际能力与素质的陈述？"该量表在已有学生成就量表的基础上，重点根据地方本科院校人才培养的特征来进行设计，并对学生能力与素质中的核心非认知能力进行了更加具体的分析。

经过探索性因子分析，得到能力与素质的六个公因子：专业技术与能力、专业素养与态度、职业认知与规划、团队协作能力、批判创新能力和沟通表达能力。其中专业素养与态度、职业认知与规划、团队协作能力和沟通表达能力可认为是核心非认知能力。探索性因子分析六个公因子的累计方差贡献率为 69.5%，可接受。题目可靠性分析 Cronbach's Alpha 系数为 0.933，题目信度较好。探索性因子分析的 KMO 检验值为 0.959，相关系数矩阵为单位矩阵的伴随概率为 0.000。探索性因子分析结果见表 3 - 11。

表 3 – 11 "能力与素质"量表探索性因子分析结果

一级指标	题目内容	载荷	Cronbach's Alpha	累计方差贡献率（％）
专业技术与能力	16. 我为未来的职业掌握了所需的基本理论和专业知识	0.662	0.814	45.7
	17. 我的专业技术应用与实操能力能够满足企业的需要	0.719		
	18. 我总是有兴趣和有能力解决遇到的专业技术难题	0.719		
	19. 我是一个多面手，具有跨专业的复合型知识和技术能力	0.673		
专业素养与态度	1. 我有在专业相关的行业或职业发展获得成功的强烈愿望	0.717	0.787	53.5
	2. 我在工作中会严格遵守专业规范，尊重职业道德	0.806		
	3. 对分配给我的任务，能抱积极的态度，以高质量的标准去完成	0.756		
职业认知与规划	6. 我非常清楚自己适合从事哪种类型的工作	0.720	0.778	57.9
	7. 我已经规划好了毕业后的职业生涯发展	0.775		
	8. 我很清楚行业企业技术情况及对员工的能力要求	0.575		
团队协作能力	12. 我能快速地适应新的任务环境和管理模式	0.640	0.746	62.1
	13. 我能配合团队有效地开展工作，团队协作能力强	0.731		
	14. 我能根据任务合理统筹人财物等资源去达成目标	0.602		
批判创新能力	9. 我能够有效搜索相关信息，寻求新的知识或解决方案	0.563	0.726	65.9
	10. 我总能提出新颖而有用的办法来解决问题或任务	0.518		
	11. 我不轻信别人的观点，常会审慎考虑或有理有据地进行批判	0.744		
沟通表达能力	4. 我擅于组织口头和书面语言，能清晰准确地表达自己想法	0.763	0.697	69.5
	5. 我通常能有办法给他人留下好印象，让他人接受自己	0.648		

　　采用验证性因子分析对上述探索性因子分析结果进行有效性分析，得到验证性因子分析模型拟合指数。分析得知，能力与素质量表得到的

六个公因子模型具有较为理想的拟合度，模型处于可接受范畴。

（二）就业状况

学生能力与素质的发展反映了院校人才培养过程中学生能力与素质的增值，更多地反映学生发展的内在情况，而就业状况则相对较为直接、客观地反映了学生发展的外在表现。在分析学生发展上，综合考虑学生的能力与素质和就业状况，将比较全面地反映高校学生发展的综合情况，有利于准确认识院校转型变革。已有研究中关于高校学生发展的研究也主要集中在就业状况方面，尤其是对毕业生起薪的相关研究甚多。此外，结合教育部、国家发展改革委、财政部《关于引导部分地方普通本科高校向应用型转变的指导意见》和各省相关文件，地方本科院校学生就业比例、就业对口程度也反映了学生人才培养的方向和成果，因此在就业状况维度上将重点考察学生就业起薪、就业比例和就业对口程度等变量。其中就业起薪为连续性变量，而就业比例和就业对口程度处理为虚拟变量。此外还增加学生对工作总体满意度评价的变量，以期更为全面地了解学生就业状况。

四　其他变量界定与说明

其他变量主要包括个体特征变量、家庭背景变量、院校层面变量，具体各类型变量定义和说明见表 3 - 12。

表 3 - 12　其他变量定义和说明

维度		变量	变量定义和说明
个体特征	人口学特征[①]	性别	男性 = 1，女性 = 0
		民族	汉族 = 1，非汉族 = 0
		独生子女	独生子女 = 1，非独生子女 = 0
		党员	党员（含预备党员）= 1，非党员 = 0
		学生干部	学生干部 = 1，非学生干部 = 0
	高中及入学前特征	高中文理	理科 = 1，非理科 = 0
		高考分数	代表学生认知，连续变量，高考分数按省份学科进行标准化
		高中类型	重点或示范性高中 = 1，非重点和示范性高中 = 0
		志愿录取	第一志愿录取 = 1，非第一志愿录取 = 0

续表

维度		变量	变量定义和说明
家庭背景	城乡	城乡	城市 =1，农村 =0
	父母教育②	父亲受教育程度	小学及以下 =1，初中 =2，高中 =3，大专及以上 =4，回归模型中放入三个虚拟变量
		母亲受教育程度	小学及以下 =1，初中 =2，高中 =3，大专及以上 =4，回归模型中放入三个虚拟变量
	父母职业	家庭 ISEI	连续变量，国际社会经济指数，参考叶晓阳（2015）、吴晓刚（2009）的处理，选取父母职业中更高的一个
	家庭经济收入	家庭年收入	低收入家庭 =1，中等收入家庭 =2，高收入家庭 =3，回归模型中放入两个虚拟变量
院校层面	办学体制	办学主体	市属 =1，省属 =2，社会办学 =3，回归模型中放入两个虚拟变量
	财政资源	生均收入	连续变量，生均收入取对数
	所在地区	所在地区	东中西部地区，回归模型中放入两个虚拟变量

注：①其中，党员和学生干部代表学生的身份特征。
②在具体实证分析过程中，可能有所调整，对此会另当说明。

第四节　分析框架

根据前文的论述和相关变量的选择，并结合理论框架和研究假设，在此描绘了具体的分析框架，见图 3 - 2。变量、方法、研究假设均已经在前面给出，在此不再对分析框架进行具体说明。在各章节的分析中结合研究假设和分析框架给出研究子假设。

第五节　定量分析方法

研究主要采用定量分析方法，主要方法有描述统计、因子分析、多元线性回归模型、二值选择模型、归并回归模型和 Heckman 二步法、倾

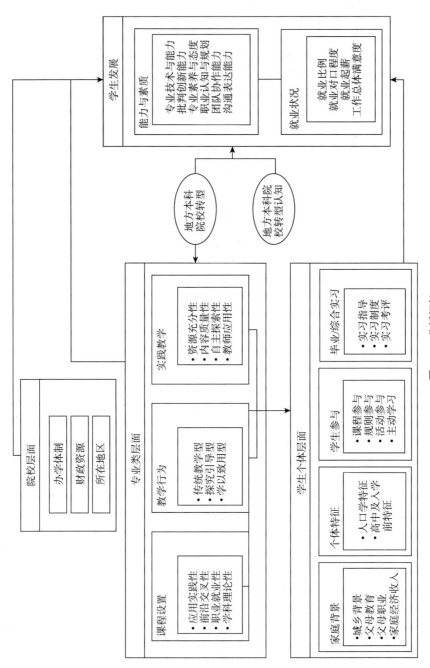

图3-2 分析框架

向得分匹配模型、多层模型和结构方程模型。由于在各章节中会对方法和模型具体说明，在此对上述方法做简单介绍。

（1）描述统计。描述统计是定量研究中最为基础的方法。本研究采用描述统计对变量的均值、标准差和变量间的相关关系进行描述。对变量的分布状态、数字特征的描述主要采用 Stata 13.0 进行，而相关性分析主要采用 SPSS 22.0 进行。此外研究还将采用 t 检验、方差分析、卡方检验等方法进行差异性分析，以检验不同类型院校、不同样本之间在主要变量上是否存在显著性差异。

（2）因子分析。研究在学生参与、课程设置、实践教学、教学行为、毕业/综合实习、能力与素质六个部分采用量表工具进行，因此需要通过探索性因子分析与验证性因子分析来对测量维度进行修正。探索性因子分析的目的是用最少的公因子对总变异做最大的解释以达到降维的目的，再通过验证性因子分析对探索后得到的模型进行检验，以确定其结构模型的合理性和有效性。探索性因子分析和验证性因子分析分别采用 SPSS 22.0 和 Amos 20.0 完成。因子分析结果见变量定义与说明部分。

（3）多元线性回归模型。回归分析是用以确定两种或两种以上变量之间相互关系的一种定量统计分析方法。在实际中，一个变量往往受到多个变量的影响，存在两个或两个以上自变量的回归分析，即多元回归分析。当多个自变量与因变量之间是线性关系时，所进行的回归分析就是多元线性回归，其回归模型被称为多元线性回归模型。本研究采用 Stata 13.0 完成多元线性回归分析。横截面数据中，多元线性回归模型中容易存在多重线性和异方差偏误，研究将对此进行检验。

（4）二值选择模型。二值选择模型指的是当因变量为二分变量时的一种回归模型。根据选择随机变量的累计分布函数的不同，在二值选择模型中主要有 Logit 模型和 Probit 模型。同一个样本中 Logit 模型和 Probit 模型的参数估计值具有一定的比例关系。在实际过程中本研究将根据样本的分布情况，确定采用具体的二值选择模型，并注意考虑二值选择模型中的异方差问题，采用似然比检验。本研究中因变量学生发展的就业状况中就业比例和就业对口程度均为二分变量，将采用二值选择模型进行。

（5）归并回归模型和 Heckman 二步法。归并回归模型也被称为样本选择模型或受限因变量模型，是因变量满足某种约束条件下取值的模型。在本研究中，学生就业起薪变量为切割或截取的情况，考虑到毕业生就业起薪的实际情况以及样本中毕业生就业起薪的分布情况，对毕业生就业起薪设置的上下限分别为 1000 元和 10000 元。在针对毕业生就业起薪的回归分析中，采用归并回归模型，即 Tobit 模型来进行。此外对于就业起薪因变量，还将采用 Heckman 二步法对结果进行检验，在相关章节中进行具体说明。

（6）处理效应模型——倾向得分匹配模型。上述回归分析模型讨论的是因变量受到自变量影响的情况，更多的是一种相关关系，并不能得到自变量和因变量之间的因果关系。在社会科学中一个重要的方法论突破就在于关注如何通过严格的统计技术，进行因果推断。在这方面处理效应模型中的倾向得分匹配法作为新兴的统计方法，具有独特的优势。其核心思想是，试图通过匹配再抽样的方法使观测数据尽可能接近随机实验数据，构造可比较的实验组和控制组，控制可测变量的影响，尽可能减少观测数据的偏差，消除非随机实验中选择带来的内生性问题。倾向得分匹配法通过将多个观测变量浓缩为倾向得分值，使多变量的匹配成为可能。利用倾向得分值，可在控制组中找到与实验组的观测特征相似的样本进行匹配。在本研究中，将进入转型试点院校与进入非转型试点院校的学生样本进行匹配。由于匹配后两组样本个体特征与家庭背景相似，可以将两者在学生发展上的差异归于院校的影响效应，也即转型试点带来的影响，从而准确评估转型试点对学生发展的影响。

（7）多层模型。多层模型是用于分析具有嵌套结构特点的数据的一种统计分析技术，近年来在国内外社会科学领域被广泛应用，尤其在教育学和心理学研究中更为常见。本研究中涉及学生个体层面、专业类层面和院校层面三个层面的数据，采用多层模型分析可较好地考虑不同层面带来的差异，得到不同层级的影响，也能刻画不同层级变量之间的相互影响，这将使得估计结果更为准确。

（8）结构方程模型。本研究尝试构建"转型试点→课程设置/教学行为/实践教学→学生参与→学生发展"等理论路径分析模型。在已有分析学生发展的相关实证研究中，多个研究采用结构方程模型分析院校教学对学生发展的影响，且这些研究均考虑了学校学生参与的中介作用。此外研究还将考察"转型试点→毕业/综合实习→学生发展"路径的作用。本研究在对转型试点对学生发展的影响机制的分析上，将结合多层模型和结构方程模型来共同探讨转型试点对学生发展的影响机制问题。对模型的具体分析和说明将在相关章节中进行。结构方程模型检验将采用 A-mos 20.0 进行。

第四章　地方本科院校现状和转型比较

　　根据研究设计，本章聚焦问题提出中的"正在发生什么"的问题，对假设 1 和假设 2 进行检验。本章将对地方本科院校现状和转型进行说明。在地方本科院校现状中将首先从我国整个高等教育结构体系来看地方本科院校。为对地方本科院校有更进一步的认识，根据第一章中对地方本科院校的说明和划分，进一步将地方本科院校划分为省部共建高校、一般本科院校和新建本科院校，研究将根据高等教育中学生发展的入口、过程和结果三个方面，同时加上影响院校发展的财政资源和院校规模，来看高等教育体系中地方本科院校现状。对于高等教育结构体系中的地方本科院校部分，研究将使用 2014 年高等教育改革学生调查数据和全国教育经费基表数据进行实证分析。另外，研究还将使用 2016 年地方高校人才培养与就业调查数据，进一步对地方本科院校生源现状进行初步分析，比较转型试点院校和非转型试点院校之间的差异，这有利于后续对学生发展的相关讨论和分析。在本章的第三节，将围绕地方本科院校转型的人才培养方式改革进行描述统计分析，具体将从学生对改革的感知程度和人才培养方式改革过程中的课程设置、教学行为、实践教学、毕业/综合实习（校企合作）四个部分来进行进一步分析和说明。本章第四节从学生发展的两个方面，即学生发展的能力与素质和学生就业状况，来对转型效果进行初步说明。本章最后，结合上述相关分析，综合给出相关结论。

第一节　高等教育结构体系中的地方本科院校

　　在研究背景部分已经对我国高等教育结构形态进行了简单描述，目前我国高等教育结构呈现圈层态势。高等学校的分类和层级是高等教育系统的结构形态，在我国高等教育向大众化过渡阶段，分类分层是一种普遍现象（王菊，2007）。已有针对高等院校的实证研究中，在涉及不同层次、不同类型的院校时，都对院校类型或院校层次进行区分。在院校类型上一般按照公私立院校划分或者按照央属、非央属院校进行划分；在院校层次上，一般分为"985"院校、"211"院校、一般本科院校和高职高专院校。在本研究中，根据第一章中对地方本科院校的界定和第三章研究设计中对2014年高等教育改革学生调查数据中学校类型的说明，将院校划分为"985"院校、"211"院校和地方本科院校①，地方本科院校又可划分为省部共建院校、一般本科院校和新建本科院校。省部共建院校和一般本科院校在地方本科院校中俗称"老本科院校"。

　　为较为准确和清晰地让读者明白高等教育结构体系中地方本科院校所处的位置，有必要选择一些具有代表性的指标来对此进行说明。在此本研究借鉴了已有研究中关于高等教育系统的分化特征和高等教育的生产函数的"入口－过程－结果"的框架，选择资源与规模、入学特征、院校人才培养过程、学生发展（结果）四个方面进行说明。

一　资源与规模

　　已有研究指出，资源的制约使得高等教育整个系统在逐步发生变化，使得高等院校出现分类、分层现象（俞蕖，2012），同时也使得高等院校呈现趋同性特征（陈文娇，2009）。资源的最集中体现为财政资源。李璐（2016）在博士学位论文中利用《高等学校科技统计资料汇编》数据，通过对比重点大学和一般大学1991～2011年的科技经费收入情况指出，自1999年高校开始扩招后，重点大学的科技经费持续增长，其增长幅度要显著高于一般大学，研究估算认为校均科技经费是一般大学的48倍。地方本科院校大部分为一般大学，而"985"和"211"院校为重点院校。

　　为更全面地对不同类型院校资源情况进行说明，表4－1统计了2014年全国高等教育改革学生调查数据中不同类型院校2013年经费收入和经费支出结构情况。从经费总收入来看，2013年"985"院校平均经费总收入为40.03亿元，"211"院校为15.15亿元，而地方本科院校则只有

---

①　需要说明的是，部分"211"院校也是地方本科院校，但是所占比例较小，在这里为了区分，此处的地方本科院校是除属于"211"院校外的地方本科院校。

7.49 亿元，三类院校经费总收入差异明显。具体从地方本科院校内部来看，省部共建院校、一般本科院校和新建本科院校经费总收入差异明显，省部共建院校平均经费总收入与"211"院校基本持平，而新建本科院校经费总收入只有 6.78 亿元。从经费收入的结构来看，在财政收入上，"985"院校平均为 20.97 亿元，占其平均总收入的比重为 52.4%；"211"院校为 8.96 亿元，占其平均总收入的比重为 59.1%；地方本科院校为 4.58 亿元，占其平均总收入的比重为 61.1%。可知，在收入结构上，地方本科院校财政收入规模总量和"985"院校、"211"院校存在明显差距，相对而言还更加依赖于财政收入。此外，比较学费收入发现，"985"院校、"211"院校和地方本科院校学费收入占比分别为 13.9%、17.4% 和 22.3%。

在经费总支出上，样本中"985"院校、"211"院校和地方本科院校平均总支出分别为 36.51 亿元、13.60 亿元和 7.00 亿元。从经费支出结构来看，事业性经费支出比例均在 95% 以上，"985"院校、"211"院校、省部共建院校、一般本科院校和新建本科院校的比例分别为 96.7%、98.9%、98.6%、99.3% 和 99.7%。这说明相比其他几类院校，新建本科院校在基本建设支出上投入比例最小，可以认为新建本科院校已经基本完成了基本建设支出。在事业性经费支出的公用支出和人员支出上，"985"院校、"211"院校、省部共建院校、一般本科院校和新建本科院校人员支出比例分别为 42.5%、43.3%、46.3%、48.3% 和 46.6%。由上可以看出，地方本科院校和"985"院校、"211"院校在经费总量上差异明显，且在经费结构上也存在一定的差异，表现为学费收入和财政收入占比巨大，也说明地方本科院校在经营收入、捐赠收入等方面明显低于"985"院校和"211"院校。不过需要指出的是，"211"院校和"985"院校在经费总量上也差异显著，地方本科院校内部分化较为明显，省部共建院校经费总量和"211"院校相当，而地方本科院校中的新建本科院校经费总量最少，与重点院校差异明显。

院校的规模在一定程度上反映了院校的发展，院校的经费和院校规模也密切相关。表 4-1 还统计了各类院校学生数和生均经费支出情况，"985"院校、"211"院校、省部共建院校、一般本科院校和新建本科院校平均规模分别为 81455 人、46742 人、36817 人、32309 人和 19145 人，院校规模不断降低，新建本科院校规模最小。在生均经费支出上"985"院校生均支出为 4.7 万元/人，而新建本科院校则只有 2.2 万元/人，不到"985"院校的一半。不过需要指出的是，一般本科院校和新建本科院校生均经费支出差异不大，在统计学意义上并不显著。

表 4 - 1　不同类型院校的经费水平和规模均值（2013 年）

	"985"院校	"211"院校	地方本科院校			
			整体	省部共建院校	一般本科院校	新建本科院校
经费总收入（亿元）	40.03	15.15	7.49	15.15	9.62	6.78
财政收入（亿元）	20.97	8.96	4.58	8.96	5.90	4.12
学费收入（亿元）	5.58	2.64	1.67	1.98	1.70	0.88
经费总支出（亿元）	36.51	13.60	7.00	8.80	6.69	3.29
事业性经费支出（亿元）	35.29	13.45	6.93	8.68	6.64	3.28
公用支出（亿元）	20.28	7.63	3.68	4.66	3.43	1.75
人员支出（亿元）	15.01	5.82	3.25	4.02	3.21	1.53
生均经费支出（千元/人）	46.92	30.40	23.29	25.14	20.97	21.91
学生数（人）	81455	46742	31687	36817	32309	19145

由于样本中均为公办院校，同样使用 2013 年全国高等教育经费基表的数据，排除相关异常值后，对所有普通高等本科院校的经费情况进行了统计分析，在经费收入和经费结构方面各类院校的差异与表 4 - 1 差异较小，对上述结果进行了验证，这也说明了样本中院校的代表性。不过在学费收入占比（即学费收入依赖性）上民办院校和公办院校差距非常明显。民办院校学费收入占比达到 86.9%，而公办院校则只有 20% 左右。

二　入学特征

在入学特征上，本研究选择了直接决定生源质量的高考入学分数以及家庭背景变量来进行比较。根据我国目前的高考入学制度，高考入学分数反映了学生的入学前认知能力。为了使得高考分数在各省份、各学科上具有可比性，研究获得了高考成绩百分等级得分。在家庭背景变量上，综合已有研究结果，选择了家庭所在地的城乡类型、代表家庭文化资本的父母受教育程度、代表家庭社会资本的父母职业和代表家庭经济资本的家庭年收入。城乡类型为虚拟变量，1 为城市、0 为农村；父母受教育程度参照 CFPS（2010）对于受教育年限的处理，处理为连续性变量，数值代表受教育年限；父母职业参照叶晓阳和丁延庆（2015）研究中对国际社会经济指数（ISEI）的处理，选取父母职业中等级更高的一个，得到家庭的 ISEI 得分；家庭经济收入处理为三分类变量，分别为低收入家庭、中等收入家庭和高收入家庭。

不同类型院校的高考可比分数（即高考成绩百分等级得分），"985"院校、"211"院校、省部共建院校、一般本科院校和新建本科院校分别为 96.8 分、92.4 分、85.7 分、78.5 分和 73.4 分，单方差分析发现五类院校在高考可比分数上具有显著性差异。根据得分，从整个高考生源群体来看，五类院校得分都相对较高，均在 70 分以上，这也说明了我国普通高等教育体系有一定的选拔性；从五类院校比较来看，五类院校高考可比分数逐渐下降，形成了明显的层次梯队，新建本科院校处于普通高等本科院校中的最末位。五类院校高考原始平均得分分别为 594.8 分、560.3 分、523.4 分、509.2 分和 479.9 分。

图 4-1 报告了五类院校城市学生比例，由图可知自 "985" 院校到新建本科院校城市学生比例逐渐降低，"985" 院校城市学生比例为 61.5%，而新建本科院校则只有 32.5%。方差分析显示，五类院校两两间在城市学生比例上存在显著性差异。

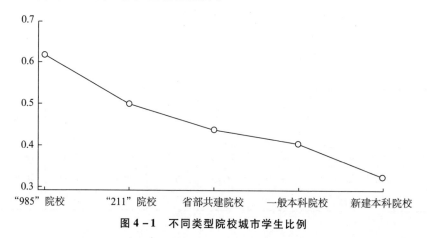

图 4-1　不同类型院校城市学生比例

图 4-2 报告了不同类型院校学生的家庭社会经济指数和父母受教育年限情况。在家庭社会经济指数上，五类院校得分分别为 40.6 分、34.2 分、31.8 分、30.8 分和 26.4 分，呈现阶梯式下降。方差分析得出五类院校在家庭社会经济指数得分上存在显著性差异，F 值为 362.8，p 值为 0.000。五类院校平均得分为 31.8 分，调查样本中学生家庭社会经济指数得分整体较低。此外，图 4-2 还报告了父亲和母亲的平均受教育年限。方差分析表明五类院校间父亲受教育年限和母亲受教育年限也都存在显

著性差异。表4-2报告了不同类型院校学生家庭收入情况，明显发现学校层次越低，来自高收入家庭的学生占比越低，而来自低收入家庭的学生占比越高。家庭收入变量和院校类型变量均可看作定序分类变量，具有一定的等级性，采用 Spearman 相关系数进行分析发现，家庭收入和院校类型（层次）存在显著负相关，可以认为家庭经济背景越好，进入低层次院校（如新建本科院校）的概率越低。

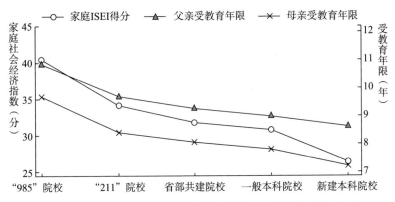

图4-2 不同类型院校学生家庭社会经济指数和父母受教育年限

表4-2 不同类型院校学生家庭收入情况

单位：%

	"985"院校	"211"院校	地方本科院校			
			整体	省部共建院校	一般本科院校	新建本科院校
低收入家庭	42.28	58.38	62.94	60.76	57.95	74.00
中等收入家庭	39.92	31.24	28.19	29.28	32.43	20.52
高收入家庭	17.80	10.38	8.87	9.96	9.62	5.48

三 院校人才培养过程

高等院校"过程"一直被视为"黑箱"，院校影响力等相关理论为我们打开"黑箱"提供了视角和参考依据。"黑箱"一般包括院校人才培养过程和院校学生经历。院校人才培养过程主要有课程设置、教师教学等，而院校学生经历有学生参与等。为便于分析讨论，根据全国高等教育改革学生调查和地方本科人才培养调查问卷设计，在这里选择课程设置和学生参与为例进行主要说明。

在课程设置上，根据课程设置量表将课程设置分为课程设置结构性、课程设置前沿性和课程设置实践性三个维度。通过探索性因子分析和验证性因子分析，得到了三个维度的标准得分并检验了维度设置的有效性。结合地方本科院校转型的相关内容，在此还具体对课程设置量表中"就业导向课程"进行了分析，题项得分1、2、3、4分别表示"很不同意"、"不太同意"、"比较同意"和"很同意"。从课程设置的三个维度来看，在课程设置结构性上，"985"院校表现最好，方差分析中的多重比较分析发现，与其余四类院校存在显著性差异，而其余四类院校间不存在显著性差异；在课程设置前沿性上，新建本科院校得分最高，"211"院校相对最低，多重比较分析发现"985"院校与"211"院校和省部共建院校在课程设置前沿性上不存在显著性差异；在课程设置实践性上，自"985"院校到新建本科院校，得分不断增加，多重比较分析发现新建本科院校得分显著高于其余四类院校。课程设置的三个维度上，在课程设置实践性上差异最大、表现最为明显，课程设置实践性与地方本科院校定位密切相关，可以看出地方本科院校，尤其是新建本科院校在课程设置上明显不同于"985"院校、"211"院校等研究型大学，在实践性上特色最为明显。从课程实践导向中具体的就业导向课程设置来看，自"985"院校到新建本科院校，得分不断增加，多重比较分析发现在课程的就业导向上，新建本科院校和其余四类院校也存在显著的差异。图4-3展示了不同类型院校课程设置的得分情况。

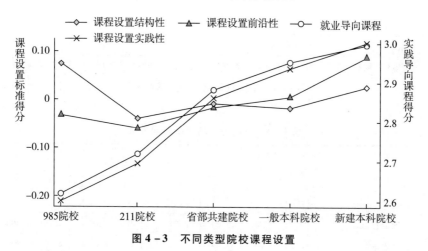

图4-3　不同类型院校课程设置

参考鲍威和张晓玥（2012）、陈娜和朱红（2014）等人的研究，结合高等教育改革学生调查问卷中学生参与量表的设计，将学生的学业参与分为课程参与、规则参与和主动参与三个维度。通过探索性因子分析和验证性因子分析得到三个维度的得分并对效度进行检验。图4-4报告了不同类型院校学生学业参与情况，可以看出在规则参与上五类院校差别较小，"985"院校得分稍微高于其他类型院校，而在课程参与和主动参与上新建本科院校得分最高。方差分析表明，在规则参与上五类院校不存在显著性差异，而在课程参与和主动参与上存在显著性差异。为进一步比较学生在校参与的情况，表4-3统计了学生课后时间的安排，"985"院校学生课后自习的时间最长，而新建本科院校相对最短；新建本科院校学生在勤工助学及兼职上时间最长，明显高于"985"院校和"211"院校，在统计意义上也显著。在学术竞赛或自主研究和教师课题研究上，一般本科院校和新建本科院校学生时间也相对较长。这可能与"985"院校和"211"等研究型大学的本科学生更注重基本知识的学习，而课题或自主研究活动则在研究生学习阶段表现更为明显有关。

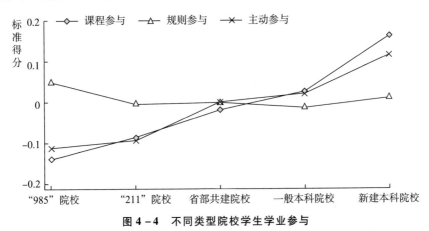

图4-4　不同类型院校学生学业参与

表4-3　每周的平均课后时间安排

项目	"985"院校（小时/周）	"211"院校（小时/周）	地方本科院校（小时/周）				值	显著性
			整体	省部共建院校	一般本科院校	新建本科院校		
课后自习	3.74	3.47	3.37	3.37	3.37	3.34	45.6	0.000
娱乐	3.66	3.63	3.48	3.53	3.49	3.34	41.2	0.000
社团活动	2.65	2.80	2.84	2.84	2.82	2.86	18.5	0.000

续表

项目	"985"院校（小时/周）	"211"院校（小时/周）	地方本科院校（小时/周）				值	显著性
			整体	省部共建院校	一般本科院校	新建本科院校		
体育健身	2.50	2.62	2.67	2.65	2.69	2.72	21.3	0.000
勤工助学及兼职	1.81	2.05	2.28	2.19	2.31	2.47	156.5	0.000
学术竞赛或自主研究	1.78	1.96	1.99	1.92	2.04	2.08	44.4	0.000
教师课题研究	1.68	1.79	1.86	1.77	1.90	2.02	64.6	0.000

四　学生发展

在学生发展指标上选择了学生能力与素质和学生就业起薪。能力与素质为学生对大学学生成就的自我增值评价。根据学业成就量表将学生能力与素质分为专业技术能力、创新能力、公民素养、核心认知能力和核心非认知能力。和马莉萍、管清天（2016）得出的结论一致，"985"院校和"211"院校等重点院校学生在创新能力、公民素养、核心认知能力等方面自我增值评价的得分低于一般本科院校，而在专业技术能力方面的得分高于一般本科院校。图4-5报告了不同类型院校学生能力与素质增值自我评价的结果。方差分析表明，除专业技术能力外，新建本科院校和一般本科院校均与"211"院校和省部共建院校在能力与素质各维度上存在显著性差异，而新建本科院校和一般本科院校，除创新能力外，在其余能力与素质上不存在显著性差异。

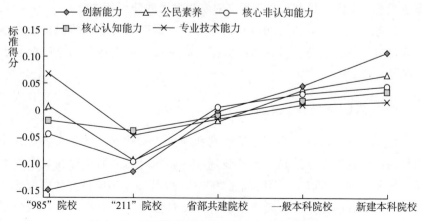

图4-5　不同类型院校学生能力与素质增值比较

在毕业生起始月薪上，"985"院校、"211"院校、省部共建院校、一般本科院校和新建本科院校平均起始月薪分别为5146元、3889元、3512元、3553元和2987元。方差分析显示，一般本科院校和省部共建院校在统计上不存在显著性差异，而其余院校间在起始月薪上存在显著性差异，新建本科院校起始月薪显著低于其他各类院校。

第二节　转型试点院校生源状况的比较分析

通过上一节的分析，我们对地方本科院校在高等教育体系中的现状有了一定的认识。从本节开始，研究数据都将使用地方高校人才培养与就业调查数据，对于此数据的基本说明在研究设计中已经给出。由上一节分析我们可以得到，地方本科院校中已经出现明显的分化，集中表现在新建本科院校和其他类型院校（统称为"老本科院校"）之间的差异。从本节开始，针对地方高校人才培养与就业调查数据，我们将院校类型划分为老本科院校、转型试点院校和新建本科非转型试点院校。在本次调查中，转型试点院校均为新建本科院校。梳理各省份转型试点院校名单也发现，转型试点院校也基本集中在新建本科院校。在本节将对转型试点院校的生源状况进行比较分析，着重分析老本科院校、转型试点院校和新建本科非转型试点院校在生源状况上的差异，以此对地方本科院校、转型试点院校的学生入学群体性特征有准确而清晰的把握。已有许多研究指出学生入学的这些群体性特征对于学生发展解释力度较大，且影响显著，对此的说明有利于后文对学生发展的分析和讨论。

参考陈晓宇、刘钊（2015）的研究，本研究认为生源状况主要由学生人口学特征、生源质量、高中特征、高中大学衔接特征和家庭背景五个维度构成。

一　人口学特征

在此分析的人口学特征包括性别和独生子女状况。已有众多研究指出性别在院校与专业选择、学业表现、就业状况等方面均存在显著性差异，如文东茅（2005）、樊明成（2009）、岳昌君（2010）等的研究。而对于中国特有的独生子女政策，已有研究对独生子女对高等教育入学机会的影响以及独生子女和非独生子女在高等教育中的差异性进行了实证分析，具体研究可见田丰和刘雨龙（2014）的相关研究。和已有研究类似，本研究在性别和独生子女变量处理上，均处理为虚拟变量，男性和独生子女比例均为 1，均值分别表示男性和独生子女比例。

老本科院校、转型试点院校和新建本科非转型试点院校中的男性比例分别为 61.5%、57.9% 和 48.5%。转型试点院校和新建本科非转型试点院校样本中的男女性别比例与学科专业比例有关，研究设计对数据的说明中已经指出转型试点院校明显在机械/设计/制造类比例相对较高，而新建本科非转型试点院校在公共管理/教育类和基础学科应用类占比相对较高。样本中机械/电气/制造类中男性比例达到 86.7%，而公共管理/教育类中男性比例最低，只有 19.3%。方差分析显示，在性别比例上，三类院校两两之间存在显著性差异。在独生子女比例上，三类院校独生子女比例分别为 43.8%、29.3% 和 38.8%，转型试点院校独生子女比例明显低于老本科院校和新建本科非转型试点院校。方差分析表明，三类院校在独生子女比例上也存在显著性差异。① 进一步分析专业类别上的差异发现，独生子女更不可能选择人文类、基础学科应用类等在劳动力市场上相对表现较弱和经济效应较差的专业。根据中国的独生子女政策和户籍制度，独生子女更有可能来自城市家庭或父母有相对较为稳定的职业的家庭。

二　生源质量

高考分数反映了生源质量，是学生认知能力的反映。通过对样本中学生自填的高考原始分进行清洗和对样本中学生高考原始分按照高考学科和高考省份进行标准化，得到学生的高考标准分。在原始得分上，老本科院校、转型试点院校和新建本科非转型试点院校平均得分分别为 548.6 分、452.9 分和 482.9 分，这与上一节的分析结果基本保持一致。无论是转型试点还是非转型试点，新建本科院校与老本科院校高考原始得分都差距明显。转型试点院校得分还低于新建本科非转型试点院校。高考标准分与高考原始得分趋势一致。以高考标准分为因变量，以院校类型为因子进行方差分析，得到差异性检验结果，见表 4-4。结果表明，在高考标准分上，三类院校两两之间存在显著性差异，老本科院校在以高考标准分为衡量指标的生源质量上显著好于转型试点院校和新建本科

---

① 为节省篇幅，在此不报告其结果，下同。

非转型试点院校，同时新建本科非转型试点院校显著好于转型试点院校。

表4-4 高考分数在不同类型院校间的差异性分析

因变量			均值差 $(I-J)$	标准误	显著性	95% 置信区间	
						下限	上限
高考标准分	老本科院校	转型试点院校	0.853*	0.03	0.00	0.80	0.91
		新建本科非转型试点院校	0.657*	0.03	0.00	0.60	0.71
	转型试点院校	老本科院校	-0.853*	0.03	0.00	-0.91	-0.80
		新建本科非转型试点院校	-0.196*	0.03	0.00	-0.25	-0.14
	新建本科非转型试点院校	老本科院校	-0.657*	0.03	0.00	-0.71	-0.60
		转型试点院校	0.196*	0.03	0.00	0.14	0.25

*$p < 0.05$。

三 高中特征

大学生入学前的高中特征指其升入高校之前的中等学校的类型和高中文理学科的选择情况。高中学校类型包括重点或示范性高中、普通高中、中等职业学校和其他学校等。为方便分析起见，本研究将非重点和示范性高中统一归为普通高中类型。高中文理学科的选择包括文科、理科和文理综合，在此统一处理为理科和非理科。在高中特征上，高中类型为重点或示范性高中取值为 1，普通高中取值为 0；高中选择理科为 1，非理科为 0。

三类院校中老本科院校学生来自重点或示范性高中的比例最高，达到 45%，转型试点院校学生来自重点或示范性高中的比例最低，只有 34%。三类院校来自重点或示范性高中的学生比例趋势与生源质量接近。为进一步比较不同院校之间的差异，以高中类型为重点或示范性高中为因变量，以院校类型为因子进行差异性检验。结果显示，在高中就读学习类型上，三类院校两两之间存在显著性差异，老本科院校学生中来自重点或示范性高中的比例显著高于转型试点院校和新建本科非转型试点院校，同时新建本科非转型试点院校显著高于转型试点院校。

在高中文理学科选择上，三类院校中老本科院校高中为理科的学生比例最高，达到 81%，而新建本科非转型试点院校和转型试点院校分别只有64%和61%。高中文理学科的选择很大程度上影响了大学就读专业类别。统计发现，在专业类别上，尤其是在人文社科类专业和理工类专业间，高中为理科的学生比例相差明显，理工类的四类专业中学生高中为理科的比例均在90%以上，而人文社科类中除经济管理类和公共管理/教育类的理科学生比例在30%左右外，其余两个专业均只有不到20%。研究进一步以高中为理科为因变量，以院校类型为因子进行了方差分析。结果显示，在高中为理科上，三类院校两两之间存在显著性差异，老本科院校中高中为理科的学生比例显著高于转型试点院校和新建本科非转型试点院校。

四 高中大学衔接特征

高中大学衔接特征主要指其所学专业的最终确定方式，包括第一志愿录取、调剂志愿录取和其他志愿录取。为便于分析，本研究将第一志愿录取赋值为1，而调剂志愿录取和其他志愿录取统一归为非第一志愿录取，赋值为0。变量第一志愿录取得分即第一志愿录取的学生比例。图4-6展示了三类院校学生第一志愿录取的比例情况。三类院校中老本科院校学生第一志愿录取比例最高，为71.2%，而新建本科非转型试点院校第一志愿录取比例最低，只有52.1%，转型试点院校第一志愿录取比例为60.7%。此外，研究发现基础学科应用类第一志愿录取比例最低，只有49%。通过方差分析进行差异性检验发现，在第一志愿录取上，三类院校两两之间存在显著性差异，老本科院校第一志愿录取的学生比例

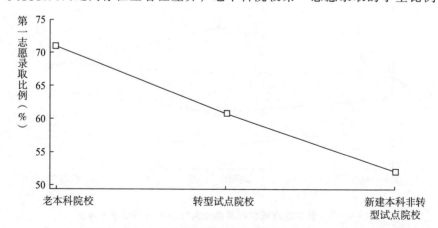

图4-6 转型试点院校与其他类型地方本科院校高中大学衔接特征比较

显著高于其他两类院校，但和上述几个指标不同的是，转型试点院校第一志愿录取的学生比例高于新建本科非转型试点院校。

五 家庭背景

和前面一致，家庭背景变量包括城乡背景、父母教育、父母职业和家庭经济收入。四个变量的处理与前面也保持一致。

在城乡差异上，三类院校中来自城市的学生比例均不大于50%，其中转型试点院校城市学生比例最低，只有44%。差异性检验发现，三类院校在城乡上并不存在显著性差异。不过需要指出的是，不同专业类在城乡学生比例上差异较大，统计发现传媒艺术类来自城市的学生比例最高，达到63%，而理工类专业来自城市的学生比例均明显较小，基础学科应用类的城市学生比例只有30%。

在家庭经济收入差异上，研究统计了三类经济状况家庭在三类院校中各自占比。由图4-7明显可以发现，三类院校中低收入家庭的学生比例均在50%以上，且转型试点院校低收入家庭学生比例最高，达到66.4%。老本科院校来自高收入家庭的学生比例相对较高，达到17.2%，而转型试点院校只有8.4%。为进一步探究不同院校和不同专业学生家庭经济收入的差异，考虑到家庭经济收入为多元分类变量，且院校类型变量类型为定序型，本研究采用卡方检验进行差异性分析，分析显示三类院校在家庭经济收入上存在显著性差异，不过需要指出的是老本科院校

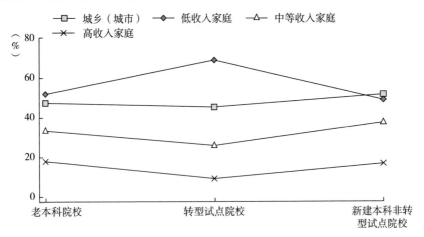

图4-7 转型试点院校与其他类型地方本科院校学生城乡
和家庭经济收入比较

和新建本科非转型试点院校在家庭经济收入上并不存在显著性差异。

在父母平均受教育年限上，三类院校学生的父亲平均受教育年限分别为9.1年、8.5年和9.2年。转型试点院校学生的父亲平均受教育年限显著低于老本科院校和新建本科非转型试点院校。在母亲平均受教育年限上三类院校趋势相似，不过三类院校学生的母亲平均受教育年限均低于父亲平均受教育年限。老本科院校和新建本科非转型试点院校在父母平均受教育年限上都不存在显著性差异。在家庭 ISEI 指数上，转型试点院校得分最低，只有30.0，显著低于老本科院校和新建本科非转型试点院校。综合可知，转型试点院校在家庭背景上明显弱于老本科院校，且弱于新建本科非转型试点院校，而老本科院校和新建本科非转型试点院校相差较小（见表4－5）。

表4－5　父母平均受教育年限和家庭 ISEI 指数比较检验

因变量	类型（均值）		均值差 (I－J)	标准误	显著性
父亲平均受教育年限	老本科院校（9.1年）	转型试点院校	0.550*	0.10	0.00
		新建本科非转型试点院校	－0.14	0.11	0.23
	转型试点院校（8.5年）	老本科院校	－0.550*	0.10	0.00
		转型试点院校	－0.685*	0.10	0.00
	新建本科非转型试点院校（9.2年）	老本科院校	0.14	0.11	0.23
		转型试点院校	0.685*	0.10	0.00
母亲平均受教育年限	老本科院校（8.2年）	转型试点院校	0.770*	0.11	0.00
		新建本科非转型试点院校	0.05	0.12	0.65
	转型试点院校（7.4年）	老本科院校	－0.770*	0.11	0.00
		新建本科非转型试点院校	－0.715*	0.11	0.00
	新建本科非转型试点院校（8.2年）	老本科院校	－0.05	0.12	0.65
		转型试点院校	0.715*	0.11	0.00
家庭 ISEI 指数	老本科院校（32.0）	转型试点院校	2.021*	0.55	0.00
		新建本科非转型试点院校	－0.30	0.60	0.62
	转型试点院校（30.0）	老本科院校	－2.021*	0.55	0.00
		新建本科非转型试点院校	－2.318*	0.55	0.00

因变量	类型（均值）		均值差 $(I-J)$	标准误	显著性
家庭 ISEI 指数	新建本科非转型试点院校（32.2）	老本科院校	0.30	0.60	0.62
		转型试点院校	2.318*	0.55	0.00

* $p < 0.05$。

第三节　地方本科院校转型与人才培养方式改革

地方本科院校转型的核心是人才培养方式的改革，主要表现在课程设置、教学行为、实践教学和校企合作等方面，其中校企合作集中体现在学生的毕业/综合实习上。本节采用 2016 年"地方高校人才培养与就业调查"数据，着重分析转型试点与院校人才培养方式改革的关系，并尝试回答转型试点院校人才培养方式改革程度如何，在人才培养方式改革的各个方面（技术系统）上又是如何表现的。

一　人才培养方式改革程度

人才培养方式改革程度为学生对学校人才培养方式变革的感知情况，主要包括对学校整体人才培养方式的变化、所在专业人才培养方式的变化，以及对所在专业的课程设置、教师教学、专业实习和校企合作变化等方面的认知程度。在问卷中对上述维度的变化设置四个选项，分别是"几乎没有"、"变化较小"、"变化较大"和"变化很大"。表 4-6 报告了分院校类型在院校整体、所在专业、课程设置、教师教学、专业实习和校企合作六个方面学生对其变化的认知程度。整体上看，六个方面中，"变化较小"所占的比例均较大，其次为"变化较大"或"几乎没有"，而"变化很大"所占比例均较小。不过需要注意的是，在六个方面，转型试点院校在"变化较大"中比例均明显高于其他两类院校，认同院校整体"变化较大"的学生比例达到 36.7%，而老本科院校和新建本科非转型试点院校只有 21.9% 和 24.9%。在"变化很大"比例上，转型试点院校中"校企合作"的学生认同最高，达到 18.1%，而其他两类院校都不足 8%。对于转型试点院校，"变化很大"的学生认同比例从高到低依次是校企合作、所在专业、专业实习、院校整体、教师教学、课程设置。

表 4 - 6　分院校类型人才培养方式变革感知程度

单位：%

维度	院校类型	几乎没有	变化较小	变化较大	变化很大
院校整体	老本科院校	26.9	48.3	21.9	2.9
	转型试点院校	19.7	34.9	36.7	8.8
	新建本科非转型试点院校	23.1	48.3	24.9	3.7
所在专业	老本科院校	23.8	53.6	18.5	4.1
	转型试点院校	16.5	40.9	32.3	10.4
	新建本科非转型试点院校	23.3	51.9	20.8	4.0
课程设置	老本科院校	25.3	51.1	20.0	3.6
	转型试点院校	18.3	45.0	28.7	7.9
	新建本科非转型试点院校	21.6	54.6	20.5	3.4
教师教学	老本科院校	21.2	56.0	17.8	5.0
	转型试点院校	16.5	46.5	28.3	8.7
	新建本科非转型试点院校	17.5	56.0	21.5	4.9
专业实习	老本科院校	24.3	51.6	20.0	4.1
	转型试点院校	17.4	41.0	31.9	9.7
	新建本科非转型试点院校	21.2	50.2	23.3	5.3
校企合作	老本科院校	27.9	46.8	17.7	7.6
	转型试点院校	20.7	34.2	27.0	18.1
	新建本科非转型试点院校	27.7	44.0	20.5	7.8

为更加直观地认识上述六个维度的变化和进一步比较三类院校，本研究对六个方面变化认知程度的变量进行进一步处理并进行方差分析。在具体处理上，将"几乎没有"和"变化较小"操作化为 0，将"变化较大"和"变化很大"操作化为 1，生成上述六个方面的虚拟变量。取值为 1 可简单理解为"发生了变化"，取值为 0 可认为"没有发生变化"。六个方面的均值比较和差异性分析结果见表 4 - 7。由表可知，转型试点院校学生在院校整体、所在专业、课程设置、教师教学、专业实习和校企合作等方面的变革感知比例均明显高于老本科院校和新建本科非转型试点院校，其比例均在 36% 以上，而老本科院校和新建本科非转型试点

院校均在 25% 左右。具体来看，转型试点院校在院校整体和校企合作上变化最大，分别达到 45.5% 和 45.3% 。而课程设置和教师教学相对而言变化较小，在转型试点院校中的比例分别为 36.6% 和 37.0% 。对于新建本科非转型试点院校，从六个方面比较来看，课程设置变化最小，只有23.8% 。转型试点院校和新建本科非转型试点院校在上述六个方面变化差异明显，但是在各自类型院校内部均是院校整体和校企合作相对变化较大，而课程设置和教师教学相对变化较小。老本科院校在课程设置、教师教学、专业实习和校企合作四个方面，教师教学变化最小，校企合作相对变化较大。方差分析比较来看，三类院校之间存在显著性差异。具体来看，转型试点院校在这六个方面的变化均显著高于老本科院校和新建本科非转型试点院校，但老本科院校和新建本科非转型试点院校之间在所在专业人才培养模式和课程设置变化上不存在显著性差异。

表 4-7 不同类型院校学生在人才培养方式变革感知上的
均值比较和差异性分析

变量	老本科院校		转型试点院校		新建本科非转型试点院校		F 值	Prob > F
	M	SD	M	SD	M	SD		
院校整体	0.248	0.432	0.455	0.498	0.286	0.452	139	0.00
所在专业	0.226	0.418	0.426	0.495	0.248	0.432	146	0.00
课程设置	0.236	0.424	0.366	0.482	0.238	0.426	70	0.00
教师教学	0.228	0.420	0.370	0.483	0.265	0.441	66	0.00
专业实习	0.241	0.428	0.418	0.500	0.286	0.452	96	0.00
校企合作	0.256	0.454	0.453	0.508	0.283	0.451	125	0.00

学生对上述六个方面的变革感知程度存在一定的关联性，在此对六个方面的相关性进行检验。为保留更多的信息，将六个变量仍按照五个维度的定序变量进行处理，在此使用 Spearman 相关分析，表 4-8 报告了人才培养方式变革感知间的 Spearman 相关分析结果。由表可知，六个方面两两之间均在 1% 的水平上显著相关。具体而言，对院校整体人才培养模式改革的认知和对所在专业变革感知相关性最大，达到 0.655，这说明学生对学校改革的认知很大程度上取决于对所在专业改革或变化的认知。课程设置与教师教学相关性最大，专业实习与校企合作相关性最大，这都与我们的认识保持一致。

表 4 - 8 人才培养方式变革感知间的相关分析

	院校整体	所在专业	课程设置	教师教学	专业实习	校企合作
院校整体	1.000	0.655 **	0.452 **	0.449 **	0.495 **	0.441 **
所在专业		1.000	0.538 **	0.509 **	0.520 **	0.487 **
课程设置			1.000	0.561 **	0.451 **	0.394 **
教师教学				1.000	0.515 **	0.406 **
专业实习					1.000	0.530 **
校企合作						1.000

注: ** 在 0.01 的水平（双侧）上显著相关，* 在 0.05 的水平（双侧）上显著相关。

二 人才培养方式改革过程及表现

（一）课程设置

为探究转型试点院校与其他类型院校在课程设置上的不同，利用因子分析得到课程设置各维度的因子得分结果，采用单因素方差分析进行差异性检验。从课程设置满意度来看，三类院校在 5% 的水平上存在显著性差异，其中转型试点院校课程设置满意度最高，达到 81.6%，其次为老本科院校，而新建本科非转型试点院校满意度最低，只有 78.2%。从课程设置的四个维度来看，三类院校在应用实践性、前沿交叉性和职业就业性上存在显著性差异，转型试点院校在上述三个维度的得分均显著高于老本科院校和新建本科非转型试点院校，且在应用实践性上表现最为明显。在学科理论性上，老本科院校较好于转型试点院校和新建本科非转型试点院校，但三类院校之间不存在显著性差异。

表 4 - 9 课程设置的比较分析

变量	老本科院校		转型试点院校		新建本科非转型试点院校		F 值	Prob > F
	M	SD	M	SD	M	SD		
应用实践性	-0.035	0.998	0.081	0.955	-0.087	0.975	21.02	0.00
前沿交叉性	0.001	0.926	0.051	0.985	-0.075	0.963	10.77	0.00
学科理论性	0.019	0.978	-0.008	0.965	-0.017	0.952	0.79	0.454
职业就业性	-0.075	0.967	0.060	0.955	-0.014	0.971	12.40	0.00

变量	老本科院校		转型试点院校		新建本科非转型试点院校		*F* 值	Prob > *F*
	M	*SD*	*M*	*SD*	*M*	*SD*		
满意度	0.802	0.398	0.816	0.387	0.782	0.413	4.54	0.011

注：需要说明的是，满意度为二分类变量，一般不能像其他变量一样直接进行方差分析得到差异性检验结果，不过考虑到此二分类变量的 0、1 取值特性，其方差检验结果可以接受。为保证其结果的可靠性，研究还对此进行检验，辅以卡方检验。教学行为、实践教学和校企合作中满意度变量类似，不再进行说明。

（二）教学行为

为探究转型试点院校与其他类型院校在教学行为上的不同，利用因子分析得到教学行为各维度的因子得分结果，采用单因素方差分析法进行差异性检验。从质量满意度来看，三类院校不存在显著性差异，但老本科院校质量满意度最高，其次为转型试点院校，转型试点院校质量满意度和老本科院校差异非常小。从教学行为的三个维度来看，三类院校在探究引导型、学以致用型上存在显著性差异，转型试点院校在上述两个维度的得分都显著高于老本科院校和新建本科非转型试点院校，在探究引导型上得分最高。在传统教学型上，三类院校在 5% 的水平上不存在显著性差异。

表 4－10 教学行为的比较分析

变量	老本科院校		转型试点院校		新建本科非转型试点院校		*F* 值	Prob > *F*
	M	*SD*	*M*	*SD*	*M*	*SD*		
探究引导型	− 0.006	0.993	0.061	0.996	− 0.085	1.007	12.545	0.000
传统教学型	− 0.039	0.999	0.032	1.016	− 0.009	0.977	2.968	0.051
学以致用型	− 0.029	1.009	0.056	1.007	− 0.056	0.976	8.506	0.000
质量满意度	0.886	0.318	0.884	0.321	0.873	0.333	0.885	0.413

（三）实践教学

在实践教学上，从实践教学满意度来看，三类院校在 5% 的水平上存在显著性差异，转型试点院校实践教学满意度最高，达到 80.3%，其次为新建本科非转型试点院校，而老本科院校实践教学满意度最低，为75.6%。从实践教学的四个维度来看，在5%的水平上，三类院校在资源充分性、自主探索性和教师应用性上存在显著性差异，转型试点院校在上述三个维度的得分显著高于老本科院校和新建本科非转型试点院校，且在资源充分性上差异最为明显。在内容质量性上，三类院校在5%的水平上不存在显著性差异。

表 4-11　实践教学的比较分析

变量	老本科院校		转型试点院校		新建本科非转型试点院校		F 值	Prob > F
	M	SD	M	SD	M	SD		
资源充分性	-0.071	0.972	0.104	0.948	-0.081	0.991	30.934	0.000
内容质量性	-0.047	0.940	0.013	1.010	0.016	0.940	2.913	0.054
自主探索性	-0.018	0.933	0.074	0.972	-0.094	0.994	19.281	0.000
教师应用性	0.001	0.934	0.029	0.979	-0.044	0.990	3.528	0.043
满意度	0.756	0.429	0.803	0.398	0.779	0.415	7.987	0.000

（四）毕业/综合实习

从毕业/综合实习满意度来看，三类院校在5%的水平上存在显著性差异，但转型试点院校和新建本科转型试点院校间不存在显著性差异，转型试点院校学生毕业/综合实习满意度显著高于老本科院校。从毕业/综合实习的三个维度来看，在实习指导、实习制度和实习考评上，三类院校间均存在显著性差异。

表 4-12　毕业/综合实习的比较分析

变量	老本科院校		转型试点院校		新建本科非转型试点院校		F 值	Prob > F
	M	SD	M	SD	M	SD		
实习指导	-0.016	0.959	0.032	0.954	-0.055	0.936	5.418	0.004
实习制度	-0.036	0.940	0.044	0.957	-0.022	0.945	5.381	0.005
实习考评	-0.096	0.991	0.086	0.939	-0.029	0.916	24.125	0.000
满意度	0.811	0.392	0.852	0.357	0.848	0.359	7.320	0.001

第四节　地方本科院校转型与学生发展

由第三节可知，转型试点院校和新建本科非转型试点院校学生在人才培养方式变革感知上存在明显差异，转型试点院校在人才培养方式改革中的课程设置、教学行为、实践教学和校企合作上发生明显变化，尤其是和同为新建本科院校的非转型试点院校差异更为明显。本节将进一步比较转型试点院校和其他两类院校在学生发展之间的差异，并对变革感知程度和学生发展的相关关系进行检验。

一　能力与素质

为探究转型试点院校与其他院校在能力与素质上的不同，利用因子分析得到能力与素质的各因子得分结果，采用单因素方差分析进行差异性检验，得到结果见表 4-13。在 5% 的水平上，三类院校在总体能力与素质、专业技术与能力、批判创新能力和职业认知与规划上存在显著性差异，而在专业素养与态度、团队协作能力和沟通表达能力上不存在显著性差异。

表 4-13　能力与素质的比较分析

变量	老本科院校		转型试点院校		新建本科非转型试点院校		F 值	Prob > F
	M	SD	M	SD	M	SD		
总体能力与素质	3.09	0.489	3.10	0.475	3.04	0.451	10	0.000
专业技术与能力	0.046	0.984	0.01	1.012	-0.058	0.996	5.0	0.007
专业素养与态度	-0.010	0.998	0.013	1.008	-0.009	0.99	0.4	0.678
批判创新能力	0.007	0.996	0.035	1.003	-0.059	0.997	4.8	0.008
职业认知与规划	0.040	0.994	0.008	0.986	-0.051	1.024	3.8	0.022
团队协作能力	-0.029	0.994	0.029	1.008	-0.015	0.992	2.1	0.128
沟通表达能力	-0.030	1.006	0.032	0.998	-0.018	0.996	2.4	0.087

二　就业状况

在就业状况变量处理上，就业起薪为连续性变量，而就业比例、就业对口程度、工作总体满意度为虚拟变量。需要说明的是，就业比例为就业倾向比例（含确定就业）。

表4-14报告了三类院校在就业状况上的描述统计情况。由表可知，在就业比例上，转型试点院校就业比例最高，达到86.6%，而老本科院校学生就业比例最低，三者之间存在显著性差异；在就业对口程度上，老本科院校就业对口程度最高，达到76.2%，而转型试点院校和新建本科非转型试点院校的就业对口程度均不到70%，转型试点院校略高于新建本科非转型试点院校；在就业起薪上，老本科院校学生平均就业起薪为3643元，远远高于转型试点院校的2965元和新建本科非转型试点院校的3092元；在工作总体满意度上，老本科院校满意度最高，为75.8%，转型试点院校满意度最低，为72.1%。F检验显示，不同类型院校在就业比例、就业对口程度和就业起薪上均存在显著性差异，工作总体满意度在5%的水平上不存在显著性差异。

表4-14　分院校类型的学生就业状况的描述统计

变量	院校类型	N	均值	标准差	F	显著性
就业比例	老本科院校	1734	0.762	0.426	43.71	0.000
	转型试点院校	2750	0.866	0.341		
	新建本科非转型试点院校	1859	0.847	0.360		
就业对口程度	老本科院校	1084	0.762	0.426	10.09	0.000
	转型试点院校	1935	0.694	0.461		
	新建本科非转型试点院校	1098	0.685	0.465		
就业起薪	老本科院校	978	3643	1383	82.12	0.000
	转型试点院校	1796	2965	1369		
	新建本科非转型试点院校	1025	3092	1286		
工作总体满意度	老本科院校	1029	0.758	0.428	2.71	0.066
	转型试点院校	1856	0.721	0.448		
	新建本科非转型试点院校	1044	0.749	0.434		

为进一步比较转型试点院校和其他两类院校在就业状况上的差异，以上述变量为因变量进行了多重比较分析。结果显示，在就业比例上，转型试点院校就业比例显著高于老本科院校，但与新建本科非转型试点院校不存在显著性差异；在就业对口程度上，转型试点院校

显著低于老本科院校，同时与新建本科非转型试点院校不存在显著性差异；在就业起薪上，转型试点院校均显著低于老本科院校和新建本科非转型试点院校；在工作总体满意度上，转型试点院校显著低于老本科院校。

三 变革感知与学生发展

表 4 – 15 报告了变革感知和学生发展的 Spearman 相关分析结果。由表可知，在能力与素质上，各能力与素质和变革感知的六个方面均显著相关，整体上专业技术与能力、专业素养与态度和各变革感知的相关关系相对较大，而沟通表达能力最小。具体而言，专业技术与能力与教师教学的相关程度最大，专业素养与态度和院校整体的相关程度最大，批判创新能力与校企合作的相关程度最大。在就业状况上，就业起薪与学生对各方面变化的感知大多为负相关，但都不显著，这是由于转型试点院校大多集中在新建本科院校，而新建本科院校就业起薪明显较低；工作总体满意度与校企合作的相关程度最大，就业对口程度则与所在专业的人才培养方式变革感知的相关性最大，就业比例则表现在专业实习上。

表 4 – 15 变革感知与学生发展的相关关系

		院校整体	所在专业	课程设置	教师教学	专业实习	校企合作
能力 与素质	专业技术与能力	0.078**	0.082**	0.102**	0.131**	0.102**	0.076**
	专业素养与态度	0.131**	0.116**	0.080**	0.074**	0.095**	0.066**
	批判创新能力	0.038**	0.040**	0.032*	0.047**	0.064**	0.067**
	职业认知与规划	0.079**	0.073**	0.088**	0.084**	0.072**	0.077**
	团队协作能力	0.091**	0.072**	0.065**	0.061**	0.051**	0.062**
	沟通表达能力	0.027*	0.053**	0.041**	0.044**	0.041**	0.034**
就业状况	就业比例	0.021	0.032*	0.023	0.029*	0.037**	0.034**
	就业对口程度	0.030	0.059**	0.027	0.043**	0.043**	0.044**
	工作总体满意度	0.048**	0.053**	0.041*	0.057**	0.064**	0.083**
	就业起薪	−0.016	−0.026	−0.020	−0.027	0.013	0.001

注：** 在 0.01 的水平（双侧）上显著相关，* 在 0.05 的水平（双侧）上显著相关。

第五节　小结

本章围绕地方本科院校现状和对转型试点院校的比较而展开。在第一节通过使用2014年高等教育改革学生调查数据，从资源与规模、入学特征、院校人才培养过程和学生发展四个方面讨论分析了地方本科院校在高等教育结构体系中的位置，并具体对五类院校进行了比较分析。从第二节开始针对转型试点院校进行了比较分析。第二节从人口学特征、生源质量、高中特征、高中大学衔接特征、家庭背景五个方面比较分析了转型试点院校与老本科院校和新建本科非转型试点院校之间的差异。从生源状况来说，地方本科院校内部分化明显。在第三节比较分析了转型试点院校和其他两类院校在人才培养方式改革程度上学生的认知差异和三类院校在人才培养方式改革过程中的课程设置、教学行为、实践教学和校企合作上的差异。最后在第四节，则着重比较了转型试点院校在学生发展上与其他两类院校的差异，并分析了学生发展和学生对改革的认知程度之间的相关关系。本章主要得出以下结论。

第一，高等教育结构体系中院校间出现明显的分层分化，这尤其表现在学校的资源与规模和学生的入学特征上，地方本科院校在资源与规模上与重点院校差距明显，在入学特征上无论是认知能力还是家庭背景都与重点院校差异显著。家庭背景越差的学生进入地方本科院校比例越高。在地方本科院校内部，出现老本科院校和新建本科院校的明显分化。不过需要指出的是，地方本科院校，尤其是新建地方本科院校在学生参与、学生能力增值上并不一定弱于重点院校，这与已有相关研究得出的结论一致。新建地方本科院校在课程的实践和就业导向上表现明显。可以认为，各高等院校进行的教育教学改革，可能在地方本科院校，尤其是新建地方本科院校表现更为明显。

第二，地方本科院校转型主要集中于新建本科院校，新建本科院校与老本科院校在生源状况上差异明显，老本科院校生源质量明显更优，老本科院校学生就读重点或示范性高中的比例更高，来自独生子女家庭的概率更大，第一志愿录取比例更高。值得注意的是，转型试点院校在家庭背景上相比新建本科非转型试点院校也相对较弱，转型试点院校学生来自农村和低收入家庭的比例更高，父母受教育程度和家庭社会经济指数更低。同时，转型试点院校学生来自重点或示范性高中的比例也最低。由此可知，假设 1 得到部分验证。不过需要指出的是，转型试点院校学生在第一志愿录取比例上高于新建本科非转型试点院校。另外，需要留意的是，不同家庭背景学生在专业类型选择上存在差异。

第三，转型试点院校在人才培养方式上发生了显著的变化，学生能够明显对发生的变化进行感知，尤其表现在校企合作、专业实习上，这与新建本科非转型试点院校差异显著。转型试点院校学生对学校人才培养方式变革中院校整体的认同度达到 45.5%，而老本科院校和新建本科非转型试点院校则分别只有 24.8% 和 28.6%。在校企合作上，转型试点院校认为发生变化的学生比例达到 45.3%，而老本科院校和新建本科非转型试点院校则只有 25.6% 和 28.3%。在转型试点院校内部，从课程设置、教师教学、专业实习和校企合作来看，课程设置变化的比例最低。

第四，转型试点院校和非转型试点院校在人才培养方式改革中的课程设置、教学行为、实践教学和毕业/综合实习上存在显著性差异。转型试点院校具有更高的课程设置满意度、更高的实践教学满意度和更高的毕业/综合实习满意度，但是在教师教学质量满意度上老本科院校学生满意度最高。转型试点院校在课程设置上表现为更高的应用实践性、前沿交叉性和职业就业性等取向；在教学行为上学以致用型和探究引导型更为明显；在实践教学中资源充分性和教师应用性评价更好，学生自主探索性更强；在毕业/综合实习中，在实习指导、实习制度和实习考评上均表现更佳。

第五，转型试点院校和非转型试点院校在学生发展上存在显著差异，但在学生发展的能力与素质和就业状况上表现并不一致。在能力与素质上，相比于新建本科非转型试点院校，转型试点院校在能力与素质的六个维度上均表现更好，在总体能力与素质上也显著更好；相比于老本科院校，转型试点院校在专业技术与能力和职业认知与规划上相对较差。三类院校在专业技术与能力、批判创新能力和职业认知与规划上存在显著性差异，而在其他三种能力与素质上不存在显著性差异。在学生就业状况上，三类院校中，学生就业起薪和工作总体满意度趋势一致，均表现为老本科院校最高，转型试点院校最低。转型试点院校的就业比例显著更高，但相比于老本科院校，学生就业对口程度较低。

由上可知，假设 1 得到部分验证，假设 2 全部得到验证。总的来说，通过本章的分析对于地方本科院校在高等教育结构体系中的位置有了直观的感受，对转型试点的地方（新建）本科院校也有了较为直接而清晰的把握。通过描述统计、方差分析、相关分析等方法，研究认为转型试点院校在人才培养方式上发生了明显的变化，这无论是在学生的感知上，还是作为院校组织技术系统中的课程设置、实践教学、教学行为、校企合作等方面都有所表现。比较分析也得出，转型试点院校和新建本科非转型试点院校在学生发展上也存在一定的差异，且在能力与素质和就业状况上表现并不相同。不过通过本章我们可以看到，不同院校在学生人口学特征、认知能力、高中特征、家庭背景等方面都存在明显差异，而这与学生发展都有着密切关系。

第五章　院校转型对学生发展的影响评估

　　上一章通过对全国学生调查数据和具有针对性的地方高校人才培养与就业调查数据的分析，对地方本科院校在高等教育结构体系中的位置有了一定的认识。地方本科院校内部无论是从资源与规模还是从学生入学特征来说，都出现了一定的分化和分层，新建本科院校处于地方本科院校的末端，而各省开展的地方本科转型试点院校主要集中于新建本科院校。上一章还通过方差分析、卡方检验、相关分析等方法对转型试点院校和老本科院校、新建本科非转型试点院校在人才培养方式变革感知、人才培养方式改革过程和学生发展等方面进行了比较分析。由于转型试点院校和非转型试点院校的学生在入学特征、家庭背景等方面存在显著性差异，且转型试点院校和非转型试点院校在院校特征、人才培养方式等方面也存在明显不同，那么院校的转型试点对学生发展到底是否造成影响、造成多大影响，在学生发展的能力与素质和就业状况两方面是否存在明显的不同，值得进一步探索。本章将聚焦"转型试点"这一核心因素，尝试通过构造处理效应模型来对转型试点的影响进行估计，回答"效果如何"的问题，对研究假设 3 进行验证。不过需要说明的是，本章对院校"转型试点"特征对学生发展影响的估计，不考虑院校其他特征和院校人才培养过程的影响。"转型试点"的核心在于人才培养方式的变革，本章认为，院校人才培养过程的影响可以归结为由"转型试点"所带来。另外，院校特征，如办学体制、资源规模、所在地区、声望程度等，这些在学生进行院校选择时已经被考虑。同时，在进行处理效应模型分析时将会选择不同的样本来估计，以期得到较为准确的估计结果。

第一节 研究假设与方法

一 研究假设

通过第四章的描述统计分析，我们已经发现院校的转型发展作为一项试点工作，无论是从学生对人才培养方式变革的感知角度，还是从学校的人才培养中的几个关键环节角度，都发生了明显的变化。甚至，从初步的描述统计可以看到，转型试点院校和非转型试点院校在学生发展的能力与素质和就业状况上都有着显著的不同。第四章尝试回答了研究最初提出的"正在发生什么"的问题，第五章则重点回答"是否产生了效果"的问题。转型试点到底对学生发展有着怎样的影响，转型试点是否能够有效促进学生的能力与素质提升，是否能够对就业状况产生一定影响。结合前文对学生能力与素质和就业状况的说明，对研究假设3，在此提出以下子假设。

假设3.1：整体上，转型试点对学生总体能力与素质具有显著的正向影响，而对就业状况的影响相对有限。

相比于学生的能力与素质，就业状况更容易受到学生个体特征、家庭背景、院校声誉等影响。转型试点作为一项试点工作，目前并没有获得社会上的广泛知晓和认同，在劳动力市场和学生院校选择过程中信号作用较弱，因此在学生就业中发挥的作用相对有限。而学生的能力与素质主要表现为学生受院校影响的能力与素质的增值过程，转型试点工作的有效落实和实施会对学生的能力与素质带来一定影响。

假设3.2：转型试点在对学生能力与素质的影响中，对于不同的能力与素质的影响并不相同，相对于专业技术与能力、批判创新能力而言，转型试点对于团队协作能力、沟通表达能力、专业素养与态度等核心非认知能力的影响更为明显。

相比较核心认知能力，核心非认知能力在学生的成长发展过程中更容易被影响和塑造，受认知能力影响更小。第四章已经证实转型试点院校学生对学校人才培养方式的改革感知程度更高，且转型试点院校在课程设置、教学行为、实践教学、校企合作等方面也发生着变化。这些变化发生后最容易产生的影响则是对于学生诸如团队协作能力、沟通表达能力的影响。而对于专业技术与能力、批判创新能力的提高则相对有限，这些能力的提高较大程度上受制于院校的师资质量，而师资质量在院校转型试点过程中较难发生变化，第四章也说明了转型试点院校的师资质量评价相对较低。

假设 3.3：转型试点对于理工类和人文社科类专业的学生发展具有不同的影响，整体上转型试点对于理工类学生发展的影响更为明显。

相比于人文社科类专业，理工类专业的实践性相对较强，实地调研也发现转型试点工作在理工类专业中更容易得到实践和落实。描述统计也发现，对于转型试点院校，理工类和人文社科类专业学生对学校改革感知的程度也存在一定差异，两者对专业变革的感知比例分别为 45% 和 40%。再者，理工类和人文社科类专业特征的不同也决定了两类学生在能力与素质、就业状况上可能的不同。

假设 3.4：转型试点对于学生发展的影响在公立院校和私立院校中表现并不相同。

二 方法说明

根据研究设计中所述，在转型试点对学生发展的影响评估上将采用处理效应模型倾向得分匹配法来进行。倾向得分匹配法的分析程序一般为：①选择协变量 X_i，尽可能将影响因变量 y_i 和处理变量 D_i 的相关变量都包括进来，否则将引起偏差；②估计倾向得分，一般使用 Logit 回归；③选择匹配方法进行倾向得分匹配，如果倾向得分估计得较为准确，则应该使得 X_i 在匹配后的处理组与控制组之间分布均匀，其标准化偏差不会超过 10%，否则应回到第①步，重新选择协变量估计倾向得分；④根据匹配后样本计算平均处理效应（ATT）。参加者平均处理效应（ATT）估计量的一般表达式为：

$$ATT = \frac{1}{N_i} \sum i : Di = 1(yi - y0i)$$

其中，$N_i = \sum iDi$ 为处理组个体数，而 $\sum i : Di = 1$ 表示仅对处理组个体进行加总。倾向得分匹配需满足两个假定，分别是重叠假定（overlap assumption）和平衡性假定（matching assumption）（陈强，2010）。重叠假定指的是，对于协变量 X_i 的任何取值，都有 $0 < P(X_i) < 1$，$P(X_i)$ 为个体 i 进入处理组的条件概率。重叠假定意味着处理组与控制组这两个子样本存在重叠，故名重叠假定，它也是进行匹配的前提，也叫匹配假

定。它保证了处理组与控制组的倾向得分的取值范围有相同的部分（common support）。在进行匹配时，为了提高匹配质量，通常保留倾向得分重叠部分的个体。如果倾向得分的共同取值范围太小，则会导致偏差。该假设要求具有某些协变量特征的学生个体同时可能进入转型试点院校或非转型试点院校，即进入转型试点院校和进入非转型试点院校在倾向得分上必须有重叠的部分。平衡性假定指的是，假定存在一系列可以观察到的协变量 X_i，它们既影响学生是否进入转型试点院校，也影响学生发展，但不会反过来受到院校是否为转型试点院校的影响。在控制了这组协变量后，学生是否进入转型试点院校是随机的。也就是说，通过倾向得分分析后的样本中，处理组和控制组在协变量上不存在显著性差异，学生发展的不同则是由学生是否进入转型试点院校带来的，从而估计转型试点对学生发展的影响。

在进行倾向得分匹配时，有不同的具体方法，K 近邻匹配法是最常用的一种匹配方法，它把控制组中找到的与处理组个体倾向得分差异最小的个体作为其比较对象。按处理组寻找控制组，所有处理组都会匹配成功，因此处理组的信息得以充分利用。在近邻匹配法的一对一匹配（$K=1$）中，可选择有放回匹配和无放回匹配。有放回匹配保证了控制组的信息也得到了充分利用。其他匹配方法有半径匹配法、卡尺匹配法、核匹配法、局部线性回归匹配法等。本研究在各个因变量上，对上述匹配方法进行尝试，并选择最优的匹配方法。此外，还需要说明的是，倾向得分匹配法一般要求较大的样本容量从而得到高质量的匹配，对于小样本的估计，本研究将结合自助法来进行。

第二节　数据与模型

本章采用的数据为 2016 年"地方高校人才培养与就业调查"数据。根据第三章中对"地方高校人才培养与就业调查"数据的介绍，样本覆盖了我国东中西部地区的 25 所地方本科院校。该调查共有有效样本 7241 份，其中转型试点院校样本为 3119 份，占比 43.1%，转型试点院校均为新建本科院校。

根据倾向得分匹配法，在计算倾向得分时需要选择协变量，即匹配变量。协变量影响因变量，也影响学生是否进入转型试点院校。根据院校选择相关实证研究成果，学生的人口学特征、家庭背景以及高中及入学前特征均会在一定程度上影响学生的院校选择。在因变量上，根据研究设计中的说明，选择学生发展中的能力与素质和就业状况两个方面来进行检验，从而较为全面而准确地评估转型试点对学生发展的影响。变量定义与说明见表 5 – 1。

表 5 – 1 变量定义与说明

	因变量	变量定义	取值	变量类型
能力与素质	总体能力与素质	能力与素质表中 20 个题项平均得分	1 ~ 4	连续变量
	专业技术与能力	能力与素质量表专业技术与能力因子标准得分		连续变量
	专业素养与态度	能力与素质量表专业素养与态度因子标准得分		连续变量
	批判创新能力	能力与素质量表批判创新能力因子标准得分		连续变量
	职业认知与规划	能力与素质量表职业认知与规划因子标准得分		连续变量
	团队协作能力	能力与素质量表团队协作能力因子标准得分		连续变量
	沟通表达能力	能力与素质量表沟通表达能力因子标准得分		连续变量
就业状况	就业比例	就业 = 1	0 或 1	虚拟变量
	就业对口程度	对口 = 1	0 或 1	虚拟变量
	就业起薪	起始月薪	1000 ~ 10000	连续变量
	工作总体满意度	满意 = 1	0 或 1	虚拟变量
协变量				
人口学特征	性别	男性 = 1	0 或 1	虚拟变量
	民族	汉族 = 1	0 或 1	虚拟变量
	独生子女状况	独生子女 = 1	0 或 1	虚拟变量
家庭背景	城乡	城市 = 1	0 或 1	虚拟变量
	父亲受教育程度	小学及以下、初中、高中、大专及以上		分类变量
	母亲受教育程度			分类变量
	家庭 ISEI 指数	根据父母职业而来	15 ~ 80	连续变量
	家庭经济状况	低收入、中等收入、高收入		分类变量
高中及入学前特征	高考分数	标准化高考分数		连续变量
	高中类型	重点或示范性高中 = 1	0 或 1	虚拟变量
	高中文理	理科 = 1	0 或 1	虚拟变量
	志愿录取	第一志愿录取 = 1	0 或 1	虚拟变量

　　需要说明的是，在具体模型中，根据分类变量的取值个数以虚拟变量的形式放入模型中，如将父母受教育程度放入初中、高中和大专及以上三个虚拟变量中，而将家庭经济状况放入中等收入、高收入两个虚拟变量中。本研究中计算各协变量的回归系数模型如下：

$$Zxsd_i = D_1 \times Demog_i + D_2 \times Family_i + D_3 \times Presch + \varepsilon_i \tag{5-1}$$

　　公式（5-1）中 $Zxsd_i$ 为转型试点变量，院校为转型试点院校取值为 1，院校为非转型试点院校取值为 0。在本研究中实际的理解为，取值为 1 时学生进入转型试点院校，取值为 0 时学生进入非转型试点院校。$Demog_i$ 为人口学特征变量，分别为性别、民族和独生子女状况三个虚拟变量；$Family_i$ 为家庭背景的虚拟变量，分别包括城乡的虚拟变量、家庭 ISEI 指数的连续变量、代表家庭经济状况的中等收入和高收入两个分类变量，以及分别代表父母受教育程度的初中、高中和大专及以上三个分类变量；$Presch$ 为学生高中及入学前特征变量，主要有代表学生认知能力的高考分数（连续变量）和高中类型与高中文理两个虚拟变量。学生是否进入某个院校，受到其志愿录取的影响，因此在高中及入学前特征中增加志愿录取的虚拟变量。$D1$、$D2$、$D3$ 分别代表三组变量中各变量的回归系数。

$$Pscore_i = D_1 \times Demog_i + D_2 \times Family_i + D_3 \times Presch \tag{5-2}$$

　　根据公式（5-2）计算学生进入转型试点院校的倾向得分，$D1$、$D2$、$D3$ 分别为公式（5-1）中得到的回归系数。此后，根据不同的匹配方法得到不同的权重系数 W_{ij}，i、j 分别为处理组和控制组的个体。匹配方法根据匹配效果来判定和选择。采用倾向得分匹配法能否有效而准确地得到处理效应的估计值，一个重要前提是达到较好的匹配效果。对于匹配效果的判定和匹配方法的选择将统一在第四节进行说明。根据得到的权重系数 W_{ij}，计算处理组和控制组在因变量上的差异，即各个变量的平均处理效应 ATT。其计算公式为：

$$ATT = \frac{1}{N^T} \sum_{i \in T} \left\{ y_i^T - \frac{\sum_{j \in C} y_i^C w_{ij}}{\sum_{j \in C} w_{ij}} \right\} \tag{5-3}$$

　　公式（5-3）中上标 T 和 C 分别代表处理组和控制组，y 为因变量，即衡量学生能力与素质和就业状况的各个指标，N^T 为处理组的样本量。

　　表 5-2 报告了进入转型试点院校和进入非转型试点院校学生在上述协变量和因变量上的均值情况，并报告其 t 检验结果。从人口学特征来

看，非转型试点院校在学生的汉族和独生子女比例上均高于转型试点院校，且在1%的水平上显著，非转型试点院校独生子女比例为41.3%，而转型试点院校则只有29.3%；转型试点院校在男性学生比例上相对较高。在家庭背景变量上，转型试点院校和非转型试点院校的城市学生比例分别为43.7%和47.9%，两者在1%的水平上存在显著性差异；在父母受教育程度上，在父母为初中、高中和大专及以上的比例上，转型试点院校均低于非转型试点院校，且除了父亲受教育程度为高中的比例，其余均在5%的水平上存在显著性差异，说明转型试点院校学生在父母受教育程度上明显弱于非转型试点院校；在家庭ISEI指数上，转型试点院校显著低于非转型试点院校；在家庭经济状况上，转型试点院校和非转型试点院校学生来自高收入家庭的比例分别为8.4%和16.7%，在1%的水平上存在显著性差异，且非转型试点院校中来自中等收入家庭的学生比例也显著高于转型试点院校学生。在高中及入学前特征上，两类院校除了在第一志愿录取上不存在显著性差异外，在高考分数、高中类型和高中文理特征上均存在显著性差异。

在结果变量上，转型试点院校在总体能力与素质上的平均得分为3.103，在1%的水平上显著高于非转型试点院校。两者在批判创新能力、团队协作能力和沟通表达能力上均在5%的水平上存在显著性差异，但是两类院校在专业技术与能力、专业素养与态度、职业认知与规划方面并不存在显著性差异。在就业状况上，转型试点院校学生的就业比例显著高于非转型试点院校，但在就业对口程度、就业起薪和工作总体满意度上都显著低于非转型试点院校。

由上述可知，两类院校学生在几乎所有的协变量上均存在显著性差异，两类院校学生在结果变量上的不同，难以说是"转型试点"所带来的。因此很有必要采用合理而科学的方法，消除这些特征的差异对学生发展的影响。

表5-2 转型试点院校和非转型试点院校的各变量均值与均值比较

		转型试点院校	非转型试点院校	差值	t 值	p 值
人口学特征	男性	0.579	0.549	-0.030	-2.56	0.010
	汉族	0.890	0.957	0.067	10.47	0.000
	独生子女	0.293	0.413	0.120	10.72	0.000

续表

		转型试点院校	非转型试点院校	差值	*t* 值	*p* 值
家庭背景	城市	0.437	0.479	0.042	3.57	0.000
	父亲初中	0.353	0.399	0.046	4.01	0.000
	父亲高中	0.221	0.239	0.018	1.84	0.066
	父亲大专及以上	0.146	0.169	0.023	2.64	0.008
	母亲初中	0.337	0.372	0.036	3.13	0.002
	母亲高中	0.165	0.189	0.024	2.67	0.008
	母亲大专及以上	0.102	0.125	0.023	3.07	0.002
	家庭 ISEI 指数	29.98	32.15	2.172	4.72	0.000
	家庭经济状况中等	0.252	0.344	0.093	8.65	0.000
	家庭经济状况好	0.084	0.167	0.082	10.77	0.000
高中及入学前特征	高考分数－标准化	− 0.304	0.216	0.520	22.56	0.000
	高中类型－重点或示范性	0.335	0.427	0.092	8.06	0.000
	高中理科	0.608	0.723	0.115	10.32	0.000
	第一志愿录取	0.607	0.614	0.008	0.54	0.587
能力与素质	总体能力与素质	3.103	3.064	− 0.039	− 3.24	0.001
	专业技术与能力	0.010	− 0.007	− 0.017	− 0.657	0.511
	专业素养与态度	0.013	− 0.010	− 0.023	− 0.879	0.379
	批判创新能力	0.035	− 0.026	− 0.061	− 2.391	0.017
	职业认知与规划	0.008	− 0.006	− 0.014	− 0.567	0.571
	团队协作能力	0.029	− 0.022	− 0.051	− 1.978	0.048
	沟通表达能力	0.032	− 0.024	− 0.056	− 2.179	0.029
就业状况	就业比例	0.866	0.806	− 0.060	− 6.472	0.000
	就业对口程度	0.694	0.723	0.030	2.088	0.037
	就业起薪	2965.5	3361.1	395.7	8.914	0.000
	工作总体满意度	0.721	0.753	0.032	2.283	0.001

第三节 匹配效果

一 匹配变量的筛选与说明

为确定倾向得分匹配中协变量的选择，本研究首先采用 OLS 估计，以总体能力与素质为因变量进行说明，表5－3考察的解释变量只包含转型试点这一虚拟变量，转型试点对总体能力与素质的影响系数为0.039，在1%的水平上显著；在模型（2）（3）（4）中分别加入了学生人口学特征、家庭背景和高中及入学前特征等变量。由模型（4）可知，转型试点对总体能力与素质的影响系数提高到0.053，仍在1%的水平上显著。由前文可知，转型试点院校学生在高中及入学前特征、家庭背景等变量上均弱于非转型试点院校学生，而这些因素对学生的能力与素质具有正向的影响。因此，在控制学生这些特征后，转型试点对能力与素质的影响将会增大。虽然如此，但OLS估计无法解决其内生性问题。模型（5）以转型试点为因变量，控制变量有学生人口学特征、家庭背景和高中及入学前特征等。由模型（5）可知，模型中大多数变量都通过了显著性水平检验。对于其他因变量也都进行了此检验，在此不一一报告。在进行倾向得分匹配分析时，采用模型（5）的解释变量作为匹配变量。

表5－3　匹配变量筛选

变量	模型（1）能力与素质	模型（2）能力与素质	模型（3）能力与素质	模型（4）能力与素质	模型（5）转型试点
转型试点	0.039 *** (0.012)	0.043 *** (0.012)	0.048 *** (0.012)	0.053 *** (0.013)	
男性		0.048 *** (0.012)	0.053 *** (0.012)	0.051 *** (0.013)	0.401 *** (0.055)
汉族		0.033 (0.023)	0.034 (0.023)	0.031 (0.023)	-0.829 *** (0.104)
独生子女		0.024 * (0.013)	-0.003 (0.014)	-0.004 (0.014)	-0.570 *** (0.061)
城市			-0.010 (0.014)	-0.010 (0.014)	0.080 (0.063)
父亲初中			-0.027 (0.017)	-0.028 * (0.017)	-0.315 *** (0.071)
父亲高中			-0.009 (0.020)	-0.010 (0.020)	-0.220 *** (0.084)
父亲大专及以上			-0.011 (0.027)	-0.011 (0.027)	-0.057 (0.118)
母亲初中			0.028 * (0.015)	0.027 * (0.015)	-0.099 (0.065)

续表

变量	模型（1）能力与素质	模型（2）能力与素质	模型（3）能力与素质	模型（4）能力与素质	模型（5）转型试点
母亲高中			0.026 (0.020)	0.025 (0.020)	-0.073 (0.087)
母亲大专及以上			0.112*** (0.029)	0.111*** (0.029)	-0.014 (0.125)
家庭 ISEI 指数			0.000 (0.000)	0.000 (0.000)	0.002 (0.002)
家庭经济状况中等			0.007 (0.014)	0.007 (0.014)	-0.598*** (0.062)
家庭经济状况好			0.063*** (0.021)	0.062*** (0.021)	-1.058*** (0.094)
高考分数-标准化				0.007 (0.006)	-0.618*** (0.030)
高中类型-重点或示范性				0.013 (0.013)	-0.174*** (0.055)
高中理科				0.006 (0.013)	-0.755*** (0.058)
第一志愿录取				0.048*** (0.012)	-0.013 (0.053)
Constant	3.064*** (0.008)	2.996*** (0.025)	2.975*** (0.028)	2.941*** (0.031)	1.462*** (0.129)
N	6223	6223	6223	6223	7241
R^2	0.002	0.006	0.014	0.017	
Pseudo R^2					0.118

注：括号内为标准误。

*** $p < 0.01$；** $p < 0.05$；* $p < 0.1$。下同。

二 重叠假定检验

前文已经说明，为使得研究结果更有说服力，估计结果更为准确，需要对重叠假定和平衡性假定进行检验。对重叠假定的检验依赖于其使用的估计方法。在此通过对共同取值范围内的个体进行匹配来看处理组和控制组在倾向得分上的重叠情况。结果显示，匹配后样本损失较少，符合重叠假定。需要说明的是，在使用不同估计方法时会存在差异，本研究在比较各种匹配方法后，采取的是 3 阶近邻匹配，并选择有放回抽样，这样在因变量不缺失的情况下，处理组和控制组的个体都可以被有效使用。

三 平衡性假定检验

根据平衡性假定，匹配后各变量在处理组和控制组上不存在显著性差异，一般要求标准化后的各变量偏差小于10%，越小越好，从而使得匹配效果最佳，估计结果最为准确。在选取匹配方法时，本研究尝试了K阶近邻匹配、半径匹配、核匹配、局部线性回归匹配等方法。从平衡性的角度考虑匹配后的效果，选择了3阶近邻匹配。表5-4报告了以总体能力与素质为因变量的匹配前和匹配后各匹配变量的差异对比。由表可知，所有匹配变量在匹配后，处理组和控制组之间均不存在显著性差异，同时绝大多数变量在匹配前处理组和控制组之间存在显著性差异。同时，各个匹配变量标准化偏差在匹配后均小于5%，表明匹配后平衡性较好。表格最后三行的LR检验也表明，匹配后无法根据匹配变量的特征来区分学生是进入转型试点院校还是进入非转型试点院校，整体上各匹配变量的平均标准化偏差为1.9%。从整体上可知，平衡性假定检验得到较好满足。其他因变量得到的结果与此差异较小，平衡性假定均得到满足。同时，LR检验结果显示，匹配后的平均偏差均较小，且不存在显著性，可以判断各个因变量平衡性假定均得到较好满足。

表 5 - 4　匹配前后匹配变量差异对比

			处理组	控制组	标准化偏差	t 值	p 值
人口学特征	男性	匹配前	0.580	0.550	6.1	2.39	0.017
		匹配后	0.580	0.575	1	0.37	0.712
	汉族	匹配前	0.893	0.956	− 24	− 9.65	0.000
		匹配后	0.893	0.906	− 4.9	− 1.58	0.115
	独生子女	匹配前	0.294	0.415	− 25.4	− 9.86	0.000
		匹配后	0.294	0.291	0.7	0.26	0.795
家庭背景	城市	匹配前	0.432	0.483	− 10.3	− 4.03	0.000
		匹配后	0.432	0.442	− 2.1	− 0.76	0.446
	父亲初中	匹配前	0.356	0.393	− 7.6	− 2.96	0.003
		匹配后	0.356	0.350	1.2	0.43	0.668

续表

			处理组	控制组	标准化偏差	t 值	p 值
家庭背景	父亲高中	匹配前	0.227	0.241	−3.4	−1.32	0.188
		匹配后	0.227	0.236	−2.2	−0.8	0.424
	父亲大专及以上	匹配前	0.138	0.170	−8.9	−3.45	0.001
		匹配后	0.138	0.135	0.9	0.33	0.740
	母亲初中	匹配前	0.344	0.367	−5	−1.94	0.053
		匹配后	0.344	0.333	2.3	0.84	0.402
	母亲高中	匹配前	0.167	0.194	−6.9	−2.67	0.008
		匹配后	0.167	0.167	0	0	1.000
	母亲大专及以上	匹配前	0.097	0.125	−8.7	−3.37	0.001
		匹配后	0.097	0.098	−0.1	−0.05	0.963
	家庭 ISEI 指数	匹配前	29.589	32.218	−13.7	−5.33	0.000
		匹配后	29.589	29.919	−1.7	−0.64	0.521
	家庭经济状况中等	匹配前	0.252	0.345	−20.5	−7.96	0.000
		匹配后	0.252	0.259	−1.5	−0.56	0.573
	家庭经济状况好	匹配前	0.085	0.165	−24.4	−9.33	0.000
		匹配后	0.085	0.090	−1.7	−0.71	0.478
高中及入学前特征	高考分数 – 标准化	匹配前	−0.290	0.209	−51.4	−20.18	0.000
		匹配后	−0.290	−0.325	3.6	1.2	0.231
	高中类型 – 重点或示范性	匹配前	0.333	0.428	−19.8	−7.69	0.000
		匹配后	0.333	0.345	−2.6	−0.95	0.341
	高中理科	匹配前	0.609	0.722	−24.1	−9.48	0.000
		匹配后	0.609	0.611	−0.3	−0.11	0.911
	第一志愿录取	匹配前	0.609	0.609	−0.1	−0.02	0.983
		匹配后	0.609	0.635	−5.4	−1.97	0.048

	Pseudo R^2	LR chi^2		$p > $ chi^2	Mean Bias	
匹配前	0.109	922.8		0.000	10.3	
匹配后	0.002	16.27		0.756	1.9	

　　此外，对匹配前后倾向得分的密度进行比较。结果显示匹配后处理组和控制组差异减小，密度分布呈趋近趋势，且两者共同取值较多，显示匹配效果较好。

第四节 估计结果

一 全样本下的估计

表 5 - 5 为采用 3 阶近邻匹配得到的院校转型对因变量的平均处理效应结果。从能力与素质来看，在总体能力与素质上，处理组和控制组得分分别为 3.103 和 3.045，平均处理效应为 0.058，即转型试点对学生总体能力与素质产生的影响为 0.058，根据 t 值可知，在 1%①水平上具有显著性；在能力与素质的各维度上，转型试点对学生的批判创新能力、团队协作能力和沟通表达能力都在 5% 的水平上具有显著性影响，而对专业技术与能力、专业素养与态度和职业认知与规划等方面没有显著性影响。

从就业状况来看，就业比例和就业起薪均通过 5% 显著性水平检验，说明在全样本下，进入转型试点院校的学生就业比例比进入非转型试点院校的学生就业比例高 3.1%，而就业起薪低 268 元。学生是否进入转型试点院校，在就业对口程度上无显著差异，其就业对口程度均在 70% 左右。从就业起薪来看，由于教育信号作用，高考分数要求更高的院校（如老本科院校）在劳动力市场享有更高声誉，会导致在全样本分析下转型试点院校毕业生的平均起薪更低。不过，通过倾向得分匹配得到的两种类型院校差异结果明显小于直接比较的结果（直接比较时，两者差值为 395.7 元）。可以认为，转型试点可能在其中起到一定作用，缩小了两者差距。

表 5 - 5 学生发展各因变量的 ATT 估计结果（全样本）

分类	因变量	处理组	控制组	差值（ATT）	标准误	t 值
能力与素质	总体能力与素质	3.103	3.045	0.058	0.016	3.64
	专业技术与能力	0.010	- 0.030	0.039	0.033	1.18
	专业素养与态度	0.013	- 0.032	0.045	0.033	1.36
	批判创新能力	0.035	- 0.036	0.071	0.033	2.14

---

① 在双侧检验下，与 1%、5%、10% 的显著性水平对应的 t 值分别为 2.58、1.96 和 1.65，没有特别指明的情况下显著性影响是指在 5% 的水平。

续表

分类	因变量	处理组	控制组	差值（ATT）	标准误	t 值
能力与素质	职业认知与规划	0.008	− 0.034	0.043	0.033	1.28
	团队协作能力	0.029	− 0.048	0.076	0.033	2.29
	沟通表达能力	0.032	− 0.039	0.071	0.033	2.13
就业状况	就业比例	0.866	0.835	0.031	0.012	2.50
	就业对口程度	0.694	0.712	− 0.018	0.019	− 0.98
	就业起薪	2965.5	3233.5	− 268.0	58.2	− 4.61
	工作总体满意度	0.721	0.749	− 0.028	0.018	− 1.51

众多研究均指出，不同学科的学生在能力与素质和就业状况上都可能存在差异，最近相关的研究见马莉萍和管清天（2016）、鲍威（2015）等。对上述结果根据理工类和人文社科类两个学科大类进行检验。理工类样本数为4154份，包括基础学科应用类、计算机/信息类、机械/电气/制造类、工程类；人文社科类样本数为3087份，包括经济管理类、公共管理/教育类、人文类、传媒艺术类。理工类和人文社科类各变量ATT估计的结果见表5-6和表5-7。对比全样本的估计，对于理工类样本，转型试点对总体能力与素质仍有显著性的影响，且影响更大；同时，转型试点不仅在团队协作能力、沟通表达能力上仍保持显著性的正向影响，且对理工类学生的专业素养与态度也具有显著性的影响；在就业状况上，转型试点对理工类学生的就业比例和就业起薪也仍具有显著性的影响，但是在就业起薪上ATT绝对值明显有所下降。而对于人文社科类样本，由表5-7可知，除就业起薪外，转型试点对学生发展的其他各个方面在5%的水平上均不存在显著性影响。在10%的显著性水平上，转型试点对总体能力与素质和学生的批判创新能力具有显著的正向影响。对比三个样本就业起薪的ATT值，并考虑到两类院校本身在就业起薪上的差异，可以认为转型试点对于人文社科类学生就业起薪的正向影响小于对理工类学生的影响。

表5-6 学生发展各因变量的ATT估计结果（理工类样本）

分类	因变量	处理组	控制组	差值（ATT）	标准误	t 值
能力与素质	总体能力与素质	3.112	3.017	0.095	0.021	4.43
	专业技术与能力	− 0.008	− 0.031	0.023	0.045	0.52

分类	因变量	处理组	控制组	差值（ATT）	标准误	t 值
能力与素质	专业素养与态度	0.030	−0.087	0.117	0.044	2.67
	批判创新能力	0.032	−0.034	0.065	0.045	1.46
	职业认知与规划	0.014	0.030	−0.017	0.044	−0.38
	团队协作能力	0.058	−0.078	0.136	0.044	3.07
	沟通表达能力	0.063	−0.066	0.129	0.045	2.84
就业状况	就业比例	0.849	0.813	0.036	0.017	2.09
	就业对口程度	0.715	0.696	0.019	0.025	0.79
	就业起薪	3011.6	3204.4	−192.7	78.9	−2.44
	工作总体满意度	0.708	0.750	−0.043	0.024	−1.76

表 5 - 7　学生发展各因变量的 ATT 估计结果（人文社科类样本）

分类	因变量	处理组	控制组	差值（ATT）	标准误	t 值
能力与素质	总体能力与素质	3.092	3.048	0.044	0.024	1.86
	专业技术与能力	0.031	−0.010	0.041	0.051	0.80
	专业素养与态度	−0.008	0.012	−0.021	0.052	−0.40
	批判创新能力	0.039	−0.051	0.090	0.052	1.74
	职业认知与规划	0.002	−0.061	0.062	0.052	1.20
	团队协作能力	−0.007	−0.014	0.008	0.051	0.15
	沟通表达能力	−0.007	−0.036	0.029	0.051	0.58
就业状况	就业比例	0.887	0.863	0.025	0.019	1.30
	就业对口程度	0.669	0.670	−0.001	0.029	−0.05
	就业起薪	2909.9	3221.6	−311.7	84.7	−3.68
	工作总体满意度	0.738	0.712	0.026	0.029	0.91

　　上述分析虽然考虑了学生院校选择的相关因素，使得处理组和控制组在高考分数、家庭背景、人口学特征等方面不存在显著性差异，但是从学生发展的变量来说，尤其是学生就业状况，根据已有研究，在劳动力市场上院校的信号作用相对较强。相比就业状况（尤其表现在就业起薪上），能力与素质受劳动力市场影响较小。相比老本科院校，转型试点院校还处在发展探索期，并没有获得更好的社会认可和声誉（如果获得，在高考入学分数上会有所反映），且前面的分析已经指出转型试点院校在新建本科院校中声誉、生源、办学资源等都处于相对弱势的地位。院校

人才培养过程作为本研究中的一个"黑箱",包括影响学生发展的课程设置、实践教学、教学行为、学生参与、毕业/综合实习等,这可以理解为受到院校转型试点的影响。样本中转型试点院校均来自新建本科院校,考虑到新建本科院校和老本科院校在社会声誉上存在的明显差异,接下来将针对新建本科院校样本,对学生能力与素质和就业状况进行进一步的分析,以期得到对转型试点效果更为准确的估计。

二 新建本科院校样本下的估计

新建本科院校样本中共有院校 18 所,占总样本的比例为 72%,其中转型试点院校 10 所,占新建本科院校样本的比例为 55.6%。对于新建本科院校样本进行倾向得分匹配估计时同样进行重叠假定和平衡性假定的检验,样本通过相关假定,在此略去其具体结果。

表 5—8 为新建本科院校样本下的学生发展各因变量的 ATT 估计结果。在能力与素质上,转型试点对总体能力与素质具有显著性的影响,且相比于全样本的影响程度更大,平均处理效应为 0.067。和全样本下估计不同的是,在能力与素质的各维度上,转型试点在 10% 的水平上对专业技术与能力和职业认知与规划存在显著性影响,但在团队协作能力上并不存在显著性影响。这种差异可能是在全样本中,老本科院校学生由于入学前个人能力和教师质量较高等因素,学生在专业技术与能力提升上更为显著,故当只有新建本科院校样本时转型试点的影响才得以表现。团队协作能力不再显著的一个可能的解释是,相比于老本科院校,新建本科院校实践/实训/实习相对较多,整体上学生在团队协作能力上的差异并不能有效区分新建本科院校中的转型试点院校和非转型试点院校。

从就业状况来看,转型试点对就业比例、就业对口程度、就业起薪和工作总体满意度均没有显著性的影响。但通过对 ATT 估计值和全样本的对比,在上述四个指标上均发现明显变化。就业比例的估计值由 0.031 下降为 0.003,就业对口程度的估计值由 -0.018 增加为 0.019,就业起薪的估计值由 -268.0 增加为 -57.6,工作总体满意度估计值由 -0.028 增加到 -0.002。这进一步说明,在就业状况上,院校的影响相对较大。转型试点对就业起薪和工作总体满意度的影响为负,这可以由第四章中新建本科非转型试点院校学生入学特征整体上较好于转型试点院校来解释。

表5－8　学生发展各因变量的 ATT 估计结果（新建本科院校样本）

分类	因变量	处理组	控制组	差值（ATT）	标准误	t 值
能力与素质	总体能力与素质	3.103	3.036	0.067	0.018	3.82
	专业技术与能力	0.010	−0.062	0.072	0.038	1.88
	专业素养与态度	0.013	−0.040	0.053	0.038	1.38
	批判创新能力	0.035	−0.041	0.076	0.038	1.98
	职业认知与规划	0.008	−0.065	0.073	0.039	1.88
	团队协作能力	0.029	−0.020	0.049	0.038	1.28
	沟通表达能力	0.032	−0.050	0.082	0.038	2.15
就业状况	就业比例	0.866	0.864	0.003	0.013	0.19
	就业对口程度	0.694	0.674	0.019	0.022	0.90
	就业起薪	2965.5	3023.0	−57.6	62.1	−0.93
	工作总体满意度	0.721	0.723	−0.002	0.021	−0.10

将样本进一步细分为理工类样本和人文社科类样本，得到估计结果。结果显示，对于理工类专业，转型试点对总体能力与素质具有显著性的影响，且影响大小明显大于新建本科院校样本的估计值。同时，对于理工类专业，转型试点对学生的专业素养与态度在1%的水平上具有显著性影响，对团队协作能力和沟通表达能力在5%的水平上具有显著的正向影响。也就是说，院校的转型试点有助于提高理工类学生专业素养与态度、团队协作能力和沟通表达能力，从而对学生的总体能力与素质有明显的促进作用。在就业状况方面，转型试点对就业对口程度和就业起薪都有正向作用，但均不显著。

对于人文社科类专业，在能力与素质方面，转型试点对学生的批判创新能力和职业认知与规划具有显著性的影响，而对其他方面的能力与素质没有显著性的影响。在就业状况上，转型试点院校学生就业起薪在10%的水平上显著低于非转型试点院校学生。对比理工类专业可知，转型试点对于理工类学生发展的促进作用明显大于人文社科类专业。

第五节　稳健性检验

一　偏差校正匹配估计检验

在倾向得分匹配中估计倾向得分时可能存在不确定性，从而导致不精确匹配产生偏差，Abadie 和 Imeben 提出了偏差校正的方法（Abadie，2004），即通过回归的方法来估计偏差，然后得到偏差校正匹配估计量。该方法还通过在处理组和控制组内部进行二次匹配，从而得到在异方差条件下也成立的稳健性标准误。在全样本下，通过偏差校正匹配估计进行稳健性检验，并对理工类样本和人文社科类样本分别进行了估计检验，得到表 5-9。

由表 5-9 可知，偏差校正匹配估计检验显示，无论是对于全样本还是对于理工类样本或人文社科类样本，转型试点对总体能力与素质均有显著的正向影响，且相比于人文社科类学生，转型试点对于理工类学生的总体能力与素质影响更大。通过比较和前面估计系数之间的差异发现，偏差校正匹配估计后，转型试点对总体能力与素质的影响有所增大（从 0.058 到 0.071）。此外，和前面估计的结果一致，转型试点对于理工类学生的专业素养与态度、团队协作能力和沟通表达能力影响显著，这也是在全样本下转型试点对总体能力与素质具有显著性影响的重要原因。在人文社科类样本上，有意思的是，和前面全样本下人文社科类样本估计不同，偏差校正匹配估计后，转型试点对学生的批判创新能力、职业认知与规划均没有显著性影响，反而对学生的专业技术与能力具有显

表 5-9 偏差校正匹配估计结果

分类	因变量	全样本		理工类样本		人文社科类样本	
		ATT	标准误	ATT	标准误	ATT	标准误
能力与素质	总体能力与素质	0.071 ***	0.015	0.081 ***	-0.021	0.049 **	-0.022
	专业技术与能力	0.083 **	0.033	0.039	-0.045	0.128 ***	-0.049
	专业素养与态度	0.017	0.032	0.087 **	-0.044	-0.063	-0.049
	批判创新能力	0.056 *	0.031	0.027	-0.042	0.043	-0.048
	职业认知与规划	0.045	0.031	0.055	-0.041	0.048	-0.048
	团队协作能力	0.067 **	0.032	0.131 ***	-0.042	-0.025	-0.05
	沟通表达能力	0.088 ***	0.032	0.112 **	-0.044	0.062	-0.048
就业状况	就业比例	0.037 ***	0.011	0.050 ***	-0.016	0.035 **	-0.015
	就业对口程度	0.002	0.018	0.02	-0.023	-0.017	-0.029
	就业起薪	-246.1 ***	54.5	-190.2 **	-77.56	-343.3 ***	-70.68
	工作总体满意度	-0.009	0.018	-0.027	-0.023	0.013	-0.028

*** $p < 0.01$，** $p < 0.05$，* $p < 0.1$。

著性影响，这也使得在全样本估计下，转型试点对专业技术与能力具有显著性影响。对此较难直接做出解释，不过可结合细分样本的估计结果来综合进行判断。

在就业状况上，在全样本和理工类、人文社科类样本中，转型试点对就业比例均具有显著的正向影响，对就业起薪均具有显著的负向影响，这与之前结果保持一致。在就业起薪上，通过和前面对应比较发现，转型试点对全样本下就业起薪的估计系数的绝对值略有下降，不过在人文社科类样本下就业起薪的估计系数的绝对值有所增加。整体对比可知，全样本下的估计结果较为稳定。

二　匹配性样本检验

为了更加准确地估计结果，降低院校本身带来的影响，同时也为了说明上述结果的稳定性，结合专家意见和院校具体情况，在转型试点院校和非转型试点院校中各选择三所院校进行比较。转型试点的三所院校和非转型试点的三所院校在地理位置、院校资源情况、学生入学前特征（包括高考分数）等方面相差较小，但各自在学生对院校人才培养模式变革的感知上存在显著性差异，学生认为院校人才培养模式改革程度均相差 20% 左右，转型试点的三所院校认为人才培养模式发生改革的学生认同比例为 50.2%，而非转型试点院校的比例则只有 26.0%。在通过倾向得分匹配检验后，得到各因变量的 ATT 估计结果，见表 5 - 10。

由表 5 - 10 可知，在 5% 的水平上，转型试点对总体能力与素质具有显著性影响，且估计值较全样本和新建本科样本要大，也即选择六所院校的匹配样本后，转型试点对总体能力与素质的提高更为明显。此外，转型试点对专业素养与态度、批判创新能力（10% 的显著性水平上）、团队协作能力均有显著性影响。从就业状况来看，虽然转型试点对就业比例、就业对口程度、就业起薪和工作总体满意度均不存在显著性影响，但通过对比发现，转型试点对就业起薪和工作总体满意度的影响不再为负值，且均明显大于全样本和新建本科样本下的估计值。

进一步考虑理工类专业和人文社科类专业之间的差异。[①] 对于理工类样本，和新建本科院校理工类样本类似，转型试点对总体能力与素质、专业素养与态度、团队协作能力和沟通表达能力均有显著性影响，且相

---

① 由于篇幅限制，具体估计结果在此省略，如有需要可和作者联系。

表 5 – 10　学生发展各因变量的 ATT 估计结果（六所院校样本）

分类	因变量	处理组	控制组	差值（ATT）	标准误	t 值
能力与素质	总体能力与素质	3.193	3.025	0.169	0.033	5.10
	专业技术与能力	0.093	0.013	0.080	0.069	1.15
	专业素养与态度	0.194	− 0.248	0.443	0.073	6.05
	批判创新能力	0.087	− 0.051	0.138	0.072	1.92
	职业认知与规划	0.066	0.084	− 0.018	0.069	− 0.26
	团队协作能力	0.091	− 0.087	0.178	0.069	2.55
	沟通表达能力	0.083	− 0.010	0.093	0.069	1.35
就业状况	就业比例	0.873	0.851	0.022	0.025	0.89
	就业对口程度	0.708	0.691	0.016	0.035	0.47
	就业起薪	3127.0	3014.7	112.3	123.8	0.91
	工作总体满意度	0.776	0.741	0.035	0.033	1.07

比较而言，估计值更大。在就业状况上，转型试点对学生就业比例具有显著性影响。对于人文社科类样本，转型试点对专业素养与态度的影响最明显，且在 1% 的水平上显著，而在其他变量上并不显著。

考虑到匹配性样本中样本较小，研究进一步采用自助法对匹配性样本检验结果进行了再检验，与上述结果保持一致。

三　异质性检验

院校的公私立办学性质的不同使得院校在资源的获取上存在明显的差异，前文也已经指出私立院校在院校经费上更多地依赖于学费收入。这使得私立院校的办学特征与市场的关系更加紧密，相对而言会更加注重学生的核心就业能力与素质，如专业技术与能力、职业认知与规划等。在公立院校和私立院校内部，是否为转型试点院校将会对学生发展产生不同的影响。私立院校一般为新建本科院校，样本中私立院校也均为新建本科院校，共有 7 所，这其中转型试点院校有 4 所。在此，对于公立院校，也选择新建本科院校，共有 11 所，其中转型试点院校 6 所。表 5 – 11 和表 5 – 12 分别报告了公立院校和私立院校样本下学生发展各个方面的 ATT 估计结果。

在总体能力与素质上，转型试点院校对公立院校学生总体能力与素质具有显著性影响，但对于私立院校学生的总体能力与素质没有显著性影响。公立院校中，转型试点对学生的专业素养与态度、批判创新能力、团队协作能力和就业比例均有显著性的影响（10%的显著性水平上），且在专业素养与态度上表现最为明显。对于私立院校，转型试点对学生的专业技术与能力具有显著的正向影响，且表现明显。同时，转型试点对学生的职业认知与规划具有显著性影响。但是估计结果也发现，转型试点的私立院校中学生的专业素养与态度显著低于非转型试点的私立院校。

表 5 – 11 学生发展各因变量的 ATT 估计结果（新建本科 – 公立院校）

分类	因变量	处理组	控制组	差值（ATT）	标准误	t 值
能力与素质	总体能力与素质	3.102	3.002	0.101	0.022	4.60
	专业技术与能力	– 0.055	0.007	– 0.061	0.047	– 1.31
	专业素养与态度	0.134	– 0.134	0.268	0.047	5.74
	批判创新能力	0.022	– 0.060	0.082	0.046	1.80
	职业认知与规划	– 0.038	– 0.080	0.041	0.047	0.88
	团队协作能力	0.064	– 0.026	0.090	0.047	1.93
	沟通表达能力	0.035	– 0.040	0.074	0.046	1.62
就业状况	就业比例	0.867	0.827	0.040	0.017	2.37
	就业对口程度	0.700	0.672	0.029	0.029	0.99
	就业起薪	2961.8	2944.5	17.3	91.0	0.19
	工作总体满意度	0.714	0.712	0.002	0.029	0.08

表 5 – 12 学生发展各因变量的 ATT 估计结果（新建本科 – 私立院校）

分类	因变量	处理组	控制组	差值（ATT）	标准误	t 值
能力与素质	总体能力与素质	3.104	3.074	0.030	0.035	0.87
	专业技术与能力	0.146	– 0.147	0.294	0.070	4.19
	专业素养与态度	– 0.245	0.153	– 0.397	0.068	– 5.83
	批判创新能力	0.063	0.076	– 0.014	0.070	– 0.20
	职业认知与规划	0.107	– 0.122	0.229	0.072	3.16
	团队协作能力	– 0.046	– 0.057	0.011	0.069	0.16
	沟通表达能力	0.026	0.070	– 0.044	0.071	– 0.62
就业状况	就业比例	0.864	0.847	0.017	0.023	0.71
	就业对口程度	0.682	0.675	0.007	0.038	0.18
	就业起薪	2972.4	3045.0	– 72.6	102.4	– 0.71
	工作总体满意度	0.735	0.735	0.001	0.035	0.01

第六节　小结

本章通过倾向得分匹配法，较为有效地解决了变量的内生性问题，将学生入学前特征和学生进入的院校类型（转型试点院校和非转型试点院校）对学生发展的影响分离，从而得到转型试点对学生发展的净影响，有效且准确地对我国地方本科院校转型试点工作进行了实证评估。总体来看，地方本科院校转型试点工作对学生发展产生了较为明显的影响，转型试点对学生的能力与素质影响显著，而对就业状况的影响并不显著，具体表现如下。

首先，从学生发展的能力与素质来看，无论是全样本、新建本科样本还是选择的六所院校样本，转型试点对学生总体能力与素质均有显著影响，且样本选择越是细分，转型试点对学生总体能力与素质影响越大。在能力与素质的各个维度上，综合比较各个样本和各种估计检验结果，在尽可能考虑院校的作用下，可以认为在5%的水平上，转型试点对团队协作能力、沟通表达能力和专业素养与态度均具有显著的正向影响，且相对比较稳定，而对学生的专业技术与能力、职业认知与规划和批判创新能力则没有显著的影响。由此可知，从转型试点对能力与素质影响的结果来看，转型试点对于学生能力与素质的影响主要体现在核心非认知能力上，而在专业技术与能力这一核心认知能力和批判创新能力上并没有显著影响。相比于核心非认知能力，学生核心认知能力和批判创新能力与学生本身的认知水平和教师质量更为密切相关，也更不容易被改变。地方本科院校在进一步推进转型试点工作当中，需要更加注重学生的核心认知能力和批判创新能力的提高，但这明显需要一定的过程。转型试点对学生的职业认知与规划能力影响并不显著，考虑分学科样本下的比较结果，这应该是转型试点对两类学生群体作用不同而将转型试点作用抵消的结果。

其次，从学生发展的就业状况来看，转型试点对学生就业状况影响较弱。具体而言，转型试点对就业起薪、工作总体满意度和就业对口程度均没有显著的正向影响，而对就业比例具有显著性影响。在此，不得不指出，学生就业状况尤其是就业起薪和就业对口程度，容易受到专业本身和劳动力市场的影响，且在就业起薪上院校的信号作用会相对较强。

而对于工作总体满意度，对样本进行相关分析结果显示，工作总体满意度与工资福利满意度显著相关，其相关程度达到 0.52。上一章描述统计已经指出，样本中转型试点院校在生源质量上明显弱于老本科院校，也弱于非转型试点的新建本科院校，因此在估计转型试点对学生就业的影响时，难免受到院校和学生个体素质的影响。不过通过对比不同样本估计下的系数大小，发现在就业起薪上的变化最为明显，全样本中的偏差校正匹配估计中转型试点对就业起薪的影响系数为 - 246.1，且影响显著，而在选择的六所院校中，自助法估计显示，转型试点对就业起薪虽然影响并不显著，但其估计系数变为 112.3，即转型试点院校学生就业起薪比非转型试点院校学生就业起薪高 112.3 元，且理工类和人文社科类样本的系数大小分别为 - 190.2 和 - 343.3。从这个意义上可以说，表面上看转型试点对就业状况的影响甚微，但是实际上也产生着正向的影响，且在理工类样本专业中表现相对较为明显。所以，对于目前我国地方本科院校正在进行的转型试点，在评估院校转型对学生就业状况的影响时，不能简单地看其平均就业起薪，要综合考虑学科专业之间的差异和院校本身的信号作用。此外，比较就业比例和就业对口程度，目前毕业生就业比例相对较高，无论转型试点与否，新建本科院校毕业生就业比例在86% 以上，而就业对口程度均不到70%。研究认为在国家和相关部门对转型试点院校的评估中，不能仅仅看就业比例，应该综合考察学生就业状况。就业对口程度反映了学生在学校期间专业方面的人力资本积累程度和对专业的认同程度，合理的就业对口程度应该在一个较高的水平，当然这并不说明越高越好。

再次，从专业大类来看，理工类专业和人文社科类专业在转型试点院校间学生发展差异上呈现不同形态。整体上看，在理工类专业中学生的发展变化更为明显。具体来说，在理工类专业中，转型试点对专业素养与态度、团队协作能力和沟通表达能力影响显著，而在人文社科类专业中则显著表现在批判创新能力上。上述差异的不同与理工类和人文社科类专业的特性密切相关。同时，在就业起薪上，虽然转型试点对其不存在显著性影响，但比较可知转型试点对理工类专业学生影响更为明显。一般而言，理工类专业学生在团队协作能力、沟通表达能力等非认知能力上相对较弱，转型试点院校进行的人才培养模式改革注重教学的互动参与性、实践教学的团队协作性，这都有利于培养学生的上述能力与素质。而对于人文社科类专业，已有众多研究均已表明相比于理工类专业学生，在表达、协作等方面表现均相对较好，故转型试点对其影响并不显著，而转型试点在人才培养模式改革上更加注重职业应用和技能导向（理工类专业本身这方面特征较为明显），这使得转型试点对人文社科类学生这些方面的能力与素质有促进作用。建议院校在进行转型试点工作当中，要注意区分理工类专业和人文社科类专业，不可"一刀切"。

最后，从院校的办学性质来看，转型试点对学生总体能力与素质的显著影响主要体现在公立院校中。转型试点对公立院校学生的专业素养与态度、批判创新能力、团队协作能力和就业比例均具有显著性影响（10%的显著性水平上）。对于私立院校，转型试点对学生总体的能力与素质并没有显著性影响，但在能力与素质的维度方面，转型试点对学生的专业技术与能力和职业认知与规划具有显著的正向影响。在私立院校中，转型试点院校学生在专业素养与态度上表现较差。上述方面的差异可以结合公私立院校的学科专业特征和公私立院校办学特征来进行解释。一般而言，私立院校出于办学成本等方面的考虑，更多地开设人文社科类专业，在样本中私立院校人文社科类专业学生占比为65.6%，而同样为新建本科院校，办学性质为公立院校的样本中，人文社科类专业学生占比为34.32%。此外，对于私立院校，办学的市场化、职业导向更为明显，更加注重学生就业能力。对于新建本科院校，学生就业能力核心体现在学生的专业技术与能力上，转型试点所进行的人才培养模式变革将使得这一特征更加突出。

可以看出，研究假设3.1、3.2、3.3、3.4均得到证实，假设3得到验证。不过需要说明的是，本章分析的转型试点对学生发展的影响，将院校人才培养过程作为"黑箱"处理，一方面无法获知其他因素（如学生个体特征、家庭背景、学生参与、院校人才培养变革感知、院校人才培养过程等）对学生发展的影响情况，另一方面也无法弄清转型试点对学生发展的影响机制。接下来的两章将分别对这两个方面展开实证分析和讨论。

第六章 地方本科院校学生发展的
影响因素分析

第五章通过处理效应模型，从学生发展的角度对转型试点效果进行了评估。正如第五章结尾所言，这样的处理虽然在某种程度上得出转型试点与学生发展的因果关系，但是将院校人才培养过程与经历当作了"黑箱"处理，认为院校人才培养过程与经历笼统由"转型试点"所带来，这样无法得到院校人才培养过程或学生经历变量对学生发展的影响。同时，该处理无法克服院校自身声望或层次的作用。本章将尝试打开院校人才培养过程和学生经历这个"黑箱"，分析地方本科院校学生发展的影响因素，为分析"效果是如何或通过什么机制产生的"的影响机制问题打下基础，也是对"效果如何"问题的进一步探讨。本章将主要对研究假设4进行检验。在本章中将院校的学生个体经历分为学生参与和毕业/综合实习两个方面，对于院校则聚焦人才培养过程中的课程设置、教学行为和实践教学。当然，学生的毕业/综合实习也是院校人才培养过程的一个重要方面，但是研究认为学生的毕业/综合实习个体性更强，而课程设置、教学行为和实践教学则是对学生所在专业类的评价。具体来说，首先，本章将采用院校－专业类的固定效应模型分析个体特征与家庭背景和院校经历对学生发展的影响；其次，在院校－专业类固定效应模型中，将进一步分析学生变革感知对学生发展的影响；最后，将根据专业类聚合后的样本，分析转型试点与专业类层面的课程设置、教学行为和实践教学对学生发展的影响，在该分析中由于院校不再固定，为了避免院校的个体效应，将控制院校的生均经费和地区层面变量。这是因为，由第四章可知，院校的生均经费在一定程度上反映了院校的层次或声望，并考虑地区间差异。通过本章的实证分析，我们可以对学生发展的影响因素有更加全面的了解，从而更好地把握转型试点对学生发展的影响过程。

基于研究设计，并根据第二章文献综述中对学生发展影响因素的综述和梳理以及文章前面的分析，根据研究假设 4，在此提出以下研究子假设。

假设 4.1：在控制院校－专业类层面的影响下，学生个体特征与家庭背景对学生发展具有显著的影响，且解释力度相对较大。

假设 4.2：学生个体院校经历，即学生参与、毕业/综合实习对学生能力与素质具有很好的解释作用，但在学生就业状况上相对有限。

假设 4.3：学生变革感知会对学生发展产生一定影响。院校、所在专业等较为整体的感知层面对学生能力与素质影响更为明显，而学生对校企合作、专业实习等方面变革的感知对学生就业状况影响更为明显。

假设 4.4：转型试点对学生发展的影响，明显受到转型内涵，即院校人才培养过程中课程设置、教学行为和实践教学的影响。

假设 4.5：学校特征对学生发展具有显著的影响，并在就业状况上表现更为明显，就业地区间、就业单位性质间学生就业状况差异显著。

第一节　变量与模型

一　变量

本章的因变量为学生发展中的能力与素质和就业状况，变量的具体指标与处理和前面类似，在此不再重复进行说明。在自变量方面，和第五章中协变量不同的是，增加了学生进入院校中的相关变量。其中在人口学特征方面，增加了学生进入院校后是否担任过学生干部和学生是否为中共党员的虚拟变量。达睿（2012）利用 2010 年和 2011 年首都高等学校学生发展调查数据实证研究指出学生干部经历会对学生发展产生正向的影响，而学生的党员身份也是众多学生发展研究中一个重要的控制变量，如叶晓阳和丁延庆（2015）、张恺（2016）等的研究。在院校人才培养和学生院校学习过程方面，增加了学生对人才培养变革感知的六个虚拟变量，分别为对院校整体、所在专业、课程设置、教师教学、专业实习和校企合作变革感知的虚拟变量，学生认为发生了变革取值为 1，认

为没有则取值为0，取值为1对应问卷该题项中的选项"变化较大"和
"变化很大"，而取值为0对应"几乎没有"和"变化较小"。此外，还增
加了学生参与、课程设置、教学行为、实践教学和毕业/综合实习五个量表
因子分析得出的各维度，每个维度的取值为因子分析后的标准化得分。

　　表6-1为各个变量的描述性统计。需要说明的是，学生参与、课程
设置、教学行为、实践教学和毕业/综合实习各维度得分并不是均值为0、
标准差为1，这是对缺失值按照院校、专业类进行插值处理的结果。由表
可知，插值处理后，整体上变化并不大。在学生参与上，"规则参与"在
最小值和最大值上差值最小，而"主动学习"在最大值与最小值上差值
最大，这说明"规则参与"在样本学生群体中浮动范围较小，而在"主
动学习"上学生之间差异较大；在课程设置上差异较大的表现为"职业
就业性"，教学行为上为"学以致用型"，实践教学上为"内容质量性"，
毕业/综合实习上为"实习制度"。根据本研究，可以认为差异较大很可
能来自转型试点，上述差异较大的几个方面正是转型试点对于院校的要
求。在模型中对变量的实际处理上，课程设置、教学行为和实践教学均
是针对学生所在院校专业的，因此在涉及这三类变量时，将会处理为专
业类层面变量。研究设计中针对核心自变量层次转换中已经说明，并不
是所有院校和专业类都可以这样处理，因此将会根据 Rwg 和 ICC 检验结
果进行样本选择。由表6-1可知，整个样本中，学生总体能力与素质得
分为3.081，即学生"比较同意"院校经历对其能力与素质提高有所
帮助。

表6-1　变量的描述性统计

类型	变量	N	M	SD	最小值	最大值
人口学特征	男性	7241	0.562	0.496	0	1
	汉族	7241	0.928	0.258	0	1
	独生子女	7241	0.361	0.48	0	1
	中共党员	7241	0.215	0.411	0	1
	学生干部	7241	0.495	0.5	0	1
家庭背景	城市	7241	0.461	0.499	0	1
	父亲初中	7241	0.379	0.485	0	1
	父亲高中	7241	0.231	0.422	0	1
	父亲大专及以上	7241	0.159	0.366	0	1

续表

类型	变量	N	M	SD	最小值	最大值
家庭背景	母亲初中	7241	0.357	0.479	0	1
	母亲高中	7241	0.179	0.383	0	1
	母亲大专及以上	7241	0.115	0.319	0	1
	家庭 ISEI 指数	7241	31.21	19.41	14	77
	家庭收入高	7241	0.131	0.338	0	1
	家庭收入中等	7241	0.305	0.46	0	1
高中及入学前特征	高考分数 – 标准化	7241	− 0.008	0.997	− 7.994	6.505
	高中类型 – 重点或示范性	7241	0.388	0.487	0	1
	高中理科	7241	0.673	0.469	0	1
	第一志愿录取	7241	0.611	0.488	0	1
学生参与	课程参与	7241	− 0.001	0.959	− 3.756	3.122
	规则参与	7241	− 0.003	0.960	− 2.368	1.492
	活动参与	7241	− 0.002	0.958	− 4.214	3.222
	主动学习	7241	− 0.001	0.958	− 4.532	3.382
变革感知	院校整体	6867	0.348	0.476	0	1
	所在专业	6862	0.319	0.466	0	1
	课程设置	6885	0.293	0.455	0	1
	教师教学	6893	0.30	0.458	0	1
	专业实习	6873	0.33	0.473	0	1
	校企合作	6798	0.349	0.486	0	1
课程设置	应用实践性	7241	0.000	0.964	− 5.19	3.91
	前沿交叉性	7241	0.001	0.964	− 5.09	3.39
	学科理论性	7241	− 0.003	0.965	− 4.70	3.58
	职业就业性	7241	0.001	0.964	− 4.69	5.09
教学行为	探究引导型	6740	0	1	− 5.60	3.66
	传统教学型	6740	0	1	− 4.75	3.40
	学以致用型	6740	0	1	− 6.32	4.78
实践教学	资源充分性	7241	0.002	0.971	− 5.14	3.69
	内容质量性	7241	− 0.003	0.971	− 5.50	4.02
	自主探索性	7241	0.000	0.970	− 4.46	3.68
	教师应用性	7241	0.000	0.970	− 5.36	3.30

续表

类型	变量	*N*	*M*	*SD*	最小值	最大值
毕业/ 综合实习	实习指导	7241	− 0.006	0.951	− 4.09	3.39
	实习制度	7241	0.003	0.950	− 4.82	3.35
	实习考评	7241	0.002	0.950	− 4.43	3.51
能力与素质	总体能力与素质	6223	3.081	0.472	1	4
	专业技术与能力	6247	0	1	− 5.62	4.21
	专业素养与态度	6247	0	1	− 4.67	3.01
	批判创新能力	6247	0	1	− 5.04	4.34
	职业认知与规划	6247	0	1	− 4.83	4.39
	团队协作能力	6247	0	1	− 5.20	3.75
	沟通表达能力	6247	0	1	− 5.43	4.00
就业状况	就业比例	6343	0.832	0.374	0	1
	就业对口程度	4117	0.709	0.454	0	1
	就业起薪	3799	3174	1380	300	10000
	工作总体满意度	3929	0.738	0.44	0	1

注：就业起薪在模型中取对数处理。

二 模型

本章根据因变量的不同，将会采用多元线性回归模型、Logit 模型和 Tobit 模型。首先，通过建立多元线性回归模型，因变量为总体能力与素质、专业技术与能力、专业素养与态度、批判创新能力、职业认知与规划、团队协作能力和沟通表达能力。多元线性回归模型公式如下：

$$Y_{ij} = \partial_{ij} + \beta_1 \times Demog_{ij} + \beta_2 \times Family_{ij} + \beta_3 \times Presch_{ij} + \beta_4 \times Xscy_{ij} +$$
$$\beta_5 \times GraInter_{ij} + \beta_6 \times UnivMajor_j + \varepsilon_{ij} \qquad (6-1)$$

公式（6-1）中 i、j 分别为学生个体、院校-专业类，$Demog$ 为学生个体人口学特征，$Family$ 为家庭背景特征，$Presch$ 为高中及入学前特征，$Xscy$ 为学生参与变量，$GraInter$ 为学生毕业/综合实习变量，$UnivMajor$ 为院校+专业类的虚拟变量，∂ 和 ε 分别为常项和扰动项。$UnivMajor$ 由院校代码和专业类代码生成，每个院校每个专业类一个值，样本中 $UnivMajor$ 取值共 114[①]

---

① 样本中院校为 26 所，专业类共 8 个，如果每个院校均有 8 个专业类，则 *UnivMajor* 取值为 208。但实际并不是每个院校都具有 8 个专业类，而更多的是 4~5 个。

个，模型中将放入 113 个院校 + 专业类的虚拟变量。通过放入院校专业的虚拟变量，解决了院校层面和专业类层面的遗漏变量问题。该模型可理解为院校 – 专业类的固定效应模型，从而可以得到学生个体特征与家庭背景和学生的院校参与、毕业实习经历对学生发展较为准确的估计。不过需要指出的是，虽然该模型解决了院校和专业类层面的遗漏变量问题，但并不意味着模型已经不存在遗漏变量问题，因为学生个体层面，如学生在校的同伴效应（peer effects）等也会对学生发展产生影响，学生发展的同伴效应是已有研究中较为关注的一个方面。不过，需要指出的是，学生的在校参与和实习经历实际上也一定程度上包含同伴效应。此外，模型中还可能存在内生性和互为因果问题。尽管如此，该模型仍可以有效帮助我们把握学生个体特征与家庭背景、学生参与和毕业实习经历对学生发展的影响。

在就业状况上，首先针对就业起薪，和以往研究一样，对就业起薪取对数处理，同时考虑到就业的样本选择和就业起薪的实际情况，选择归并回归模型，即 Tobit 模型，模型如下：

$$Lnsalary_{ij} = \partial_{ij} + \beta_1 \times Demog_{ij} + \beta_2 \times Family_{ij} + \beta_3 \times Presch_{ij} + \beta_4 \times Xscy_{ij} +$$
$$\beta_5 \times GraInter_{ij} + \beta_6 \times UnivMajor_j + \varepsilon_{ij}$$

$$Lnsalary_{ij} \begin{cases} Lnsalary \times (Lnsalary \times \; < \; = ul \mid Lnsalary \times \; > \; = ll) \\ ul(Lnsalary \times \; > ul) \\ ll(Lnsalary \times \; < ll) \end{cases} \quad (6-2)$$

公式（6 – 2）中 *Lnsalary* 为就业起薪取对数值，*ul* 和 *ll* 分别为回归模型中就业起薪取对数值的上限和下限。根据样本的实际情况，将 *ul* 和 *ll* 分别取值为 7 和 9.2，其自然对数值分别为 1097 和 9897。

此外，就业状况中的就业比例、就业对口程度和工作总体满意度均为二分变量，在此选择 Logit 模型，公式如下：

$$Logit(p)_{ij} = Ln\left[p_{ij} / (1 - p_{ij}) \right] = \partial_{ij} + \beta_1 \times Demog_{ij} + \beta_2 \times Family_{ij} + \beta_3 \times Presch_{ij} +$$
$$\beta_4 \times Xscy_{ij} + \beta_5 \times GraInter_{ij} + \beta_6 \times UnivMajor_j + \varepsilon_{ij} \quad (6-3)$$

公式（6 – 3）中 *p*/1 – *p* 为概率比（odds ratio），为方便解释，针对 Logit 模型直接报告各个变量的概率比。二分类 Logit 模型的误差项服从二项分布，模型不再使用最小二乘法进行参数估计，而是使用最大似然法来解决估计和检验问题。

在院校 – 专业类的固定效应下，由于较好地解决了院校和专业类层面的干扰作用,可以帮助我们较为准确地估计学生对变革的感知对学生发展的影响。和公式(6-1)(6-2)(6-3)保持一致,增加学生变革感知的变量来估计在控制学生个体特征与家庭背景、院校经历特征的情况下,变革感知对学生发展的影响,并比较院校整体、所在专业、课程设置、教师教学、专业实习、校企合作等不同方面变革感知对学生发展的影响差异。由于模型基本一致,只是在上述模型公式的基础上增加了变革感知变量,在此就不将模型公式一一写出。

本章进一步研究院校转型试点和院校人才培养过程中的课程设置、教学行为和实践教学对学生发展的影响,由于公式(6-1)(6-2)(6-3)均为院校-专业类的固定效应,关于院校和专业类层面的变量的估计将不再起作用。将控制变量统一来替代,将公式(6-1)(6-2)(6-3)分别改写为:

$$Y_{ijk} = \partial_{ijk} + \beta_1 \times Zxsd_k + \beta_2 \times Private_k + \beta_3 \times Lnsjsr_k + \beta_4 \times Locate_k + \beta_5 \times Kcsz_{jk} +$$
$$\beta_6 \times Teaching_{jk} + \beta_7 \times Practice_{jk} + \beta_8 \times Zxsd_k \times Private_k + \beta_9 Major_j + D \times X_{ijk} + \varepsilon_{ijk}$$

$$(6-4)$$

$$Lnsalary_{ijk} = \partial_{ijk} + \beta_1 \times Zxsd_k + \beta_2 \times Private_k + \beta_3 \times Lnsjsr_k + \beta_4 \times Locate_k + \beta_5 \times Kcsz_{jk} +$$
$$\beta_6 \times Teaching_{jk} + \beta_7 \times Practice_{jk} + \beta_8 \times Zxsd_k \times Private_k + \beta_9 Major_j + D \times X_{ijk} + \varepsilon_{ijk}$$

$$(6-5)$$

$$Lnsalary_{ijk} = \begin{cases} Lnsalary \times (Lnsalary \times < = ul \mid Lnsalary \times > = ll) \\ ul(Lnsalary \times > ul) \\ ll(Lnsalary \times < ll) \end{cases}$$

$$Logit(P)_{ij} = Ln[P_{ij}/(1-P_{ij})] = \partial_i + \beta_1 \times Zxsd_k + \beta_2 \times Private_k + \beta_3 \times Lnsjsr_k +$$
$$\beta_4 \times Locate_k + \beta_5 \times Kcsz_{jk} + \beta_6 \times Teaching_{jk} + \beta_7 \times Practice_{jk} + \beta_8 \times Zxsd_k \times Private_k +$$
$$\beta_9 Major_j + D \times X_{ijk} + \varepsilon_{ij}$$

$$(6-6)$$

公式(6-4)(6-5)(6-6)和公式(6-1)(6-2)(6-3)不同的是,i、j、k分别代表学生个体、专业类和院校。模型中增加了院校层面的转型试点变量($Zxsd$)、生均收入取对数($Lnsjsr$)、是否为私立院校变量($Private$)和专业类变量($Major$)的虚拟变量。由第五章可知,公私立院校转型试点对学生发展的影响并不相同,在此增加转型试点和是否为私立院校的交互项。$Lnsjsr$为院校的生均经费收入情况,由第四章的分析发现,不同层次院校在生均收入上差异明显,生均收入可以在一定程度上代表学校的声望,且文献综述中已经指出院系的资源配置对学生学业成就会产生影响。$Locate$为院校的地区特征,分为东中西部地区,模型中放入两个虚拟变量。$Kcsz$、$Teaching$和$Practice$分别代表课程设置、教学行为和实践教学变量，这三个变量分别主要是刻画专业类的特征。因此，在此根据学生对此评价的结果将其转化为专业类层面变量，根据 Rwg 和 ICC 检验结果，对样本重新进行了选择，重新选择后的样本数为 4295 份，其中转型试点院校共 9 所，样本数为 2929 份；非转型试点院校数量为 5 所，样本数为 1366 份。

接下来将对公式（6 - 1）至公式（6 - 6）的实证结果分别报告。

第二节　学生发展影响因素探讨

一　个体特征与家庭背景对学生发展的影响

（一）能力与素质

表 6 - 2 为根据公式（6 - 1）得到的稳健性回归实证结果。

从人口学特征来看，在控制其他变量的情况下，男性在总体能力与素质提升上显著高于女性，平均高 0.043 分，在 1% 的水平上显著；从能力与素质的结果维度来看，男性在总体能力与素质上明显优于女性，主要表现在专业技术与能力上，在专业技术与能力上，男性平均得分显著高于女性 0.116 个标准单位，同时男性在批判创新能力上也显著更好，男性的职业认知与规划也在 10% 的水平上显著高于女性。不过，女性在团队协作能力上显著高于男性。在专业素养与态度和沟通表达能力上，男性与女性并无显著差别。在民族特征上，汉族学生团队协作能力显著更好。独生子女虽然在除了批判创新能力外的其他能力与素质维度和总体能力与素质上均低于非独生子女，但是均不存在显著性差异。中共党员身份对批判创新能力和沟通表达能力均为显著的负向影响，而学生干部在总体能力与素质和沟通表达能力上显著高于非学生干部学生。中共党员身份对沟通表达能力具有显著的负向影响，与平常认知存在一定差异，这可能和模型中放入学生干部变量有关，对此进行了进一步检验。检验发现，当模型中不放入学生干部变量时，这种显著的负向影响将会消失，同时对于中共党员和学生干部身份的相关性检验表明，两者相关系数为 0.33，且显著相关。

从家庭背景来看，城市学生在总体能力与素质上并没有显著高于非城市学生，但是城市学生在专业技术与能力上显著高于非城市学生，在专业素养与态度上农村学生表现更好。在父母受教育情况上，母亲受教育程度对学生总体能力与素质和专业技术与能力影响更为显著，母亲初中、母亲高中和母亲大专及以上的学生在专业技术与能力上均显著高于母亲为小学及以下的学生。在家庭 ISEI 指数上，每提高 1 个单位，学生职业认知与规划就会提高 0.002 个标准单位，在 10% 的水平上显著，但家庭 ISEI 指数对于沟通表达能力和专业素养与态度在 10% 的水平上均具有显著的负向影响。相比较家庭收入低的学生，家庭收入高的学生在总体能力与素质上表现更好，平均高 0.048 个标准单位，在 1% 的水平上显著。可以看出，城乡、父母受教育程度、父母职业、家庭经济状况对学生能力与素质的影响并不相同。父亲的受教育程度对学生专业素养与态度的正向影响更为明显，而母亲则表现在专业技术与能力的获得上；父母职业水平有助于学生的职业认知与规划能力。不过需要指出的是，家庭背景的这几个变量之间相关性较高、存在内生性，对此需要进行专门考察，这在第八章将会进一步说明。

在高中及入学前特征上，在院校 – 专业类的固定效应和控制学生其他个体特征与家庭背景、学生参与和毕业/综合实习的情况下，作为衡量学生认知能力的高考分数并没有对学生能力与素质产生正向影响。同时，除来自重点或示范性高中对学生团队协作能力具有显著性影响外，高中及入学前特征的其他变量对学生能力与素质均没有显著性影响。

由上可知，高中及入学前特征对学生能力与素质影响并不显著，学生的人口学特征、家庭背景对学生能力与素质产生一定的影响。比较模型（1）至模型（7）各个模型的 R^2 可知，学生个体特征与家庭背景和院校经历对学生总体能力与素质的解释力度为 46.4%，解释力度较高。从能力与素质的几个维度来看，学生个体特征与家庭背景和院校经历对专业技术与能力、专业素养与态度解释力度较高，而对学生的核心非认知能力，如团队协作能力和沟通表达能力的解释力度一般。

表 6 – 2　学生个体特征与家庭背景对学生能力与素质的影响

	变量	模型（1）总体能力与素质	模型（2）专业技术与能力	模型（3）专业素养与态度	模型（4）批判创新能力	模型（5）职业认知与规划	模型（6）团队协作能力	模型（7）沟通表达能力
人口学特征	男性	0.043 *** (0.010)	0.116 *** (0.028)	– 0.031 (0.028)	0.103 *** (0.030)	0.056 * (0.029)	– 0.065 ** (0.029)	– 0.020 (0.030)
	汉族	– 0.001 (0.018)	– 0.039 (0.047)	0.024 (0.046)	0.018 (0.051)	– 0.027 (0.046)	0.093 * (0.050)	– 0.052 (0.050)

续表

	变量	模型（1）总体能力与素质	模型（2）专业技术与能力	模型（3）专业素养与态度	模型（4）批判创新能力	模型（5）职业认知与规划	模型（6）团队协作能力	模型（7）沟通表达能力
人口学特征	独生子女	-0.014 (0.011)	-0.014 (0.028)	-0.005 (0.027)	0.024 (0.030)	-0.008 (0.029)	-0.024 (0.029)	-0.026 (0.030)
	中共党员	-0.016 (0.011)	-0.021 (0.031)	0.001 (0.030)	-0.083 ** (0.033)	0.050 (0.032)	0.020 (0.034)	-0.086 ** (0.033)
	学生干部	0.024 ** (0.010)	0.003 (0.026)	-0.028 (0.025)	-0.010 (0.028)	0.013 (0.027)	0.025 (0.027)	0.118 *** (0.028)
家庭背景	城市	0.008 (0.011)	0.070 ** (0.028)	-0.056 ** (0.028)	-0.002 (0.030)	-0.001 (0.029)	-0.020 (0.029)	0.017 (0.030)
	父亲初中	-0.011 (0.013)	-0.012 (0.032)	0.065 ** (0.033)	-0.052 (0.034)	0.023 (0.033)	-0.054 (0.035)	-0.034 (0.036)
	父亲高中	-0.011 (0.015)	-0.057 (0.038)	0.105 *** (0.038)	-0.055 (0.041)	0.037 (0.041)	-0.09 ** (0.040)	0.016 (0.043)
	父亲大专及以上	-0.018 (0.021)	-0.17 *** (0.054)	0.141 *** (0.054)	-0.073 (0.059)	0.079 (0.058)	-0.082 (0.059)	0.077 (0.060)
	母亲初中	0.011 (0.011)	0.080 *** (0.029)	-0.041 (0.030)	-0.015 (0.031)	0.002 (0.031)	-0.016 (0.032)	0.019 (0.033)
	母亲高中	0.010 (0.015)	0.134 *** (0.039)	-0.13 *** (0.040)	0.004 (0.044)	-0.034 (0.042)	-0.012 (0.042)	0.027 (0.044)
	母亲大专及以上	0.046 ** (0.022)	0.205 *** (0.056)	-0.105 * (0.058)	0.009 (0.063)	-0.059 (0.061)	0.072 (0.061)	0.041 (0.064)
	家庭 ISEI 指数	-0.000 (0.000)	0.000 (0.001)	-0.002 * (0.001)	0.001 (0.001)	0.002 * (0.001)	-0.001 (0.001)	-0.002 * (0.001)
	家庭收入高	0.048 *** (0.016)	0.064 (0.040)	0.119 *** (0.042)	-0.002 (0.045)	0.008 (0.045)	-0.032 (0.044)	0.103 ** (0.043)
	家庭收入中等	0.006 (0.011)	-0.023 (0.028)	0.086 *** (0.028)	0.001 (0.031)	-0.019 (0.030)	-0.028 (0.030)	0.028 (0.031)
高中及入学前特征	高考分数 - 标准化	0.003 (0.006)	0.017 (0.015)	0.009 (0.013)	-0.016 (0.016)	0.001 (0.016)	-0.013 (0.015)	0.007 (0.016)
	高中类型 - 重点或示范性	0.015 (0.010)	0.006 (0.025)	-0.002 (0.025)	0.035 (0.027)	-0.007 (0.027)	0.051 * (0.028)	-0.005 (0.028)
	高中理科	-0.006 (0.013)	0.007 (0.036)	0.003 (0.035)	-0.038 (0.038)	0.009 (0.038)	-0.007 (0.038)	-0.023 (0.039)
	第一志愿录取	-0.009 (0.010)	-0.017 (0.026)	-0.031 (0.025)	-0.014 (0.028)	-0.026 (0.027)	0.045 (0.028)	-0.006 (0.028)

变量	模型（1）总体能力与素质	模型（2）专业技术与能力	模型（3）专业素养与态度	模型（4）批判创新能力	模型（5）职业认知与规划	模型（6）团队协作能力	模型（7）沟通表达能力
N	6247	6247	6247	6247	6247	6247	6247
R^2	0.464	0.215	0.221	0.069	0.117	0.086	0.061

注：1. 采用的是地方高校人才培养与就业调查数据，为控制异方差，采用稳健性标准回归（陈强，2014：90），有学者指出采用"OLS + 稳健性标准误"是最为通用的方法，在样本量较大的情况下，使用稳健性标准误，所有参数估计和假设检验均可正常进行。括号中为稳健性标准误，下同，不再进行说明。2. *** $p < 0.01$，** $p < 0.05$，* $p < 0.1$。3. 院校－专业类固定（以院校＋专业类的虚拟变量加入），控制学生参与和个人的毕业/综合实习等特征。4. VIF 检验，发现各变量 VIF 值均小于 3，可认为模型中不存在较为严重的多重共线性。

（二） 就业状况

表 6-3 为学生个体特征与家庭背景对学生就业状况影响的实证结果，其中模型（1）为根据公式（6-2）而得，模型（2）（3）（4）根据公式（6-3）得到。为便于解释，和模型（1）中报告的回归系数不同，模型（2）（3）（4）报告概率比。

在人口学特征上，和李忱（2009）、卿石松和郑加梅（2013）、岳昌君和陈昭志（2015）、刘敏和陆根书（2016）得到的结果类似，性别间存在显著的就业起薪差异，在就业起薪上，男性比女性平均显著高 4%，低于刘敏和陆根书（2016）的 9.8%。此外，男性就业的概率比是女性的 1.466 倍，即男性就业比例高于女性 46.6%，且在 1% 的水平上显著，这说明女性更倾向于升学。性别间在就业对口程度上不存在显著性差异；在工作总体满意度上，男性显著高于女性，满意度平均高 33.4%。在民族特征上，少数民族学生就业对口程度显著更高，平均高 32.3%，并在 5% 的水平上显著。此外，独生子女对就业起薪、就业对口程度和工作总体满意度均没有显著性的影响，但独生子女在就业比例上显著更低，平均低 15.0%。中共党员身份和学生干部身份对就业比例均有显著的负向影响，其就业比例分别平均低于非中共党员学生和非学生干部学生 15.9% 和 26.4%。此外，中共党员身份对学生工作总体满意度具有显著的正向影响，平均能提高工作总体满意度比例为 19.6%，学生干部身份对就业起薪在 5% 的水平上具有显著影响，平均提高 3%。

在家庭背景变量上，城市学生工作总体满意度显著更高，满意度比例平均高于农村学生 20.3%；相比母亲小学及以下学历，母亲大专及以上学历的学生工作总体满意度平均高 51.7%；来自经济收入高的家庭的学生，在就业起薪和工作总体满意度上均显著更高，相比家庭经济收入差的学生，平均就业起薪高 14.2%，工作总体满意度高 37.3%，且在就业比例和就业对口程度上显著更低，分别比家庭经济收入差的学生低 28.1% 和 23.7%。可知，来自弱势家庭的学生在就业上呈现明显劣势，考虑到读书成本，难怪感叹"读书越读越输"。

在高中及入学前特征上，高中为理科的学生平均就业起薪显著更高，平均高 3.4%。高中文理特征对于学生专业选择具有明显影响，而已有研究指出专业间工资差异较大，可以认为理科学生平均就业起薪更高可能更多是由专业间差异所带来的。第一志愿录取的学生就业对口程度和工作总体满意度均显著更高，分别高于非第一志愿录取学生的比例为 33.0% 和 28.8%。

对比模型（1）到模型（4）的 R^2 可知，模型对就业起薪的解释力度更大，而对工作总体满意度解释力度较小，这与工作总体满意度的影响因素更为复杂有关。综合上述结论我们可以得知，总的来说，在地方本科院校中，在就业状况上性别间的差异较为明显，家庭背景尤其是家庭的经济资本对就业状况影响明显。家庭经济资本越高、学生身份特征[1]越具有优势的学生在就业起薪和工作总体满意度上显著越高，且越有可能从事非专业对口的工作，同时就业比例相对越低，即更多地选择升学来获取更高的学历。

表 6 - 3　学生个体特征与家庭背景对学生就业状况的影响

变量		模型（1）就业起薪	模型（2）就业比例	模型（3）就业对口程度	模型（4）工作总体满意度
人口学特征	男性	0.040 ***	1.466 ***	1.097	1.334 ***
		(0.015)	(0.128)	(0.099)	(0.127)
	汉族	0.001	0.775	0.677 **	0.715 **
		(0.025)	(0.140)	(0.110)	(0.120)

---

[1]　在当前情况下，可以认为学生具有学生干部和中共党员身份具有一定的身份特征优势。

变量		模型（1）就业起薪	模型（2）就业比例	模型（3）就业对口程度	模型（4）工作总体满意度
人口学特征	独生子女	−0.014 (0.015)	0.850* (0.074)	1.089 (0.098)	1.029 (0.099)
	中共党员	−0.015 (0.016)	0.841* (0.081)	0.921 (0.091)	1.196* (0.128)
	学生干部	0.030** (0.014)	0.736*** (0.060)	1.216** (0.100)	1.136 (0.098)
家庭背景	城市	0.007 (0.015)	0.879 (0.080)	0.835* (0.077)	1.203* (0.117)
	父亲初中	0.015 (0.017)	1.081 (0.114)	1.087 (0.113)	0.859 (0.092)
	父亲高中	0.013 (0.020)	0.985 (0.120)	1.102 (0.134)	0.983 (0.126)
	父亲大专及以上	−0.012 (0.028)	0.972 (0.159)	1.104 (0.193)	0.830 (0.156)
	母亲初中	0.004 (0.015)	1.013 (0.096)	0.968 (0.093)	1.128 (0.111)
	母亲高中	0.027 (0.021)	1.028 (0.130)	0.978 (0.126)	1.094 (0.147)
	母亲大专及以上	0.030 (0.030)	1.029 (0.174)	1.156 (0.214)	1.517** (0.309)
	家庭 ISEI 指数	−0.000 (0.000)	0.999 (0.003)	1.002 (0.003)	1.001 (0.003)
	家庭收入高	0.142*** (0.022)	0.719*** (0.088)	0.763** (0.101)	1.373** (0.205)
	家庭收入中等	0.056*** (0.015)	1.160 (0.105)	0.904 (0.082)	0.978 (0.092)
高中及入学前特征	高考分数-标准化	0.011 (0.007)	0.988 (0.045)	1.002 (0.043)	1.011 (0.046)
	高中类型-重点或示范性	0.003 (0.013)	0.973 (0.077)	1.081 (0.087)	1.058 (0.091)

续表

变量		模型（1）就业起薪	模型（2）就业比例	模型（3）就业对口程度	模型（4）工作总体满意度
高中及入学前特征	高中理科	0.034 *	1.104	1.206	1.068
		(0.019)	(0.132)	(0.138)	(0.131)
	第一志愿录取	−0.018	0.891	1.330 ***	1.288 ***
		(0.014)	(0.073)	(0.109)	(0.111)
N		3799	6220	4078	3903
Pseudo R^2		0.207	0.135	0.100	0.0968

注：1. 采用的是地方高校人才培养与就业调查数据，为方便解释，模型（2）（3）（4）并不是报告的回归系数，而是报告的概率比。2. 院校–专业类固定（以院校＋专业类的虚拟变量加入），控制学生参与和毕业/综合实习等特征。3. *** $p < 0.01$,** $p < 0.05$,* $p < 0.1$。

二 院校经历对学生发展的影响

（一）能力与素质

表6-4为根据公式（6-1）得来的实证结果，在此报告了学生参与和毕业/综合实习回归后的结果。

在学生参与上，由表可知，学生参与的各个维度绝大多数对能力与素质及其各维度具有显著的影响。具体来看，首先对于总体能力与素质，课程参与、规则参与、活动参与、主动学习均对总体能力与素质具有显著性影响。相比较而言，课程参与对于总体能力与素质的影响程度更大，课程参与每提高1个标准单位，总体能力与素质平均提高0.091分；规则参与对于总体能力与素质具有显著的负向影响。在专业技术与能力上，四类参与均对专业技术与能力的提高具有显著性影响，相比较而言，课程参与对专业技术与能力提高的影响最大，达到0.134，而活动参与和主动学习分别只有0.066和0.087，规则参与对专业技术与能力具有显著的负向影响。在专业素养与态度上，规则参与的影响更大，且规则参与程度越高，专业素养与态度得分越高，其次为课程参与，而主动学习对专业素养与态度的提升最为有限。在批判创新能力上，主动学习影响更大，其次为课程参与，而活动参与对于批判创新能力的影响大小较为有限，不过相比于专业技术与能力，学生参与对批判创新能力的影响整体都较小。在职业认知与规划上，课程参与的影响程度更大，规则参与对职业认知与规划具有显著的负向影响。在团队协作能力上，活动参与的影响程度更大，其次为主动学习，规则参与对团队协作能力没有显著性影响。在沟通表达能力上，活动参与的影响程度更大，其次为课程参与，主动学习影响有限，规则参与对沟通表达能力没有显著性影响。规则参与对团队协作能力、沟通表达能力都没有显著性影响，这与规则参与本身为学生个体行为有关。总的来看，上述实证结果与实际认知相符合。课程参与对于专业技术与能力的提高最为有效，活动参与表现在学生的团队协作能力、沟通表达能力上，而主动学习表现在学生的批判创新能力的提高上，规则参与对专业素养与态度的提升最为明显。

学生个人的毕业/综合实习的三个维度对总体能力与素质和能力与素质的各个维度均具有显著的正向影响。对于总体能力与素质，实习指导的影响程度更大，实习指导每提高 1 个标准单位，总体能力与素质提高 0.144 分；对于专业技术与能力，实习考评影响程度更大，即实习越与学生学业成绩相关联，学生专业技术与能力提高越明显；对于专业素养与态度，实习指导的作用更为明显，实习指导每提高一个标准单位，专业素养与态度提高 0.293 分，这与实习制度和实习考评的影响大小差距较大；在批判创新能力上，实习制度影响更大；在职业认知与规划上，三者的影响差距相对较小；在团队协作能力和沟通表达能力上，实习制度的作用均相对较大。

表 6 - 4　院校经历（学生参与、毕业/综合实习）对学生能力与素质的影响

	变量	模型（1）总体能力与素质	模型（2）专业技术与能力	模型（3）专业素养与态度	模型（4）批判创新能力	模型（5）职业认知与规划	模型（6）团队协作能力	模型（7）沟通表达能力
学生参与	课程参与	0.091 *** (0.006)	0.134 *** (0.015)	0.106 *** (0.015)	0.040 ** (0.016)	0.078 *** (0.015)	0.036 ** (0.016)	0.047 *** (0.016)
	规则参与	- 0.021 *** (0.005)	- 0.064 *** (0.013)	0.130 *** (0.013)	- 0.054 *** (0.014)	- 0.064 *** (0.014)	- 0.006 (0.014)	- 0.014 (0.014)
	活动参与	0.072 *** (0.006)	0.066 *** (0.014)	0.085 *** (0.014)	0.037 ** (0.015)	0.031 ** (0.015)	0.089 *** (0.016)	0.063 *** (0.015)
	主动学习	0.066 *** (0.006)	0.087 *** (0.014)	0.021 (0.014)	0.052 *** (0.015)	0.074 *** (0.015)	0.071 *** (0.015)	0.036 ** (0.015)

续表

变量		模型（1）总体能力与素质	模型（2）专业技术与能力	模型（3）专业素养与态度	模型（4）批判创新能力	模型（5）职业认知与规划	模型（6）团队协作能力	模型（7）沟通表达能力
毕业／综合实习	实习指导	0.144 *** (0.007)	0.127 *** (0.016)	0.293 *** (0.016)	0.053 *** (0.016)	0.128 *** (0.016)	0.113 *** (0.017)	0.042 ** (0.017)
	实习制度	0.133 *** (0.006)	0.158 *** (0.015)	0.069 *** (0.015)	0.106 *** (0.016)	0.120 *** (0.016)	0.122 *** (0.016)	0.112 *** (0.016)
	实习考评	0.123 *** (0.006)	0.201 *** (0.015)	0.038 ** (0.015)	0.086 *** (0.016)	0.129 *** (0.016)	0.067 *** (0.016)	0.061 *** (0.016)
N		6247	6247	6247	6247	6247	6247	6247
R^2		0.464	0.215	0.221	0.069	0.117	0.086	0.061

注：和表 6 - 2 注相同。

（二）就业状况

表 6 - 5 中各回归模型和表 6 - 3 相同，在此报告学生参与和毕业／综合实习回归结果。

整体上，对比学生参与和毕业／综合实习对能力与素质的影响，学生参与和毕业／综合实习对就业状况的影响并没有那么明显。具体来看，在学生参与上，活动参与和主动学习对就业起薪具有显著的正向影响，活动参与每提高 1 个标准单位，就业起薪增加 2.1%，主动学习每提高 1 个标准单位，就业起薪增加 1.6%。课程参与虽然对总体能力与素质具有显著的影响，但是对于就业起薪并没有显著的影响。在就业比例上，活动参与对就业比例具有显著的促进作用，活动参与每提高 1 个标准单位，就业比例平均增加 10.3%，而课程参与、规则参与则均对就业比例具有显著的负向影响。在就业对口程度上，活动参与得分越高，就业对口程度相对越低，平均低 7.4%，在 10% 的水平上显著；而规则参与的增强对就业对口程度具有显著的正向影响。在工作总体满意度上，规则参与得分越高，工作总体满意度显著越高。

在毕业／综合实习上，实习指导对就业起薪具有显著的正向影响，实习指导得分每提高 1 个标准单位，就业起薪平均增加 1.2%；此外，实习指导对就业比例、就业对口程度和工作总体满意度都有正向的促进作用，且均在 1% 的水平上显著，实习指导每提高 1 个标准单位，就业比例增加 11.6%、就业对口程度增加 46.9%、工作总体满意度增加 30.9%，可知，实习指导对于学生就业对口程度具有非常明显的影响。实习制度对工作总体满意度具有显著的正向影响，实习制度越完善，学生工作总体满意度越高。在实习考评上，实习考评对就业对口程度和工作总体满意度均有显著的正向影响。

由上可知，相对而言，学生参与中的规则参与对学生就业状况影响更为明显，不过活动参与使得学生可能接触更多的专业以外的相关内容，在就业对口程度上相对较低；毕业/综合实习中，实习指导对就业状况的影响最为明显，能够显著提高平均就业起薪、就业比例和就业对口程度，同时也增强学生的工作总体满意度。在能力与素质上，实习考评对学生的专业技术与能力提高影响最为明显，在就业状况上，则表现为就业对口程度。可以认为，学生的专业技术与能力越强，就业对口程度相对越高。

表 6 - 5　院校经历（学生参与、毕业/综合实习）对就业状况的影响

变量		模型（1）就业起薪	模型（2）就业比例	模型（3）就业对口程度	模型（4）工作总体满意度
学生参与	课程参与	- 0.004 (0.007)	0.914 ** (0.038)	1.040 (0.045)	1.030 (0.048)
	规则参与	- 0.013 * (0.007)	0.887 *** (0.038)	1.097 ** (0.047)	1.126 *** (0.051)
	活动参与	0.021 *** (0.007)	1.103 ** (0.043)	0.926 * (0.038)	1.034 (0.044)
	主动学习	0.016 ** (0.007)	0.961 (0.038)	1.047 (0.043)	1.058 (0.045)
毕业/综合实习	实习指导	0.012 * (0.007)	1.116 *** (0.046)	1.469 *** (0.062)	1.309 *** (0.057)
	实习制度	0.001 (0.007)	1.068 (0.043)	1.051 (0.043)	1.267 *** (0.054)
	实习考评	0.004 (0.007)	1.048 (0.042)	1.153 *** (0.047)	1.165 *** (0.050)
N		3799	6220	4078	3903
Pseudo R^2		0.207	0.135	0.100	0.0968

注：和表 6 - 3 注相同。

三　变革感知对学生发展的影响

（一）能力与素质

如研究设计中所述，学校人才培养模式变革的有效实施，一方面是学校人才培养的技术系统发生变化，另一方面则是学生对学校人才培养变革的感知。对于变革的感知形成一种文化或氛围，而组织研究中指出组织文化或组织氛围对组织绩效将会产生显著的影响（James and Jones，1976）。学生对变革的感知，反过来也可以说明变革的成效。第四章已经通过数据分析发现，转型试点院校和非转型试点院校学生在对变革感知方面存在显著的差异，来自转型试点院校的学生在变革感知方面的比例显著更高。对于变革的感知，在此分为院校整体、所在专业、课程设置、教师教学、专业实习和校企合作六个方面。

表6-6为在公式（6-1）的基础上增加学生变革感知变量得到的实证结果。由表6-6可知，学生感知到院校整体的变化对学生总体能力与素质具有显著的正向影响，对课程设置的变革感知也对总体能力与素质在5%的水平上具有显著影响。在专业技术与能力上，学生对教师教学的变革感知对其产生显著正向影响；在专业素养与态度上，对院校整体变革的感知会对其产生显著影响，且相比较其他能力与素质而言，影响大小相对较大；在批判创新能力上，对院校整体的变革感知对其有正向的影响，而对所在专业的变革感知对学生的批判创新能力有显著的负向影响；六个方面的变革感知对学生的职业认知与规划、团队协作能力、沟通表达能力均没有显著的影响。

由此可知，对院校整体变革的感知对学生能力与素质的影响最为明显，且从回归系数大小来看，主要表现在学生的专业素养与态度上，其次为批判创新能力。对教师教学的变革感知对学生专业技术与能力的提高具有显著的促进作用，这正说明专业技术与能力的提高较大依赖于教师教学。此外，对所在专业变革的感知对批判创新能力有显著的负向影响，这说明专业在进行人才培养模式变革时，可能并没有注重学生批判创新能力的有效提高。

表6-6 变革感知对学生能力与素质的影响

变量	模型（1）总体能力与素质	模型（2）专业技术与能力	模型（3）专业素养与态度	模型（4）批判创新能力	模型（5）职业认知与规划	模型（6）团队协作能力	模型（7）沟通表达能力
院校整体	0.025 ** (0.012)	−0.031 (0.033)	0.075 ** (0.033)	0.072 * (0.037)	0.040 (0.035)	0.047 (0.038)	−0.052 (0.038)
所在专业	0.003 (0.013)	0.007 (0.036)	−0.029 (0.036)	−0.087 ** (0.041)	0.043 (0.039)	0.030 (0.041)	0.037 (0.041)

续表

变量	模型（1）总体能力与素质	模型（2）专业技术与能力	模型（3）专业素养与态度	模型（4）批判创新能力	模型（5）职业认知与规划	模型（6）团队协作能力	模型（7）沟通表达能力
课程设置	0.024** (0.012)	0.031 (0.032)	0.004 (0.032)	−0.002 (0.036)	0.047 (0.034)	0.014 (0.036)	0.017 (0.037)
教师教学	0.006 (0.012)	0.082** (0.033)	−0.053 (0.033)	−0.018 (0.037)	0.001 (0.035)	−0.012 (0.037)	0.017 (0.037)
专业实习	−0.005 (0.012)	0.030 (0.033)	−0.003 (0.033)	0.045 (0.037)	−0.031 (0.035)	−0.057 (0.035)	−0.025 (0.036)
校企合作	−0.010 (0.011)	−0.048 (0.031)	−0.009 (0.031)	0.051 (0.035)	−0.018 (0.034)	0.005 (0.034)	−0.014 (0.034)
N	5834	5834	5834	5834	5834	5834	5834
R^2	0.462	0.214	0.224	0.070	0.120	0.088	0.063

注：1. 采用的是地方高校人才培养与就业调查数据，进行 VIF 检验，各变量 VIF 值均小于 3，可认为不存在较为严重的多重共线性。2. 控制了学生个体特征与家庭背景、学生经历、学生毕业/综合实习等特征变量。3. $^{**}p < 0.05$，$^{*}p < 0.1$。

（二）就业状况

表 6-7 中模型（1）为根据公式（6-2）再增加变革感知变量回归结果而得，而模型（2）（3）（4）来自公式（6-3）增加变革感知变量得到的回归结果。由表 6-7 可知，对院校整体变革的感知对就业起薪具有显著的正向影响，对院校整体变革有感知的学生比对院校整体变革没有感知的学生，平均就业起薪高 3.3%，在 5% 的水平上显著。对专业实习的变革感知对就业比例具有显著的促进作用，对变革有感知的学生比对变革无感知的学生平均就业比例高 27.7%，且两者在 5% 的水平上存在显著性差异。对所在专业的变革感知对就业对口程度具有显著的正向影响，并在 5% 的水平上显著，这说明所在专业的变革更大程度上加强了学生的专业能力与素质，这使得学生在就业时专业能力与素质发挥的作用相对较大，从而就业对口程度更高。此外，对校企合作的变革感知对学生工作总体满意度具有显著的正向影响，校企合作对提高就业起薪有显著的促进作用。作为地方应用型人才培养的核心培养环节，校企合作能否切实有效发生，相比于学生能力与素质的发展，对学生就业状况的影响更为明显。

表 6 – 7　变革感知对学生就业状况的影响

变量		模型（1）就业起薪	模型（2）就业比例	模型（3）就业对口程度	模型（4）工作总体满意度
变革感知	院校整体	0.033 ** (0.017)	0.869 (0.093)	0.854 (0.090)	1.038 (0.117)
	所在专业	− 0.007 (0.018)	1.083 (0.124)	1.307 ** (0.148)	1.045 (0.125)
	课程设置	− 0.008 (0.016)	1.027 (0.106)	0.980 (0.098)	0.897 (0.096)
	教师教学	− 0.031 (0.026)	1.046 (0.110)	0.983 (0.100)	1.154 (0.127)
	专业实习	0.009 (0.016)	1.277 ** (0.133)	1.059 (0.109)	1.014 (0.111)
	校企合作	0.026 * (0.015)	0.887 (0.088)	1.089 (0.107)	1.308 *** (0.136)
N		3583	5816	3796	3658
Pseudo R^2		0.233	0.142	0.103	0.103

注：1. 为方便解释，模型（2）（3）（4）并不是报告的回归系数，而是报告的概率比。2. 院校 – 专业类固定（以院校 + 专业类的虚拟变量加入），控制学生参与和毕业/综合实习等特征。3. *** $p < 0.01$，** $p < 0.05$，* $p < 0.1$。

四　院校转型对学生发展的影响

（一）转型试点对能力与素质影响的可能路径

表 6 – 8 为根据公式（6 – 4）对学生总体能力与素质的逐步回归结果，以期考察不同变量对能力与素质的影响。除了个体特征与家庭背景外，模型（1）中只控制了院校的转型试点和公私立特征，由模型（1）可知，转型试点和公私立院校特征并没有对学生总体能力与素质产生显著影响。模型（2）中控制了院校生均收入和院校所在地区，根据第四章的分析，院校生均收入一定程度上可以代表院校的层次水平。当控制院校生均收入和院校所在地区等主要特征后，转型试点对能力与素质具有显著的正向影响，不过院校的公私立特征对学生能力与素质并没有产生显著的影响。模型（3）中控制了学生参与的变量，由模型的 R^2 可知，模型（3）相比模型（2）R^2 增加明显，这说明学生参与对学生能力与素质解释力度较大。在控制了学生参与变量后，转型试点仍对能力与素质

具有正向的影响，但其影响有所下降。这种情况的发生是因为转型试点院校中学生参与表现更好，学生参与又对学生能力与素质发展具有显著的正向作用，这就使得当控制学生参与后，转型试点的影响大小有所下降。模型（4）控制了学生的毕业/综合实习，前文已经指出总体上学生的毕业/综合实习对学生能力与素质的提高具有显著的促进作用，转型试点院校学生在毕业/综合实习上的三个维度又显著更高，因此当控制了学生的毕业/综合实习后，转型试点这一特征对学生能力与素质发展具有显著的负向影响。模型（5）（6）（7）分别控制了学生所在院校对应专业的课程设置、教学行为和实践教学。模型（5）相比模型（4）转型试点对总体能力与素质的正向影响进一步减小（负向绝对值增大），这说明总体而言课程设置的变化对总体能力与素质具有正向的影响，不过课程设置的各个维度对学生能力与素质均没有显著的影响。模型（6）相比模型（5）转型试点的回归系数进一步减小，这说明整体上教学行为对能力与素质具有正向的影响，转型试点对教学行为具有正向的促进作用，观察教学行为的各个维度可知，教学行为的三个维度均对学生能力与素质具有显著的正向影响，且探究引导型教学行为对学生能力与素质影响程度最大。在实践教学上，相比模型（6）转型试点的回归系数有所增加，这可能说明在实践教学上转型试点院校并没有表现更好，或者说转型试点院校在实践教学上落实并不到位，可能存在已有研究中指出的"形式化倾向"（邹建国、言捷智，2017）。具体从实践教学的四个维度来看，实践教学中内容质量性对能力与素质具有显著的负向影响，而教师应用性对能力与素质具有显著的正向影响。

对于能力与素质各维度的讨论如上，对转型试点的影响分析和上面类似，不再报告逐步回归结果，而是报告和分析完整模型，能力与素质各维度的完整模型结果见表6-9。

表6-8 能力与素质的逐步回归

变量	模型（1）能力与素质	模型（2）能力与素质	模型（3）能力与素质	模型（4）能力与素质	模型（5）能力与素质	模型（6）能力与素质	模型（7）能力与素质
转型试点	0.028 (0.022)	0.180*** (0.029)	0.050** (0.025)	-0.048** (0.022)	-0.056** (0.027)	-0.059** (0.027)	-0.052 (0.027)
私立院校	-0.001 (0.041)	-0.014 (0.044)	-0.033 (0.040)	-0.024 (0.039)	-0.013 (0.041)	-0.038 (0.042)	-0.022 (0.045)

续表

变量	模型 (1) 能力与素质	模型 (2) 能力与素质	模型 (3) 能力与素质	模型 (4) 能力与素质	模型 (5) 能力与素质	模型 (6) 能力与素质	模型 (7) 能力与素质
转型试点 & 私立院校	-0.021 (0.046)	-0.002 (0.046)	0.010 (0.042)	0.017 (0.039)	-0.016 (0.043)	-0.004 (0.043)	-0.040 (0.047)
生均收入 取对数		-0.022 (0.040)	-0.031 (0.036)	-0.030 (0.032)	-0.032 (0.034)	-0.043 (0.035)	-0.055 (0.035)
中部		-0.236*** (0.030)	-0.130*** (0.025)	-0.022 (0.023)	-0.007 (0.025)	-0.000 (0.025)	0.014 (0.027)
西部		-0.137*** (0.036)	-0.046 (0.030)	0.019 (0.027)	0.021 (0.028)	0.026 (0.029)	0.037 (0.030)
应用实践性					0.043 (0.033)	-0.011 (0.038)	0.018 (0.045)
前沿交叉性					0.055 (0.037)	-0.051 (0.050)	0.031 (0.065)
学科理论性					-0.038 (0.029)	-0.109*** (0.040)	-0.076* (0.045)
职业就业性					0.042 (0.038)	-0.034 (0.043)	0.001 (0.045)
探究引导型						0.109** (0.049)	0.123** (0.056)
传统教学型						0.090** (0.043)	0.113** (0.046)
学以致用型						0.099** (0.050)	0.119** (0.053)
资源充分性							-0.088 (0.072)
内容质量性							-0.093* (0.055)
自主探索性							-0.072 (0.054)
教师应用性							0.034*** (0.007)

续表

变量	模型（1）能力与素质	模型（2）能力与素质	模型（3）能力与素质	模型（4）能力与素质	模型（5）能力与素质	模型（6）能力与素质	模型（7）能力与素质
个体特征与家庭背景	YES	YES	YES	YES	YES	YES	YES
学生参与	NO	NO	YES	YES	YES	YES	YES
毕业/综合实习	NO	NO	NO	YES	YES	YES	YES
N	3675	3675	3675	3675	3675	3675	3675
R^2	0.021	0.038	0.302	0.452	0.454	0.456	0.461

注：1. 根据 Rwg 和 ICC 检验结果重新选择的地方高校人才培养与就业调查数据，模型（7）中对多重共线性进行检验，模型中各变量 VIF 值均小于 5，认为不存在较为严重的多重共线性。如果模型中增加院校是否在所在省份城市的变量，则该变量 VIF 值大于 10，模型中并没有保留该变量。2. 模型中控制了专业类的变量。3. $^{***} p < 0.01$，$^{**} p < 0.05$，$^* p < 0.1$。

由表 6-9 可知，在控制学生个体特征与家庭背景、院校特征、学生参与、毕业/综合实习以及专业类层面的课程设置、教学行为和实践教学等变量后，转型试点对专业素养与态度、团队协作能力具有显著的正向影响，而对专业技术与能力、职业认知与规划、沟通表达能力具有显著的负向影响，对批判创新能力没有显著性影响。研究认为，转型试点作用的发挥更多的是通过院校人才培养过程，而当控制转型试点的内涵，即院校人才培养过程等变量后，转型试点特征更多表现为标签效应，但分析来看其标签效应极其有限。不过，也可以认为这种标签会反映在感知层面，表 6-6 院校整体变革感知对专业素养与态度的显著正向影响正好说明了这一点。具体来看课程设置各维度，课程设置的应用实践性和职业就业性对团队协作能力的提升具有显著的促进作用，学科理论性对学生的职业认知与规划具有显著的负向作用，课程设置的职业就业性还会弱化专业技术与能力的提高。在教学行为上，探究引导型教学行为对专业技术与能力的提升具有显著的促进作用，每增加 1 个标准单位，专业技术与能力增加 0.318 个标准单位，此外教学行为中学以致用型对职业认知与规划和团队协作能力也均具有显著的正向影响。在实践教学上，资源充分性对专业技术与能力影响显著，且影响程度较大，教师应用性对学生的专业技术与能力、批判创新能力和团队协作能力的提升均具有显著的正向影响。另外，我们发现衡量院校声誉和层次的院校生均收入，除对职业认知与规划及团队协作能力具有显著的负向影响外，对能力与素质及其他各维度均没有显著影响。

表 6 - 9　转型试点对能力与素质各维度的影响

变量	模型（1）总体能力与素质	模型（2）专业技术与能力	模型（3）专业素养与态度	模型（4）批判创新能力	模型（5）职业认知与规划	模型（6）团队协作能力	模型（7）沟通表达能力
转型试点	- 0. 052	- 0. 254 ***	0. 211 ***	0. 089	- 0. 158 **	0. 144 *	- 0. 136 *
	（0. 027）	（0. 074）	（0. 070）	（0. 080）	（0. 080）	（0. 075）	（0. 080）
私立院校	- 0. 022	- 0. 098	- 0. 100	0. 023	0. 057	0. 091	- 0. 040
	（0. 045）	（0. 103）	（0. 109）	（0. 116）	（0. 108）	（0. 110）	（0. 119）
转型试点 & 私立院校	- 0. 040	0. 167	- 0. 087	- 0. 051	- 0. 074	- 0. 33 ***	0. 072
	（0. 047）	（0. 114）	（0. 113）	（0. 129）	（0. 118）	（0. 121）	（0. 128）
生均收入取对数	- 0. 055	0. 022	- 0. 098	0. 056	- 0. 228 **	- 0. 161 *	0. 104
	（0. 035）	（0. 087）	（0. 083）	（0. 090）	（0. 093）	（0. 091）	（0. 089）
中部	0. 014	0. 037	- 0. 164 **	- 0. 002	0. 047	- 0. 022	0. 141 *
	（0. 027）	（0. 070）	（0. 068）	（0. 078）	（0. 082）	（0. 074）	（0. 080）
西部	0. 037	0. 137 *	- 0. 227 ***	0. 013	0. 094	- 0. 025	0. 114
	（0. 030）	（0. 077）	（0. 075）	（0. 086）	（0. 089）	（0. 080）	（0. 087）
应用实践性	0. 018	- 0. 186	0. 133	- 0. 018	- 0. 142	0. 242 **	0. 153
	（0. 045）	（0. 125）	（0. 110）	（0. 124）	（0. 109）	（0. 114）	（0. 116）
前沿交叉性	0. 031	- 0. 129	- 0. 073	0. 131	- 0. 042	0. 218	0. 121
	（0. 065）	（0. 158）	（0. 155）	（0. 179）	（0. 167）	（0. 170）	（0. 171）
学科理论性	- 0. 076 *	- 0. 166	0. 176	0. 130	- 0. 31 ***	- 0. 055	- 0. 077
	（0. 045）	（0. 109）	（0. 113）	（0. 129）	（0. 117）	（0. 118）	（0. 118）
职业就业性	0. 001	- 0. 221 **	- 0. 043	0. 125	0. 062	0. 232 *	- 0. 068
	（0. 045）	（0. 112）	（0. 116）	（0. 126）	（0. 119）	（0. 122）	（0. 123）
探究引导型	0. 123 **	0. 318 **	- 0. 082	0. 165	0. 100	0. 147	- 0. 070
	（0. 056）	（0. 145）	（0. 143）	（0. 161）	（0. 148）	（0. 148）	（0. 156）
传统教学型	0. 113 **	- 0. 114	0. 204 *	0. 259 **	- 0. 066	0. 224 *	0. 230 *
	（0. 046）	（0. 106）	（0. 114）	（0. 128）	（0. 115）	（0. 118）	（0. 119）
学以致用型	0. 119 **	- 0. 079	- 0. 101	0. 209	0. 373 **	0. 273 *	0. 024
	（0. 053）	（0. 131）	（0. 136）	（0. 156）	（0. 145）	（0. 155）	（0. 158）
资源充分性	- 0. 088	0. 396 **	- 0. 060	- 0. 290	- 0. 032	- 0. 623 ***	- 0. 140
	（0. 072）	（0. 170）	（0. 173）	（0. 193）	（0. 189）	（0. 186）	（0. 194）

续表

变量	模型（1） 总体能力 与素质	模型（2） 专业技术 与能力	模型（3） 专业素养 与态度	模型（4） 批判创新 能力	模型（5） 职业认知 与规划	模型（6） 团队协作 能力	模型（7） 沟通表达 能力
内容质量性	-0.093 * (0.055)	0.296 ** (0.138)	-0.091 (0.148)	-0.514 *** (0.162)	0.093 (0.150)	-0.386 ** (0.156)	-0.079 (0.163)
自主探索性	-0.072 (0.054)	0.188 (0.129)	-0.062 (0.139)	-0.257 * (0.147)	-0.071 (0.137)	-0.306 ** (0.150)	-0.020 (0.151)
教师应用性	0.034 *** (0.007)	0.048 *** (0.018)	-0.005 (0.019)	0.069 *** (0.020)	0.022 (0.019)	0.047 ** (0.020)	0.004 (0.020)
个体特征与 家庭背景	YES	YES	YES	YES	YES	YES	YES
学生参与	YES	YES	YES	YES	YES	YES	YES
毕业/综合实习	YES	YES	YES	YES	YES	YES	YES
N	3675	3687	3687	3687	3687	3687	3687
R^2	0.461	0.211	0.224	0.064	0.097	0.081	0.056

注：和表6-8注相同。

（二）转型试点对就业状况影响的可能路径

表6-10为根据公式（6-5）对就业起薪进行的逐步回归结果。和能力与素质的逐步回归不同，在增加学生参与等变量后，模型解释力度并没有明显增加，即使是在模型（7）中，模型的解释力度也非常有限，只有0.0773，而能力与素质的 R^2 达0.461。相比院校-专业类固定模型，能力与素质 R^2 相差不大，而就业起薪 R^2 相差明显，这说明相比于能力与素质，就业起薪受院校-专业类层面的影响更大。由表6-10模型（1）到模型（7）可知，转型试点对就业起薪均不存在显著性影响，院校的私立性质也对就业起薪均不产生显著影响。院校的生均收入对就业起薪影响显著，在模型（7）下，生均收入每提高1%，平均就业起薪提高11.3%，且在5%的水平上显著。此外，在仅控制学生个体特征与家庭背景的情况下，院校的地区特征对就业起薪影响明显，这表现在中部地区显著低于东部地区，但是这种影响在控制了院校-专业类层面的课程设置等变量后，将不再显著。从模型（7）来看，课程设置的职业就业性对就业起薪具有显著的负向作用，教学行为的传统教学型仍对就业起薪发挥着积极的作用，实践教学的资源充分性对就业起薪具有显著的正向影响。

表 6-10　就业起薪的逐步回归

变量	模型（1）就业起薪	模型（2）就业起薪	模型（3）就业起薪	模型（4）就业起薪	模型（5）就业起薪	模型（6）就业起薪	模型（7）就业起薪
转型试点	-0.020 (0.024)	0.017 (0.033)	0.016 (0.034)	0.009 (0.035)	-0.013 (0.040)	-0.014 (0.040)	-0.019 (0.041)
私立院校	-0.022 (0.044)	0.016 (0.047)	0.021 (0.047)	0.021 (0.047)	0.048 (0.049)	0.043 (0.050)	-0.027 (0.056)
转型试点 & 私立院校	-0.000 (0.049)	-0.001 (0.050)	-0.011 (0.050)	-0.010 (0.050)	-0.054 (0.055)	-0.055 (0.056)	-0.023 (0.063)
生均收入取对数		0.100** (0.044)	0.099** (0.044)	0.098** (0.044)	0.091** (0.045)	0.088* (0.046)	0.113** (0.048)
中部		-0.074** (0.034)	-0.069** (0.035)	-0.062* (0.035)	-0.028 (0.039)	-0.027 (0.039)	-0.047 (0.040)
西部		-0.054 (0.039)	-0.054 (0.040)	-0.050 (0.040)	-0.027 (0.043)	-0.024 (0.044)	-0.032 (0.044)
应用实践性					0.050 (0.049)	0.004 (0.057)	0.064 (0.065)
前沿交叉性					0.132*** (0.048)	0.085 (0.070)	0.089 (0.095)
学科理论性					-0.032 (0.039)	-0.101* (0.059)	-0.039 (0.067)
职业就业性					-0.072 (0.049)	-0.101* (0.058)	-0.113* (0.067)
探究引导型						0.018 (0.073)	-0.144* (0.083)
传统教学型						0.073 (0.064)	0.140** (0.068)
学以致用型						0.099 (0.071)	-0.013 (0.077)
资源充分性							0.276*** (0.101)
内容质量性							-0.110 (0.082)
自主探索性							0.006 (0.072)
教师应用性							-0.002 (0.009)

续表

变量	模型（1）就业起薪	模型（2）就业起薪	模型（3）就业起薪	模型（4）就业起薪	模型（5）就业起薪	模型（6）就业起薪	模型（7）就业起薪
个体特征与家庭背景	YES	YES	YES	YES	YES	YES	YES
学生参与	NO	NO	YES	YES	YES	YES	YES
毕业/综合实习	NO	NO	NO	YES	YES	YES	YES
N	2406	2406	2406	2406	2406	2406	2406
Pseudo R^2	0.0589	0.0619	0.0665	0.0673	0.0709	0.0718	0.0773

注：1. 根据 Rwg 和 ICC 检验结果重新选择数据。2. 模型中控制了专业类的变量。3. $^{**}p<0.01$，$^{**}p<0.05$，$^{*}p<0.1$。

表6-11 报告了全模型下其他几个就业状况变量的回归结果。由模型（2）可知，私立院校、中西部地区就业比例明显更高，课程设置的前沿交叉性、教学行为的学以致用型能显著提升就业比例，但实践教学中的内容质量性并不能显著提高就业比例。在就业对口程度上，私立院校就业对口程度显著更低，但是转型试点的私立院校就业对口程度显著更高，位于中西部地区院校的学生就业对口程度显著更低，课程设置的前沿交叉性对就业比例具有正向作用，但是对就业对口程度产生显著的负向影响，实践教学的资源充分性对就业对口程度具有显著的正向影响。在工作总体满意度上，转型试点院校的工作总体满意度显著更高，中西部地区院校学生工作总体满意度显著更低，课程设置的应用实践性对工作总体满意度具有显著的正向影响。就业状况的四个模型中，模型（2）就业比例的解释力度相对较大。

表6-11 转型试点对就业状况的影响

变量	模型（1）就业起薪	模型（2）就业比例	模型（3）就业对口程度	模型（4）工作总体满意度
转型试点	-0.019	0.943	0.865	1.650*
	(0.041)	(0.222)	(0.210)	(0.442)
私立院校	-0.027	7.455***	0.344***	0.658
	(0.056)	(3.264)	(0.106)	(0.209)
转型试点 & 私立院校	-0.023	0.081***	3.378***	0.926
	(0.063)	(0.037)	(1.178)	(0.331)
生均收入取对数	0.113**	0.935	1.111	0.737
	(0.048)	(0.265)	(0.303)	(0.209)

续表

变量	模型（1）就业起薪	模型（2）就业比例	模型（3）就业对口程度	模型（4）工作总体满意度
中部	− 0.047	2.244 ***	0.509 ***	0.343 ***
	(0.040)	(0.514)	(0.121)	(0.089)
西部	− 0.032	2.303 ***	0.641 *	0.510 **
	(0.044)	(0.610)	(0.164)	(0.145)
应用实践性	0.064	1.203	0.641	2.032 *
	(0.065)	(0.454)	(0.225)	(0.784)
前沿交叉性	0.089	5.997 ***	0.240 ***	1.706
	(0.095)	(3.166)	(0.125)	(0.958)
学科理论性	− 0.039	1.059	0.813	1.204
	(0.067)	(0.391)	(0.302)	(0.476)
职业就业性	− 0.113 *	1.577	0.348 ***	1.029
	(0.067)	(0.543)	(0.128)	(0.397)
探究引导型	− 0.144 *	0.812	1.964	1.558
	(0.083)	(0.400)	(0.882)	(0.774)
传统教学型	0.140 **	0.761	0.958	1.033
	(0.068)	(0.289)	(0.350)	(0.413)
学以致用型	− 0.013	2.456 **	2.211 *	0.882
	(0.077)	(1.059)	(0.981)	(0.403)
资源充分性	0.276 ***	0.697	2.680 *	1.222
	(0.101)	(0.356)	(1.580)	(0.740)
内容质量性	− 0.110	0.440 *	1.348	0.288
	(0.082)	(0.199)	(0.621)	(0.244)
自主探索性	0.006	0.675	1.797	0.716
	(0.072)	(0.300)	(0.725)	(0.319)
教师应用性	− 0.002	1.023	1.051	1.003
	(0.009)	(0.050)	(0.050)	(0.051)
个体特征与家庭背景	YES	YES	YES	YES
学生参与	YES	YES	YES	YES
毕业/综合实习	YES	YES	YES	YES
N	2406	3766	2616	2498
Pseudo R^2	0.0773	0.111	0.0714	0.0796

注：1. 根据 Rwg 和 ICC 检验结果重新选择的地方高校人才培养与就业调查数据，为方便解释，模型（2）（3）（4）并不是报告的回归系数，而是报告的概率比。2. 模型中控制了专业类的变量。3. *** $p < 0.01$，** $p < 0.05$，* $p < 0.1$。

第三节　学生发展影响的异质性

一　就业单位性质和就业地区的影响

　　结合已有研究，考虑就业单位性质和就业地区对学生就业状况的影响，在院校－专业类固定模型中，在涉及就业单位性质和就业地区的就业起薪、就业对口程度和工作总体满意度三个因变量中增加就业单位性质和就业地区的虚拟变量。对比表6－3和表6－5，比较学生个体特征与家庭背景和院校经历的变量回归系数发现，整体差异较小，模型的 R^2 整体有所增加但增加幅度不大，如就业起薪的 R^2 由 0.207 变为 0.231。表6－12报告了就业单位性质和就业地区在三个因变量下的回归结果。由表可知，在就业单位性质上，三资企业的平均就业起薪最高，平均就业起薪比国家机关高 15.1%，其次为科研单位、国有企业、私营企业；进入私营企业的学生就业对口程度显著低于进入国家机关的学生，这可能和国家机关录取专业要求限制有关；工作总体满意度上，进入私营企业的学生满意度显著低于进入国家机关的学生满意度，前者比后者低 45.3%。从就业地区来看，就业于省会或直辖市平均就业起薪显著高于就业于地级市和县级及以下，平均就业起薪显著高 7.5% 和 6.5%，对比地级市和县级及以下回归系数可知，就业于县级及以下的就业起薪工资还相对较高；在就业对口程度上，就业于地级市的就业对口程度显著低于就业于省会或直辖市地区，平均低 14.6%；在工作总体满意度上，就业于省会或直辖市的学生工作总体满意度显著高于就业于地级市的学生，平均高 17.3%，在 10% 的水平上存在显著差异。

表 6－12　就业单位性质和就业地区对就业状况的影响

变量		模型（1）就业起薪	模型（2）就业对口程度	模型（3）工作总体满意度
就业单位性质（国家机关为基底项）	国有企业	0.088*** (0.027)	1.227 (0.224)	1.357 (0.285)
	私营企业（民营、个体）	0.070*** (0.025)	0.708** (0.116)	0.547*** (0.103)

续表

变量		模型（1） 就业起薪	模型（2） 就业对口程度	模型（3） 工作总体满意度
就业单位性质 （国家机关为基底项）	三资企业	0.151 *** （0.035）	0.901 （0.207）	0.817 （0.207）
	乡镇企业	0.019 （0.059）	0.762 （0.290）	0.535 （0.214）
	科研单位	0.125 *** （0.041）	0.882 （0.239）	1.273 （0.416）
	教育或医疗等 事业单位	0.023 （0.046）	1.100 （0.325）	0.991 （0.318）
	其他行业	0.042 （0.050）	0.672 （0.207）	0.588 （0.192）
就业地区 （省会或直辖市为 基底项）	地级市	− 0.075 *** （0.014）	0.854 * （0.079）	0.827 * （0.080）
	县级及以下	− 0.065 *** （0.019）	0.826 （0.105）	0.936 （0.127）
N		3552	3702	3582
Pseudo R^2		0.231	0.115	0.116

注：1. 地方高校人才培养与就业调查数据，采用稳健性标准回归，括号内为稳健性标准误。2. *** $p < 0.01$, ** $p < 0.05$, * $p < 0.1$。3. 为方便解释，模型（2）（3）并不是报告的回归系数，而是报告的概率比。4. 院校 - 专业类固定（以院校 + 专业类的虚拟变量加入），控制学生个体特征与家庭背景和学生参与以及毕业/综合实习等特征。

二　就业起薪的样本选择模型

在毕业生就业起薪的研究中，许多研究采用 Heckman 两步法来解决样本选择性问题（张恺，2016；岳昌君、杨中超，2015）。在就业起薪问题上，选择就业和不就业的两类人，在风险偏好等方面存在一定差异，这种差异并不能被有效观察到。在样本选择模型中增加一个选择模型，即是否能够观察到就业起薪的虚拟变量，选择模型的自变量为学生的个体特征与家庭背景。院校 - 专业类固定模型中公式（6 - 1）Heckman 两步法 LR 检验显示，在 5% 的水平上并不显著，各变量间差异非常小，可认为上述结果较为稳定。对于公式（6 - 4）进行 Heckman 两步法的估计结果和采用 Tobit 模型的估计对比见表 6 - 13。由 Heckman 两步法估计的 LR 检验显示其 p 值小于 0.05，可认为样本中存在选择性偏误。模型（1）和模型（2）中转型试点的回归系数差异较小，且均不显著。生均收入均对就业起薪有显著的正向影响，Heckman 估计中其回归系数略有下降，在其他变量上差异也相对较小。这说明尽管公式（6-4）存在一定选择性偏误，但是估计结果仍可接受。

表 6-13　就业起薪的 Tobit 和 Heckman 估计的比较

变量	模型（1） Tobit	模型（2） Heckman
转型试点	-0.019 (0.041)	-0.024 (0.040)
私立院校	-0.027 (0.056)	-0.062 (0.054)
转型试点 & 私立院校	-0.023 (0.063)	-0.000 (0.062)
生均收入取对数	0.113** (0.048)	0.094** (0.047)
中部	-0.047 (0.040)	-0.028 (0.039)
西部	-0.032 (0.044)	-0.015 (0.043)
应用实践性	0.064 (0.065)	0.040 (0.063)
前沿交叉性	0.089 (0.095)	0.044 (0.091)
学科理论性	-0.039 (0.067)	-0.053 (0.064)
职业就业性	-0.113* (0.067)	-0.142** (0.066)
探究引导型	-0.144* (0.083)	-0.092 (0.081)
传统教学型	0.140** (0.068)	0.140** (0.066)
学以致用型	-0.013 (0.077)	0.007 (0.075)

变量	模型（1） Tobit	模型（2） Heckman
资源充分性	0.276 ***	0.294 ***
	(0.101)	(0.098)
内容质量性	−0.110	−0.113
	(0.082)	(0.080)
自主探索性	0.006	0.018
	(0.072)	(0.070)
教师应用性	−0.002	−0.003
	(0.009)	(0.009)
N	2406	4295
LR test		Prob > chi^2 = 0.0000

注：1. 根据 Rwg 和 ICC 检验结果重新选择的地方高校人才培养与就业调查数据，Tobit 模型和表 6 – 11 中模型（1）一致。2. Heckman 估计中 Censored 样本为 1889，Uncensored 为 2406。3. 模型中均控制学生个体特征与家庭背景、学生参与、毕业/综合实习、专业类等变量。4. *** $p < 0.01$，** $p < 0.05$，* $p < 0.1$。

三　专业类间的比较

不同专业类学生在能力与素质和就业状况上可能存在差异。由前面可知，本研究和以往研究不同，将专业有针对性地分为八个大类。表 6 – 14 和表 6 – 15 分别报告了专业类间能力与素质和就业状况的比较，基底项均为经济管理类。由表 6 – 14 可知，相比于经济管理类，在总体能力与素质提升上机械/电气/制造类得分显著更高，专业技术与能力上公共管理/教育类显著更低，理工类在专业素养与态度上都相对较低，计算机/信息类和机械/电气/制造类在批判创新能力上得分显著更高，人文类在沟通表达能力上得分最高，其次为计算机/信息类。

在就业状况方面，在就业起薪上人文类、计算机/信息类均显著高于经济管理类，机械/电气/制造类和工程类两类工科专业就业起薪明显更低。在就业比例上，经济管理类专业就业比例最高，而公共管理/教育类专业就业比例最低，也即升学比例最高。在就业对口程度上，工程类就业对口程度最高，但和经济管理类并不存在显著性差异。在工作总体满意度上，经济管理类显著高于工程类。

表 6 – 14 专业类间能力与素质的比较

变量	模型（1）总体能力与素质	模型（2）专业技术与能力	模型（3）专业素养与态度	模型（4）批判创新能力	模型（5）职业认知与规划	模型（6）团队协作能力	模型（7）沟通表达能力
公共管理/教育类	− 0.031	− 0.202 *	0.106	− 0.078	− 0.047	0.150	− 0.019
	(0.039)	(0.107)	(0.093)	(0.114)	(0.109)	(0.109)	(0.102)
人文类	0.016	− 0.025	0.031	− 0.113	0.047	− 0.004	0.172 **
	(0.025)	(0.067)	(0.074)	(0.072)	(0.075)	(0.079)	(0.079)
传媒艺术类	0.004	− 0.053	− 0.003	0.095	0.072	− 0.117	0.082
	0.032)	(0.076)	(0.081)	(0.092)	(0.085)	(0.084)	(0.082)
基础学科应用类	− 0.033	0.010	− 0.125 *	− 0.113	− 0.104	− 0.016	0.101 ***
	(0.026)	(0.070)	(0.068)	(0.071)	(0.075)	(0.075)	(0.075)
计算机/信息类	0.027	0.006	− 0.164 ***	0.108 *	0.077	− 0.009	0.155 **
	(0.022)	(0.057)	(0.058)	(0.064)	(0.059)	(0.061)	(0.063)
机械/电气/制造类	0.060 **	− 0.020	− 0.040	0.128 *	0.152 **	0.062	0.079
	(0.025)	(0.063)	(0.065)	(0.073)	(0.069)	(0.069)	(0.071)
工程类	− 0.001	0.007	− 0.148 **	− 0.026	0.094	− 0.076	0.140 **
	(0.025)	(0.062)	(0.062)	(0.068)	(0.063)	(0.064)	(0.069)
N	3675	3687	3687	3687	3687	3687	3687
R^2	0.461	0.211	0.224	0.064	0.097	0.081	0.056

注：和表 6 – 9 模型一致，在此报告专业类比较的结果，以便单独分析。

表 6 – 15 专业类间就业状况的比较

变量	模型（1）就业起薪	模型（2）就业比例	模型（3）就业对口程度	模型（4）工作总体满意度
公共管理/教育类	− 0.090	0.152 ***	0.884	0.913
	(0.066)	(0.043)	(0.324)	(0.324)
人文类	0.114 ***	0.584 **	0.930	1.436
	(0.040)	(0.147)	(0.201)	(0.350)
传媒艺术类	0.041	0.760	0.558 **	1.132
	(0.044)	(0.206)	(0.131)	(0.311)
基础学科应用类	0.066	0.224 ***	0.743	0.855
	(0.043)	(0.047)	(0.174)	(0.213)

变量	模型（1） 就业起薪	模型（2） 就业比例	模型（3） 就业对口程度	模型（4） 工作满意度
计算机/信息类	0.123 ***	0.576 ***	0.704 *	0.981
	(0.033)	(0.116)	(0.127)	(0.190)
机械/电气/制造类	−0.085 **	0.804	0.904	0.905
	(0.037)	(0.186)	(0.185)	(0.197)
工程类	−0.065 *	0.473 ***	1.222	0.701 *
	(0.034)	(0.097)	(0.240)	(0.139)
N	2406	3766	2616	2498
Pseudo R^2	0.0773	0.111	0.0714	0.0796

注：和表 6-11 模型一致，在此报告专业类比较的结果，以便单独分析；模型（2）（3）（4）报告的内容为概率比。

第四节　小结

通过上述实证分析和进一步的讨论分析，我们可以得出如下结论。

首先，个体特征与家庭背景对学生发展产生显著影响。男性在总体能力与素质上明显优于女性，这主要得益于专业技术与能力、批判创新能力和职业认知与规划能力。城市学生在专业技术与能力上显著高于非城市学生，在专业素养与态度上农村学生表现更好。父母职业水平有助于学生的职业认知与规划能力。高中及入学前特征对学生能力与素质的影响相对有限。学生个体特征与家庭背景和院校经历对学生总体能力与素质解释力度较高，这尤其表现在专业技术与能力上，而对学生的核心非认知能力和批判创新能力解释作用相对较弱。在就业状况上，男性、家庭收入越高，学生就业起薪和工作总体满意度显著越高。子假设4.1得到验证。

其次，学生参与和毕业/综合实习经历对学生能力与素质具有很好的解释作用，相比于能力与素质，对学生就业状况的影响相对有限，子假设4.2得到验证。在各类学生参与中，课程参与对学生总体能力与素质的影响程度最大，对专业技术与能力的提高最为有效，主动学习有助于学生批判创新能力的提高，规则参与则有助于学生专业素养与态度的提升。

在毕业/综合实习上，实习指导对学生总体能力与素质影响最为明显，而对于专业技术与能力的提高则表现为实习考评的作用更强。与能力与素质相比，学生参与和毕业/综合实习对就业状况的影响相对较小。不过具体而言，活动参与对就业比例具有显著的促进作用，规则参与的增强对就业对口程度具有显著的正向影响。毕业/综合实习中，实习指导对就业状况影响最为明显，实习指导有助于显著提升就业起薪，且对学生就业对口程度也有显著的影响。实习考评对提升学生就业对口程度具有显著作用。实习考评在显著提升学生专业技术与能力的同时，也显著提升学生就业对口程度。这和一般意义上，学生专业技术与能力越强，就业对口程度越高有关。

此外，学生的变革感知会在一定程度上影响学生发展。在学生能力与素质上，对学生整体人才培养方式变革的感知对学生总体能力与素质的影响最为明显，感知越强，学生总体能力与素质的发展越好。对教师教学的变革感知对学生专业技术与能力的提高具有显著的促进作用。值得留意的是，对所在专业变革的感知对批判创新能力为显著的负向影响，这可能说明专业人才培养模式的变革并不能有益于学生批判创新能力的提高。在就业状况上，校企合作对提高就业起薪和提高工作总体满意度都有显著的促进作用，同时，专业实习的变革感知对就业比例具有显著的促进作用。可知，校企合作、专业实习等的变革对学生就业状况影响明显，而对学生能力与素质的影响相对有限。由此可知，子假设4.3得到验证。

再次，转型试点对学生发展的影响，受到院校组织技术系统，即课程设置、教学行为和实践教学的明显影响。逐步回归显示，在不控制院校组织技术系统变量，而控制院校特征、学生个体特征与家庭背景变量时，转型试点对学生能力与素质的提高具有显著作用。但当控制院校课程设置、教学行为和实践教学等变量时，转型试点对学生能力与素质提高的显著影响将不再存在，甚至表现为转型试点对学生能力与素质提升具有负向作用。这说明，转型试点的作用更多的是通过课程设置、教学行为和实践教学等人才培养方式改革的某个具体方面来对学生发展产生促进作用。具体来说，整体上实践教学对学生能力与素质中的专业技术与能力的提升影响显著，教学行为中的学以致用型能显著提升学生的职业认知与规划和团队协作能力。在学生就业状况上，转型试点对就业状况均没有显著影响，不过逐步回归发现，当控制课程设置、教学行为等变量后，转型试点的回归系数不断减小，这和能力与素质表现一致。具体而言，在教学行为上，传统教学型仍对就业起薪发挥着积极的作用，实践教学中的资源充分性能显著提升学生就业起薪，教学行为的学以致用型能显著提升学生就业对口程度，而课程设置的前沿交叉性和职业就业性对学生就业对口程度具有显著的负向影响。这进一步说明，课程设置、教学行为等改革还不能有效促进学生专业技术与能力的提高，而是在更广意义上促进了"学生就业"而已。此外，在控制学生个体特征与家庭背景、院校特征、院校培养过程等变量后，转型试点能显著提高学生的工作总体满意度。整体上可知，转型试点对学生发展产生影响，更多地表现为转型试点内涵，即院校人才培养过程，院校组织技术系统的作用，除专业素养与态度和工作总体满意度外，转型试点还未形成有助于学生能力与素质提升和就业状况改善的标签信号作用。综合上述分析，子假设4.4得到验证。

最后，通过上述实证分析发现，公私立院校间、不同地区院校间、不同专业类间学生发展存在明显差异，这尤其表现在学生就业状况上，子假设4.5得到验证。私立院校学生就业比例显著更高，且转型试点能够对此起加强作用；但是私立院校学生就业对口程度显著更低，转型试点能够有效提升私立院校学生就业对口程度。中西部地区院校学生在就业比例上显著更高，但是在就业对口程度和学生工作总体满意度上显著更低。此外，院校的资源状况对学生就业起薪起显著的促进作用。就业起薪还受到就业单位性质和就业地区的显著影响，三资企业平均就业起薪最高，省会及直辖市平均就业起薪显著高于地级市和县级及以下地区，且省会及直辖市学生就业对口程度和工作总体满意度也显著更高。进一步分析发现，学生就业状况在专业类间存在显著差异，计算机/信息类专业学生就业起薪显著更高，而工程类、机械/电气/制造类学生平均就业起薪显著更低。

第七章　院校转型对学生发展的
影响机制分析

　　上一章通过院校－专业类的固定效应，我们对学生个体特征、家庭背景、学生在校的学生参与、毕业/综合实习经历对学生能力与素质和就业状况的影响有了一定的把握和认识。同时，通过逐步回归和多元线性回归模型，对转型试点、院校资源特征、院校办学属性以及专业类层面的课程设置、教学行为和实践教学对学生能力与素质的影响进行了分析和讨论。第六章的分析已经初步为我们打开了院校培养和院校经历的"黑箱"。但是，我们很容易发现，学生个体、专业类和院校层面数据存在嵌套性，第六章中的多元线性回归分析将专业类、院校层面的数据直接和个体层面数据以同样方式处理，可能带来估计的不准确，无法得到院校层面、专业类层面、学生个体层面等不同层面的影响大小、层级间影响关系和转型试点对学生发展的影响机制。为此，本章将首先采用多层模型来分析院校、专业类、学生个体层面对学生发展的影响，并着重分析院校转型试点这一特征通过专业类层面的课程设置、教学行为和实践教学，和学生个体层面的学生参与、毕业/综合实习等院校经历对学生发展产生的调节效应。进一步，本章将采用结构方程模型探讨转型试点通过课程设置、教学行为、实践教学、学生参与和毕业/综合实习对学生能力与素质、就业状况的影响路径问题。通过多层模型和结构方程模型的分析，可以有效帮助我们认识院校转型试点对学生发展的影响机制，和第六章相结合，较好地回答在问题提出部分提出的"效果是如何或通过什么机制产生的"问题。本章将集中检验假设5和假设6。

第一节　地方本科院校转型对学生发展的层级影响

一　院校、专业和个体如何影响学生发展

本研究主要探讨转型试点对学生发展的影响，并尝试分析转型试点对学生发展的影响机制问题。根据前面的文献综述和第六章的分析，在学生个体层面，学生个体的人口学特征、家庭背景、高中及入学前特征都对学生发展产生不同程度的显著影响，学生的院校经历，即学生参与和毕业/综合实习也都对学生发展产生显著的影响。在专业类层面，本研究着重考察人才培养过程中的课程设置、教学行为和实践教学。在院校层面，主要有院校的转型试点特征、院校公私立办学属性、院校资源特征和所在地区特征等。本节将检验假设 5，并建立如下子假设。

假设 5.1：学生发展中的能力与素质和就业状况存在的层级效应并不相同，相比于就业状况，能力与素质的层级效应并不明显。

假设 5.2：学生发展中的能力与素质和就业状况均受到学生个体特征、家庭背景和院校经历的影响。在专业类层面，课程设置、教学行为和实践教学均对学生发展产生显著影响。

假设 5.3：转型试点会通过学生个体层面的学生参与和毕业/综合实习，以及专业类层面的课程设置、教学行为和实践教学的层级调节作用对学生发展产生影响。

二　三层模型与描述统计

本节将采用多层模型，对转型试点对学生发展的层级效应进行检验。多层模型又称为多水平模型，主要是运用在多层（嵌套）数据的研究处理之中，以解决传统多元线性回归模型在处理嵌套数据时个体间随机误差使独立性假设不能满足的情况。本研究根据数据情况，将采用三层模型来进行。该方法充分考虑了数据的分层特性，通过建立多层回归方程组，将误差按层次分解为层一个体间、层二专业类间和层三院校间的差异。这样可以较为有效地解决误差的独立性问题（刘红云、孟庆茂，2002）。多层模型的分析不仅改进了对个体效应的估计，还有助于探讨不同层面自变量对因变量的影响和层次间效应（李晓鹏、方杰、张敏强，

2011）。国内外心理学、教育学、经济学等众多社会科学研究中对多层模型均有广泛探讨和运用。多层模型主要运用的分析软件有 Stata、SPSS、SAS、HLM、MLwin 等，本研究将采用 Stata 13 来进行。考虑到本研究中因变量就业状况中的就业比例、就业对口程度和工作总体满意度为二分变量，在模型中将结合多层 Logit（Xtmelogit）模型使用。不过需要指出的是，多层线性模型和多层 Logit 模型均为多层模型，只是多层 Logit 模型更适合于因变量为二元分布的混合效果模型（Dzubur，2015）。

在进行 HLM 分析之前，需要进行零模型检验，主要采用跨级相关系数 ICC（Intraclass Correlation Coefficient）检验层级效应是否适合多层分析。跨级相关系数主要用来确认因变量的总变异中能够被组间变异解释的比例。对于多层模型方法的已有研究指出，一般情况下，跨级相关系数大于 0.05，且 p 值小于 0.05，即说明层级之间存在显著性差异，且系数越大表明越适宜采用多层模型分析。本节在零模型中会对各个因变量的零模型进行检验，并根据检验结果进行进一步的多层模型分析。进一步的多层模型分析包括随机截距模型和随机斜率模型。此外，参考已有多层模型的研究成果，对层一变量进行对中处理，对中处理能够提高参数估计的稳定性和减少多重共线性，和原模型是等价模型（鲍威、吴红斌，2016）。

需要特别说明的是，专业类层面的课程设置、教学行为和实践教学不能被直接测量，在调查问卷中是通过学生个体层面的评价来进行的，因此本研究中将根据个体层面变量聚合到专业类层面变量。研究设计中已经对聚合进行了具体说明。由于聚合后，有些院校的样本并不符合聚合条件，在进行多层模型分析时不予考虑。最后模型中共得到样本 4295份。选择后的样本正好排除了老本科院校样本，样本中院校层面的组数为 14，院校 - 专业类组数为 72，可知平均每院校 - 专业类组中学生个体数为 60 人，满足多层模型分析中层级交互作用样本的要求（温福星，2009）。因此，本章采用的数据均为根据 Rwg 和 ICC 检验后重新选择的地方高校人才培养与就业调查数据。

表 7 - 1 报告了分层模型中转型试点院校样本和非转型试点院校样本中各变量的描述统计结果。在能力与素质上，转型试点院校和非转型试点院校总体能力与素质基本相同，非转型试点院校学生在专业技术与能力和职业认知与规划上得分相对较高，而转型试点院校在能力与素质的其他维度上得分相对较高。在就业状况上，非转型试点院校学生就业起薪、就业对口程度和工作总体满意度相对较高，但在就业比例上相对较

低。两类院校在生均收入上差异较小，*t* 检验显示并不存在显著性差异，且非转型试点院校生均收入相对较低；转型试点院校中私立院校样本量相对较多。其他变量不再一一介绍，不过需要注意的是，在家庭背景变量上，非转型试点院校家庭收入高和家庭收入中等的学生比例都高于转型试点院校，但在城市学生比例和父母较高受教育程度的学生比例上并不相对较高。

表 7 - 1　变量描述统计（三层模型、分样本比较）

变量			非转型试点院校			转型试点院校		
			样本数	均值	标准差	样本数	均值	标准差
因变量	能力与素质	总体能力与素质	1171	3.120	0.482	2504	3.120	0.472
		专业技术与能力	1175	0.090	0.978	2512	0.035	1.01
		专业素养与态度	1175	-0.018	1.012	2512	0.022	1.008
		批判创新能力	1175	-0.029	1.015	2512	0.054	0.993
		职业认知与规划	1175	0.103	0.984	2512	0.029	0.982
		团队协作能力	1175	-0.008	0.97	2512	0.032	0.999
		沟通表达能力	1175	0.011	0.993	2512	0.041	0.988
	就业状况	就业比例	1190	0.765	0.424	2576	0.859	0.348
		就业对口程度	754	0.751	0.433	1862	0.690	0.463
		就业起薪	677	3172.0	1437	1729	2971.0	1385
		工作总体满意度	715	0.775	0.418	1783	0.727	0.445
院校层面	资源	生均收入	1366	17745	6176	2929	18414	5399
	特征	私立院校	1366	0.120	0.325	2929	0.365	0.481
专业类层面	课程设置	应用实践性	1366	-0.033	0.224	2929	0.100	0.274
		前沿交叉性	1366	0.018	0.22	2929	0.072	0.263
		学科理论性	1366	-0.006	0.306	2929	0.006	0.326
		职业就业性	1366	0.010	0.224	2929	0.082	0.249
	教学行为	探究引导型	1366	0.039	0.192	2929	0.079	0.31
		传统教学型	1366	0.002	0.193	2929	0.041	0.286
		学以致用型	1366	-0.024	0.241	2929	0.066	0.259
	实践教学	资源充分性	1366	0.014	0.235	2929	0.130	0.266
		内容质量性	1366	0.005	0.192	2929	0.035	0.34
		自主探索性	1366	-0.038	0.168	2929	0.087	0.219
		教师应用性	1366	0.019	0.164	2929	0.040	0.216

变量			非转型试点院校			转型试点院校		
			样本数	均值	标准差	样本数	均值	标准差
个体层面	学生参与	课程参与	1366	0.041	0.971	2929	0.091	0.945
		规则参与	1366	-0.061	0.976	2929	-0.032	0.997
		活动参与	1366	-0.045	0.942	2929	0.082	0.947
		主动学习	1366	0.008	0.968	2929	0.115	0.939
	毕业/综合实习	实习指导	1366	-0.031	0.935	2929	0.044	0.953
		实习制度	1366	0.005	0.96	2929	0.060	0.951
		实习考评	1366	-0.023	0.939	2929	0.110	0.924
	人口学特征	男性	1366	0.578	0.494	2929	0.577	0.494
		汉族	1366	0.975	0.156	2929	0.903	0.296
		独生子女	1366	0.447	0.497	2929	0.299	0.458
		中共党员	1366	0.122	0.328	2929	0.238	0.426
	高中及入学前特征	学生干部	1366	0.461	0.499	2929	0.469	0.499
		高考分数-标准化	1366	0.319	0.926	2929	-0.295	1.007
		高中类型-重点或示范性	1366	0.319	0.466	2929	0.347	0.476
		高中理科	1366	0.776	0.417	2929	0.597	0.49
	家庭背景	第一志愿录取	1366	0.760	0.427	2929	0.616	0.486
		城市	1366	0.414	0.493	2929	0.452	0.498
		父亲初中	1366	0.430	0.495	2929	0.352	0.478
		父亲高中	1366	0.231	0.421	2929	0.225	0.418
		父亲大专及以上	1366	0.148	0.355	2929	0.150	0.357
		母亲初中	1366	0.395	0.489	2929	0.340	0.474
		母亲高中	1366	0.171	0.377	2929	0.170	0.376
		母亲大专及以上	1366	0.108	0.311	2929	0.107	0.309
		家庭ISEI指数	1366	31.340	19.31	2929	30.470	19.85
		家庭收入高	1366	0.150	0.357	2929	0.088	0.283
		家庭收入中等	1366	0.328	0.47	2929	0.256	0.437

三 层级影响的结果

（一）零模型

在多层线性模型分析中，零模型是最简单的模型，零模型也称为截距模型、方差成分模型（谢宇，2013：300～301）。在本研究的零模型中，层一、层二和层三都不包含任何解释变量，零模型见公式（7-1）：

$$Level_1 : Y_{ijk} = \beta_{0jk} + \varepsilon_{ijk}$$
$$Level_2 : \beta_{0jk} = \gamma_{00k} + \mu_{0jk} \qquad\qquad (7-1)$$
$$Level_3 : \gamma_{00k} = \lambda_{000} + \xi_{00k}$$

在公式（7-1）中，i、j、k 分别表示个体、专业类和院校。λ_{000} 表示样本整体因变量的总体平均值，ξ_{00k} 是与第 k 个层三单位相联系的随机效应，γ_{00k}、β_{0jk} 分别为专业类层面和个体层面的截距项，μ_{0jk}、ε_{ijk} 分别为专业类层面和个体层面的随机项。Y 为本研究中各个因变量，需要说明的是，由于就业比例、就业对口程度和工作总体满意度为0、1变量，模型选择中使用多层 Logit 模型进行了对比，综合考虑后采用多层线性模型，这与郭建如、邓峰（2013）研究中的处理一致。表7-2为各个因变量的零模型结果，各因变量的处理与第六章保持一致。

由表可知，在总体能力与素质、沟通表达能力、职业认知与规划、就业比例、就业对口程度、就业起薪、工作总体满意上方差检验均在5%的水平上显著，而专业技术与能力、专业素养与态度、批判创新能力、团队协作能力在5%的水平上并不显著，可以认为在这几个方面不存在显著的层级效应。从跨级相关系数来看，在存在显著层级效应的几个变量上，职业认知与规划、沟通表达能力和工作总体满意度在层三、层二上跨级相关系数均小于4%，可以认为不太适宜进行多层分析。因此，在进行多层分析时，将选用学生总体能力与素质、就业比例、就业对口程度和就业起薪来进行。从零模型结果可知，相比于能力与素质，就业状况受院校、专业类层面影响更为明显，而个人能力与素质相对而言受其影响较小，且在团队协作能力、沟通表达能力等方面受院校、专业类层面影响更小。在能力与素质的各个维度上，相对而言，专业素养与态度受院校、专业类层面影响较大。根据零模型的结果分析，子假设5.1得到部分验证。

表7-2　零模型结果

因变量		随机效应	稳健性标准误	方差	p 值	跨级相关系数（%）
能力与素质	总体能力与素质	层三	0.002	0.002	0.000	1.08
		层二	0.004	0.017		7.66
		层一	0.010	0.206		

因变量		随机效应	稳健性标准误	方差	p 值	跨级相关系数（%）
能力与素质	专业技术与能力	层三	0.012	0.022	0.063	2.19
		层二	0.013	0.032		3.28
		层一	0.040	0.936		
	专业素养与态度	层三	0.032	0.052	0.594	5.09
		层二	0.006	0.041		4.05
		层一	0.046	0.929		
	批判创新能力	层三	0.000	0.000	0.229	0.00
		层二	0.052	0.019		1.94
		层一	0.140	0.983		
	职业认知与规划	层三	0.008	0.012	0.047	1.24
		层二	0.004	0.013		1.39
		层一	0.063	0.940		
	团队协作能力	层三	0.004	0.002	0.466	0.23
		层二	0.007	0.014		1.42
		层一	0.040	0.963		
	沟通表达能力	层三	0.000	0.000	0.04	0.00
		层二	0.008	0.006		0.66
		层一	0.039	0.973		
就业状况	就业比例	层三	0.002	0.004	0.000	2.49
		层二	0.003	0.012		8.50
		层一	0.013	0.126		
	就业对口程度	层三	0.002	0.004	0.000	1.74
		层二	0.004	0.010		4.77
		层一	0.010	0.195		
	就业起薪	层三	0.002	0.002	0.000	0.86
		层二	0.005	0.018		10.25
		层一	0.019	0.160		
	工作总体满意度	层三	0.002	0.004	0.000	2.28
		层二	0.002	0.004		2.14
		层一	0.013	0.183		

(二) 随机截距模型

随机截距模型见公式 (7 - 2)。在随机截距模型中，在层一模型中加入相关控制变量，包括学生特征 (*Feature*)、学生参与变量 (*Xscy*) 和学生毕业/综合实习变量 (*GraInter*)，其中学生特征变量主要有学生人口学特征 (*Demog*)、家庭背景特征 (*Family*) 和高中及入学前特征 (*Presch*)。在层二模型中，在层一的截距项 β_{0jk} 模型中，加入层二模型的控制变量，分别为课程设置 (*Kcsz*)、教学行为 (*Teaching*) 和实践教学 (*Practice*)。在层三模型，也即院校层面模型中，在层二的截距项 γ_{00k} 模型中，加入层三模型的控制变量，分别为院校转型试点特征 (*Zxsd*)、院校办学特征 (*Private*)、院校资源状况 (*Lnsjsr*) 和院校所在地区 (*Locate*)。各变量的解释与第六章保持一致，不再重复说明。

$$Level_1 : Y_{ijk} = \beta_{0jk} + \beta_{1jk} \times Feature_{ijk} + \beta_{2jk} \times Xscy_{ijk} + \beta_{3jk} \times GraInter_{ijk} + \varepsilon_{ijk}$$

$$Level_2 : \beta_{0jk} = \gamma_{01k} \times Kcsz_{jk} + \gamma_{02k} \times Teaching_{jk} + \gamma_{03k} \times Practice_{jk} + \mu_{0jk}$$

$$\beta_{2jk} = \gamma_{10k}$$

$$\beta_{2jk} = \gamma_{20k}$$

$$\beta_{3jk} = \gamma_{30k}$$

$$Level_3 : \gamma_{00k} = \lambda_{000} + \lambda_{001} \times Zxsd_k + \lambda_{002} \times Private_k + \lambda_{002} \times Lnsjsr_k + \lambda_{003} \times Locate_k + \xi_{00k} \qquad (7-2)$$

$$\gamma_{01k} = \lambda_{010}$$

$$\gamma_{02k} = \lambda_{020}$$

$$\gamma_{03k} = \lambda_{030}$$

$$\gamma_{10k} = \lambda_{100}$$

$$\gamma_{20k} = \lambda_{200}$$

$$\gamma_{30k} = \lambda_{300}$$

表 7 - 3 为随机截距模型结果。从学生能力与素质来看，和表 6 - 9 多元线性回归模型相比，转型试点对能力与素质的负向影响有所减小，且不再显著。不过，转型试点和私立院校的交互项系数为负，且在 5% 的水平上显著，这说明在私立院校内部，在控制院校人才培养过程、学生特征等情况下，转型试点并没有提高学生能力与素质。在课程设置上，可以发现，职业就业性对学生能力与素质的影响最大，且在 1% 的水平上显著，其次为前沿交叉性和应用实践性，而课程设置的学科理论性对能力与素质没有显著性影响，这和表 6 - 9 中课程设置各变量对能力与素质的

影响差异较大。从教学行为来看，传统教学型对学生能力与素质影响显著，且在三类教学行为中影响最大，其次为学以致用型。实践教学各方面对能力与素质均没有显著性影响。学生个人毕业/综合实习对学生能力与素质影响显著，其结果和表6-4中的院校-专业类固定模型结果基本保持一致。在学生参与上，课程参与对能力与素质影响显著，且影响程度最大，其次为活动参与和主动学习，其结果也与表6-4中基本保持一致。在学生个体特征上，男性和家庭收入高均对学生能力与素质在1%的水平上影响显著，性别为男、家庭收入越高，学生能力与素质发展相对越好，这与院校-专业类固定模型中的结果（见表6-2）相同，不过在随机截距模型中，家庭收入高的回归系数相对较大。可以发现，和第六章中的相关模型比较，随机截距模型中学生个体层面变量对能力与素质的影响与院校-专业类固定模型中的结果较为一致，但是在专业类、院校层面与表6-9中的多元线性回归模型有所差异，这也进一步说明了采取多层模型的必要。

从就业状况来看，在就业起薪上，和表6-11一致，院校生均收入仍对就业起薪产生显著性影响，院校生均经费每提高1%，学生平均就业起薪提高2%。私立院校学生平均就业起薪显著更低，这与前面没有显著性影响有所差异。专业类层面上，课程设置和教学行为对就业起薪均没有显著性影响。在实践教学上，教师应用性对就业起薪具有显著的正向影响。在学生个体层面，毕业/综合实习对就业起薪均没有显著性影响，而学生参与中的活动参与和主动学习对就业起薪均有显著的正向影响，其结果与就业起薪的院校-专业类固定模型结果较为一致。在家庭背景上，家庭收入高、家庭收入中等和母亲大专及以上学历对就业起薪都有显著的提升作用。在就业比例上，私立院校、中西部地区院校就业比例明显更高。课程设置中的前沿交叉性对学生就业比例具有显著的正向影响，实践教学中的内容质量性对就业比例则表现为显著的负向影响。个体层面的毕业/综合实习的实习指导、实习制度和实习考评都能在一定程度上促进学生就业比例的提高，且在实习指导上的表现更为明显。学生的活动参与能够显著提高学生就业比例。男性的就业比例相对较高，而学生干部的就业比例相对较低。在就业对口程度上，私立院校就业对口程度明显更低，但是转型试点能够显著提升私立院校学生的就业对口程度，中西部地区学生的就业对口程度显著低于东部地区学生。课程设置的应用实践性、前沿交叉性和职业就业性对就业对口程度都有显著的负向作用。教学行为和实践教学对学生就业对口程度均没有显著的影响。学生个体层面的毕业/综合实习中的实习指导和实习考评均能有效提升学生的就业对口程度，学生参与对就业对口程度均没有显著的影响。高中为理科、第一志愿录取的学生就业对口程度显著更高。对比第六章的相应结果，和学生总体能力与素质类似，在学生个体层面，各变量对就业状况的影响和院校-专业类固定模型结果基本保持一致，而在专业类和院校层面有所差异。由上分析，子假设 5.2 得到验证。

表 7 - 3　随机截距模型结果

固定效应		变量	能力与素质	就业起薪	就业比例	就业对口程度
层三	特征	转型试点	- 0.017	- 0.053	0.055	- 0.021
		私立院校	0.009	- 0.180 **	0.277 ***	- 0.130 ***
		转型试点 & 私立院校	- 0.078 **	0.113	- 0.367 ***	0.179 ***
	资源	生均收入取对数	- 0.002	0.02 **	0.009	0.036
	地区	中部	- 0.03	- 0.002	0.078 ***	- 0.132 ***
		西部	0.02	0.006	0.087 ***	- 0.071 **
层二	课程设置	应用实践性	0.083 *	- 0.042	0.081	- 0.136 *
		前沿交叉性	0.138 *	0.041	0.361 ***	- 0.260 **
		学科理论性	0.016	0.023	0.043	- 0.053
		职业就业性	0.158 ***	- 0.117	0.116	- 0.233 ***
	教学行为	探究引导型	0.063	- 0.096	- 0.092	0.182
		传统教学型	0.138 ***	0.125	0.006	- 0.03
		学以致用型	0.096 **	- 0.073	0.022	0.213
	实践教学	资源充分性	0.015	0.297	- 0.038	0.102
		内容质量性	- 0.027	- 0.122	- 0.214 **	0.121
		自主探索性	0.047	0.035	- 0.031	0.089
		教师应用性	0.001	0.148 *	- 0.016	0.096
层一	毕业/综合实习	实习指导	0.144 ***	0.013	0.023 ***	0.060 ***
		实习制度	0.134 ***	0.004	0.011 *	0.008
		实习考评	0.121 ***	0.006	0.017 **	0.025 **
	学生参与	课程参与	0.097 ***	- 0.005	- 0.007	0.017
		规则参与	- 0.021 ***	- 0.017 **	- 0.012 ***	0.013
		活动参与	0.073 ***	0.022 *	0.015 ***	- 0.012
		主动学习	0.068 ***	0.019 ***	0.001	0.009

续表

固定效应		变量	能力与素质	就业起薪	就业比例	就业对口程度
层一	人口学特征	男性	0.043 ***	0.045 **	0.036 *	0.01
		汉族	0.012	− 0.009	− 0.016	− 0.063 *
		独生子女	− 0.004	− 0.001	− 0.009	0.021
		中共党员	− 0.003	− 0.03	− 0.024	− 0.01
		学生干部	0.014	0.023 **	− 0.061 ***	0.042 **
	家庭背景	城市	− 0.002	0.005	0.019	− 0.048 **
		父亲初中	− 0.005	0.006	0.005	0.013
		父亲高中	0.003	− 0.01	− 0.02	0.028
		父亲大专及以上	− 0.019	− 0.025	0.005	0.016
		母亲初中	0.01	0.024	− 0.008	0
		母亲高中	0.001	0.049	0.007	− 0.023
		母亲大专及以上	0.03	0.070 **	− 0.016	0.026
		家庭 ISEI 指数	0.000	0.000	0.000	0.001 **
		家庭收入高	0.071 ***	0.150 ***	− 0.03	− 0.053
		家庭收入中等	0.013	0.065 **	0.02	− 0.03
	高中及入学前特征	高考分数 - 标准化	0.004	0.006	0.001	0.001
		高中类型 - 重点或示范性	0.018	− 0.005	0.002	0.000
		高中理科	− 0.003	0.048	− 0.009	0.055 **
		第一志愿录取	− 0.013	− 0.026	− 0.016	0.069 ***

注：1. *** $p < 0.01$，** $p < 0.05$，* $p < 0.1$，为节省篇幅，在此没有报告标准误。2. 群组数量，院校层面为16，院校 - 专业类层面为72。

（三）完全模型

随机截距模型显示，在院校、专业类层面的结果和第六章有所差异，第六章的逐步回归模型也指出转型试点可能会通过影响专业类层面的课程设置、教学行为和实践教学，还会通过影响学生个体层面的学生参与、毕业/综合实习，来对学生发展产生影响，也即转型试点对学生发展的影响存在层级效应。在随机截距模型的基础上，构建随机斜率模型，得到本研究多层模型的完全模型，从而考察转型试点对学生发展在层级间的影响机制。完全模型公式如下：

$$\text{Level}_1 : Y_{ijk} = \beta_{0jk} + \beta_{1jk} \times Feature_{ijk} + \beta_{2jk} \times Xscy_{ijk} + \beta_{3jk} \times GraInter_{ijk} + \varepsilon_{ijk}$$

$$\text{Level}_2 : \beta_{0jk} = \gamma_{01k} \times Kcsz_{jk} + \gamma_{02k} \times Teaching_{jk} + \gamma_{03k} \times Practice_{jk} + \mu_{0jk}$$

$$\beta_{1jk} = \gamma_{10k}$$

$$\beta_{2jk} = \gamma_{20k}$$

$$\beta_{3jk} = \gamma_{30k}$$

$$\text{Level}_3 : \gamma_{00k} = \lambda_{000} + \lambda_{001} \times Zxsd_k + \lambda_{002} \times Private_k + \lambda_{002} \times Lnsjsr_k + \lambda_{003} \times Locate_k + \xi_{00k} \quad (7-3)$$

$$\gamma_{01k} = \lambda_{010} + \lambda_{011} \times Zxsd_k + \xi_{01k}$$

$$\gamma_{02k} = \lambda_{020} + \lambda_{021} \times Zxsd_k + \xi_{02k}$$

$$\gamma_{03k} = \lambda_{030} + \lambda_{031} \times Zxsd_k + \xi_{03k}$$

$$\gamma_{10k} = \lambda_{100}$$

$$\gamma_{20k} = \lambda_{200} + \lambda_{201} \times Zxsd_k + \xi_{20k}$$

$$\gamma_{30k} = \lambda_{300} + \lambda_{301} \times Zxsd_k + \xi_{30k}$$

由公式（7-3）可知，在此假设转型试点与学生个体层面的学生参与、毕业/综合实习存在层级交互作用，也即层三模型中的转型试点变量会影响层一模型中学生参与和毕业/综合实习中的回归系数。此外，转型试点还影响层二模型中课程设置、教学行为、实践教学的回归系数，也即转型试点与课程设置、教学行为、实践教学存在对学生发展影响的层级交互效应。表7-4为完全模型结果。

与表7-3相比，从层一的学生人口学特征、家庭背景和高中及入学前特征来看，表7-4在各因变量上回归系数大小和显著性较为一致，而在层三、层二变量上差异相对较大。针对没有层级交互作用的变量，由表7-4得知，私立院校平均就业起薪显著更低，院校生均收入越高，学生平均就业起薪、就业比例和就业对口程度均越高。对于存在层级交互作用的变量，首先看层二中的课程设置，课程设置中的学科理论性和职业就业性对学生的能力与素质均有显著的影响，且在与转型试点的交互项上也存在显著性影响，转型试点能够减弱学科理论性对学生能力与素质的负向影响，并对职业就业性的作用有所减弱，整体上[①]学科理论性和职业就业性对能力与素质均具有显著的正向作用。在就业起薪上，转型试点能减弱课程设置各维度对就业起薪的负向作用，课程设置的各个维度整体上均对就业起薪具有显著的正向作用。在就业比例上，课程设置中只有应用实践性和学科理论性具有显著作用，转型试点可以减弱两者

---

① 两者系数相加，下同。

的显著负向作用，从而使得课程设置的应用实践性和学科理论性对就业比例具有显著的提高效果。在就业对口程度上，课程设置中的职业就业性对此具有显著的负向作用，但与转型试点的交互项对其影响并不显著。

在教学行为、实践教学、毕业/综合实习和学生参与的分析中，和课程设置相同，在此对主要结果进行说明。在教学行为上，转型试点通过探究引导型教学行为促进学生能力与素质和就业对口程度的提高，转型试点和教学行为的交互项系数大多为负且显著，说明转型试点并不能有效提升教学行为对学生发展的正向影响。在实践教学上，实践教学的不同方面影响的差距较大，转型试点能够更好地提升实践教学中的自主探索性和教师应用性，从而达到提升学生就业起薪和就业对口程度的作用，且整体上教师应用性对提升学生就业对口程度影响更大。在学生个体层面的毕业/综合实习上，整体上看，转型试点的层级影响相对较弱，且大多不显著，整体上实习指导对学生能力与素质和就业状况影响更大，转型试点能够减弱实习指导和实习考评对学生就业比例的显著促进作用。在学生个体层面的学生参与上，转型试点能够加强活动参与和主动学习对学生能力与素质的显著正向作用，且在总体效应上活动参与对学生能力与素质影响更大；而在就业状况上，转型试点能够减弱课程参与对学生就业比例的负向显著作用。综上分析，转型试点通过学生个体层面的学生参与、毕业/综合实习和专业类层面的课程设置、教学行为和实践教学的层级调节作用对学生发展产生影响，子假设 5.3 得到验证。

表 7 - 4   完全模型结果

固定效应		变量	能力与素质	就业起薪	就业比例	就业对口程度
层三	特征	转型试点	− 0.075 **	− 0.198 ***	0.026	0.023
		私立院校	− 0.065	− 0.486 ***	0.037	− 0.145
		转型试点 & 私立院校	0.033	0.380 ***	− 0.074	0.189 *
	资源	生均收入取对数	0.027	0.106 **	0.089 ***	0.071 *
	地区	中部	0.01	0.017	0.046 **	− 0.145 ***
		西部	0.049	0.07	0.078 ***	− 0.128 ***

固定效应		变量	能力与素质	就业起薪	就业比例	就业对口程度
层二	课程设置	应用实践性	0.095 *	- 0.213 ***	- 0.417 ***	- 0.096
		前沿交叉性	0.038	- 0.749 ***	- 0.134	0.132
		学科理论性	- 0.217 ***	- 0.248 ***	- 0.594 ***	0.087
		职业就业性	0.271 ***	- 0.452 ***	0.02	- 0.100 *
	教学行为	探究引导型	- 0.251 ***	0.004	- 0.635 **	- 0.297 *
		传统教学型	0.238 **	0.666 ***	0.697 ***	0.123
		学以致用型	0.185	0.367 ***	0.761 ***	0.503 **
	实践教学	资源充分性	0.193	0.787 ***	0.604 ***	0.363 ***
		内容质量性	- 0.179 **	0.159	- 0.534 ***	0.327 **
		自主探索性	0.127	- 0.357 ***	- 0.279 *	- 0.756 ***
		教师应用性	0.306 ***	- 0.309 *	0.853 ***	- 0.450 **
层一	毕业/综合实习	实习指导	0.154 ***	0.023	0.049 ***	0.058 **
		实习制度	0.123 ***	0.018	0.023 **	- 0.005
		实习考评	0.111 ***	0.035 ***	0.034 ***	0.023 *
	学生参与	课程参与	0.089 ***	0.003	- 0.026 ***	0.031 **
		规则参与	- 0.008	- 0.02	- 0.018 **	0.003
		活动参与	0.048 ***	- 0.008	0.002	- 0.014
		主动学习	0.053 ***	0.024 ***	- 0.001	0.03
	人口学特征	男性	0.044 ***	0.046 ***	0.037 *	0.009
		汉族	0.008	- 0.011	- 0.019	- 0.063 *
		独生子女	- 0.008	0.004	- 0.009	0.02
		中共党员	- 0.001	- 0.033	- 0.023	- 0.014
		学生干部	0.013	0.032 ***	- 0.060 ***	0.049 ***
	家庭背景	城市	- 0.003	0.002	0.016	- 0.049 **
		父亲初中	- 0.001	- 0.001	0.008	0.015
		父亲高中	0.005	- 0.013	- 0.016	0.027
		父亲大专及以上	- 0.017	- 0.031	0.004	0.016
		母亲初中	0.007	0.026	- 0.009	- 0.001
		母亲高中	- 0.002	0.049	0.005	- 0.02
		母亲大专及以上	0.026	0.062 *	- 0.016	0.025
		家庭 ISEI 指数	0.000	0.000	0.000	0.001 **
		家庭收入高	0.071 ***	0.155 ***	- 0.029	- 0.049
		家庭收入中等	0.013	0.066 **	0.023	- 0.037 *

续表

固定效应		变量	能力与素质	就业起薪	就业比例	就业对口程度
层一	高中及入学前特征	高考分数 - 标准化	0.003	0.008	0.001	-0.001
		高中类型 - 重点或示范性	0.015	0.001	0.004	-0.001
		高中理科	0.003	0.058 *	-0.004	0.051 **
		第一志愿录取	-0.011	-0.027	-0.016	0.068 ***
层级效应	课程设置	应用实践性 × 转型试点	-0.012	0.307 ***	0.679 ***	-0.127
		前沿交叉性 × 转型试点	0.026	1.020 ***	0.636 *	-0.491 **
		学科理论性 × 转型试点	0.311 ***	0.537 ***	0.794 ***	-0.158
		职业就业性 × 转型试点	-0.197 **	0.617 ***	0.191 *	-0.127
	教学行为	探究引导型 × 转型试点	0.401 ***	-0.574 ***	0.351	0.623 ***
		学以致用型 × 转型试点	-0.088	-0.713 ***	-0.794 ***	-0.257
		传统教学型 × 转型试点	-0.118	-0.760 ***	-0.830 ***	-0.113
	实践教学	资源充分性 × 转型试点	-0.212	-0.074	-0.630 ***	-0.292 *
		内容实践性 × 转型试点	0.15	-0.214	0.299	-0.24
		自主探索性 × 转型试点	-0.119	0.536 ***	0.241	0.794 ***
		教师应用性 × 转型试点	-0.300 ***	0.423 **	-1.035 ***	0.687 ***
	毕业/综合实习	实习指导 × 转型试点	-0.014	-0.013	-0.041 ***	0.007
		实习制度 × 转型试点	0.018	-0.019	-0.019	0.021
		实习考评 × 转型试点	0.023	-0.040 ***	-0.028 **	0.006
	学生参与	课程参与 × 转型试点	0.016	-0.013	0.032 ***	-0.022
		规则参与 × 转型试点	-0.015	0.005	0.01	0.013

续表

固定效应		变量	能力与素质	就业起薪	就业比例	就业对口程度
层级 效应	学生参与	活动参与 × 转型试点	0.035 **	0.036 **	0.019 **	− 0.001
		主动学习 × 转型试点	0.024 *	− 0.008	0.007	− 0.039

注：和表 7 - 3 相同。

四 层级影响的结论及讨论

综合上述的分析，本节的子假设 5.1 得到部分验证，子假设 5.2 和 5.3 得到验证，本节的主要结论可以归纳如下。

学生发展中的能力与素质和就业状况，来自院校、专业类和学生个体三个层面的差异并不相同，在新建本科院校中学生发展来自院校层面的差异极为有限，专业类层面发挥一定的作用。相比较学生能力与素质，学生就业状况受到院校、专业类的层级效应影响相对较为明显，并主要表现在专业类层面。具体而言，在学生发展的各个指标上，就业起薪来自专业类的差异最大，达到 10.25%，其次为就业比例，专业类的跨级相关系数为 8.50%。在能力与素质及各维度上，相对而言，学生总体能力与素质受到专业类层级的影响最大且显著，跨级相关系数为 7.66%，而在能力与素质的各个维度上，专业类层面的影响均不到 5%，且在沟通表达能力、团队协作能力方面专业类的跨级相关系数不足 2%。从院校层面来看，整体上，各个因变量中来自院校层面的差异均较小，学生能力与素质中的专业素养与态度来自院校层面的差异最大，其比例为 5.09%，其次为就业比例和工作总体满意度。就业起薪来自院校层面的差异非常小，只有 0.86%，这和选择后进行分析的样本有关，选择后的样本基本属于新建本科院校。另外值得注意的是，尽管院校层面作用有限，但是院校在学生专业素养与态度方面的作用相对较大。

学生个体特征与家庭背景对学生发展产生一定影响。男性、家庭收入越高，学生总体能力与素质发展越好；家庭收入越高、母亲受教育程度大专及以上，学生平均就业起薪显著越高；学生干部、女性学生毕业后就业比例显著更低，即升学比例显著更高；家庭 ISEI 指数越高、第一志愿录取、高中为理科，就业对口程度越高。学生参与和毕业/综合实习对学生能力与素质影响显著，学生课程参与越充分、毕业/综合实习指导越到位，学生能力与素质提升越明显，实习指导和实习考评对学生就业比例和就业对口程度均具有显著的促进作用，在校主动学习和活动参与表现越多的学生，毕业平均就业起薪显著越高，同时，活动参与越多的学生就业比例越高。可以看出，整体上，学生的性别特征和家庭收入状况对学生发展的影响最为明显，这在已有研究中已得到证实，相比已有研究结果，本研究认为这在地方本科院校中表现更为明显。此外，在专业类层面上，课程设置的职业就业性、教学行为的传统教学型对学生能力与素质影响显著且影响程度相对较大，实践教学中的教师应用性对学生就业起薪起到显著的提高作用，实践教学的内容质量性的提高并没有提升学生就业比例，同时，课程设置的应用实践性、前沿交叉性和职业就业性对学生的就业对口程度表现为显著的负向作用。这些结果说明，目前院校转型试点虽然在课程设置、教学行为和实践教学上发生了明显的改变，但是可能受制于师资质量、学校人才培养定位等因素，在课程设置和教学行为上的转变存在一定的流于形式问题。

转型试点通过专业类层面和学生个体层面的学生参与和毕业/综合实习对学生发展产生作用。从学生个体层面来看，转型试点可以加强学生参与中的主动学习、活动参与对学生总体能力与素质的促进作用。转型试点能够减弱课程参与对学生就业比例显著的负向作用，即转型试点能够通过课程参与来提升学生就业比例。转型试点并不能通过毕业/综合实习来对学生发展产生显著影响，在就业状况上，转型试点通过实习指导和实习考评来发挥一定作用。从专业类层面来看，在课程设置上，转型试点能够减弱学科理论性对学生能力与素质的负向影响，并减弱课程设置各维度对就业起薪的负向作用。同时，转型试点还将通过对课程设置的应用实践性产生影响，使得课程设置的应用实践性对学生的就业比例具有显著的促进作用。在教学行为上，整体上，转型试点不能有效提升教学行为对学生发展的正向影响，但转型试点通过探究引导型教学行为促进学生总体能力与素质和就业对口程度的提高。在实践教学上，转型试点可有效通过提升学生自主探索性和教师应用性来提高学生就业起薪、就业对口程度。可以看出，除了在学生参与的主动学习和活动参与上，转型试点对学生总体能力与素质起到正向加强作用外，在其余方面，大多表现为减弱其负效应，从而达到对学生发展的增进作用。同时，需要注意到，在教学行为上更多地表现为减弱其正效应，这说明转型试点在教学行为上的改进较为有限，传统教学仍发挥重要的作用。对于转型试点对学生能力与素质和就业状况的影响路径，将通过结构方程模型进一步探讨。

第二节 地方本科院校转型如何影响学生发展

一 院校人才培养的技术系统如何发挥作用

地方本科院校转型的关键在于人才培养模式的变革，具体主要体现在学校人才培养模式的技术系统，也即专业类层面的课程设置、教学行为和实践教学上。同时，院校转型也将对学生参与和毕业/综合实习产生影响。转型试点通过对院校培养和学生院校经历的影响，进而对学生发展产生影响。根据研究设计中的研究假设，即转型试点通过院校的技术系统对学生发展产生影响，学生参与在其中起到一定的中介作用，此外，院校转型还将通过学生的毕业/综合实习来对学生发展产生影响。本节将对研究假设 6 进行检验，建立子研究假设如下。

假设 6.1：院校转型试点通过院校人才培养的技术系统，即教学行为、课程设置、实践教学对学生能力与素质产生影响，学生参与在其中起到中介作用。院校转型试点通过上述三个方面对学生能力与素质的影响大小并不相同。

假设 6.2：院校转型通过院校人才培养的技术系统，即教学行为、课程设置、实践教学对学生就业状况产生影响，学生参与在其中起到中介作用。院校转型试点通过上述三个方面对学生就业状况影响的大小并不相同。

假设 6.3：院校转型试点还直接通过学生参与和毕业/综合实习对学生的能力与素质和学生就业状况产生显著的正向影响。

假设 6.4：参考前面的分析，转型试点通过教学行为、课程设置、实践教学、毕业/综合实习对能力与素质的影响效应明显大于对就业状况的影响效应。

二 结构方程模型选择与适配度说明

本节采用结构方程模型来进行分析。结构方程模型中自变量和因变量既可以是连续变量也可以是离散变量，它主要用于验证一个或多个自变量与一个或多个因变量之间的相互关系（程开明，2006）。此外，结构方程模型的一个特点在于考虑现实研究中不可直接观测的变量，即模型中的潜变量，模型通过考察表达潜变量的若干个显变量（可直接观测的变量）之间的协方差，估计出回归模型系数。结构方程模型中还对构造的模型进行严格的模型适配度的判定，用于验证各变量（包括潜变量和显变量）之间的关系是否合理（周涛、鲁耀斌，2006）。结构方程模型的优势在于综合了因子分析（探索性因子分析和验证性因子分析）、回归分析和路径分析等方法，克服了传统回归分析中自变量没有测量误差的强假设，通过处理测量误差并分析潜变量之间的结构关系来减小测量误差的影响（侯杰泰、成子娟，1999）。

结构方程模型对模型拟合程度的评价测量指标较多，通常情况下使用拟合优度的卡方检验。但是卡方值易受到样本数大小的影响而波动，在大样本的情况下卡方值几乎均会达到5%的显著性水平，所有假设模型都可能被拒绝，因此在大样本的情况下，可以参考其他指标来检测模型的适配度。模型适配度指标可以分为三类，分别是绝对适配系数、增值适配系数和简约适配系数（易丹辉，2008）。本研究采用 Amos 20.0 对构造的模型进行统计检验和分析。

本研究模型构建时，尝试建立包括所有分析变量的统一模型，但是模型并不能通过。为此，对于学生能力与素质和就业状况将分别建立模型进行分析，但是在模型中无法将课程设置、教学行为、实践教学、学生参与和毕业/综合实习等都包含进来，模型太为复杂，仍无法通过。为此逐一考察转型试点通过课程设置、教学行为和实践教学对学生发展的影响，其中假设学生参与在其中起中介作用。在学生能力与素质上，转型试点通过课程设置、教学行为和实践教学对学生能力与素质的影响路径中，学生参与起到中介作用。但是在学生就业状况中，如果将学生参与作为中介变量考虑进来，模型无法通过，因此在学生就业状况中，单独考虑转型试点通过学生参与对就业状况的作用。此外，对于毕业/综合实习，学生参与的中介模型不能通过，这符合研究假设。学生参与衡量了院校经历的整个过程，而毕业/综合实习则是其中一段，两者并不存在路径关系。最后一共构造了关于学生能力与素质的四个模型和关于学生就业状况的五个模型。学生能力与素质和就业状况在模型中均为潜变量，分别由前文分析中的指标作为各自的显变量。考虑到个体对专业类层面的课程设置、教学行为、实践教学等的异质性作用和老本科院校自身的影响，同时便于和多层模型分析结果进行对比说明，在此选择和多层模型分析中同样的样本，对各模型进行逐一检验。

三 不同结构方程模型的分析与比较

（一）能力与素质

在能力与素质上，根据因子分析得出来的能力与素质的六个维度，构造能力与素质的潜变量。表7-5报告了课程设置、教学行为和实践教学对学生能力与素质的影响路径标准化回归结果。在课程设置上，转型试点对课程设置具有显著的影响，路径系数也即影响大小标准化后为0.184；课程设置对学生参与也具有显著的影响，其路径系数为0.594；转型试点对学生参与、课程设置对能力与素质均没有显著的影响；转型试点和学生参与对能力与素质均具有显著的影响，学生参与对能力与素质的影响大小达到0.992。进一步结果显示，能力与素质中专业技术与能力被抽取的比例最高，其次是职业认知与规划，而团队协作能力和沟通表达能力最低。课程设置中，前沿交叉性作用最大，其次为职业就业性，而学科理论性最低。表7-6报告了转型试点通过课程设置对学生能力与素质影响的总效应。转型试点对能力与素质的总效应为-0.011，其中负向的效应主要来自转型试点对能力与素质的直接效应，而间接效应中转型试点通过课程设置对学生能力与素质的效应为正，其大小为0.113①，而来自学生参与的中介效应大小达到0.108，且达到显著性水平。另外需要说明的是，转型试点通过学生参与对学生能力与素质的影响为负，不过根据表7-5，转型试点对学生参与并没有产生显著的影响。

表7-5 课程设置、教学行为和实践教学对学生能力与素质的影响路径结果

	路径	标准化系数	标准误	临界比值	*p* 值
课程设置	课程设置←转型试点	0.184	0.006	10.178	***
	学生参与←课程设置	0.594	0.118	15.158	***
	学生参与←转型试点	-0.006	0.027	-0.206	0.837

---

① 根据表7-5，计算转型试点通过课程设置对学生能力与素质的效应，公式为0.184×0.023+0.184×0.594×0.992，包括学生参与的中介作用，下同。

	路径	标准化系数	标准误	临界比值	p 值
课程设置	能力与素质←课程设置	0.023	0.225	0.287	0.774
	能力与素质←转型试点	−0.124	0.034	−3.266	0.001
	能力与素质←学生参与	0.992	0.115	8.109	***
教学行为	教学行为←转型试点	0.165	0.006	10.05	***
	学生参与←教学行为	0.428	0.08	14.014	***
	学生参与←转型试点	0.025	0.028	0.898	0.369
	能力与素质←教学行为	0.08	0.107	1.488	0.137
	能力与素质←转型试点	−0.116	0.029	−3.121	0.002
	能力与素质←学生参与	0.968	0.082	9.12	***
实践教学	实践教学←转型试点	0.294	0.006	15.235	***
	学生参与←实践教学	0.497	0.126	13.756	***
	学生参与←转型试点	−0.046	0.029	−1.559	0.119
	能力与素质←实践教学	0.054	0.18	0.853	0.394
	能力与素质←转型试点	−0.124	0.032	−3.173	0.002
	能力与素质←学生参与	0.979	0.09	8.899	***

注:*** 表示 $p < 0.001$,下同。

表 7 – 6　转型试点通过课程设置对学生能力与素质影响的总效应

	转型试点	课程设置	学生参与	能力与素质
课程设置	0.184	0	0	0
学生参与	0.103	0.594	0	0
能力与素质	−0.011	0.612	0.992	0

在教学行为上,转型试点对教学行为的直接影响为 0.165,小于转型试点对课程设置的直接影响;同时,教学行为对学生参与的影响大小为 0.428,也在 1% 的水平上显著。转型试点对学生参与没有显著性影响,教学行为对能力与素质也没有显著性影响。学生参与和转型试点对能力与素质均有显著性影响,不过转型试点对能力与素质的直接影响为负。转型试点通过教学行为对能力与素质的影响大小为 0.082,小于转型试点通过课程设置的作用大小,其中通过学生参与的中介作用的影响大小为 0.068,且在 5% 的水平上显著,学生参与的中介作用更为明显。表 7 – 7 报告了转型试点通过教学行为对学生能力与素质影响的总效应,其总效

应大小为 -0.034，学生参与对能力与素质影响最大。

表 7-7 转型试点通过教学行为对学生能力与素质影响的总效应

	转型试点	教学行为	学生参与	能力与素质
教学行为	0.165	0	0	0
学生参与	0.095	0.428	0	0
能力与素质	-0.034	0.495	0.968	0

在实践教学上，转型试点对实践教学的直接影响为 0.294，在 1% 的水平上显著，明显大于转型试点对课程设置和教学行为的直接影响；同时，实践教学对学生参与的影响大小为 0.497，也在 1% 的水平上显著。转型试点对学生参与没有显著性影响，实践教学对能力与素质也没有显著性影响。学生参与和转型试点对能力与素质均有显著性影响，不过转型试点对能力与素质的直接影响为负。转型试点通过实践教学对能力与素质的影响大小为 0.159，明显大于转型试点通过课程设置和教学行为对学生能力与素质的影响。其中，转型试点直接通过实践教学对学生能力与素质的影响为 0.0159，而通过学生参与的中介作用为 0.143，并达到显著性水平。表 7-8 报告了转型试点通过实践教学对学生能力与素质影响的总效应，其总效应大小为 0.035。可以认为，转型试点对学生能力与素质起促进作用的路径是：转型试点→实践教学→学生参与→能力与素质。

表 7-8 转型试点通过实践教学对学生能力与素质影响的总效应

	转型试点	实践教学	学生参与	能力与素质
实践教学	0.294	0	0	0
学生参与	0.101	0.497	0	0
能力与素质	0.035	0.54	0.979	0

在转型试点对能力与素质的影响路径模型中，进一步考虑学生个体层面的毕业/综合实习的影响。在模型构建中，在此并不存在学生参与的中介作用机制，同时在模型构建中发现以毕业/综合实习作为潜变量放入路径中，并不能得到有效结果，故在此将毕业/综合实习的三个维度实习指导、实习制度和实习考评作为显变量放入模型，标准化影响路径结果见表 7-9。由表 7-9 可知，转型试点对实习考评、实习制度、实习指导

和能力与素质均具有显著性影响,[①] 转型试点对实习考评的作用更强,而对实习制度的影响最弱;同时实习考评、实习制度、实习指导对能力与素质均具有显著性影响,且实习指导的作用相对较强,这与前面回归分析的结果保持一致。转型试点通过实习指导、实习制度和实习考评对学生能力与素质的影响大小分别为 0.025、0.015、0.034,可知转型试点通过实习考评对学生能力与素质的促进作用相对较大。表 7 - 10 报告了转型试点通过毕业/综合实习对学生能力与素质影响的总效应结果,转型试点对学生能力与素质影响的总效应大小为 0.003。

表 7 - 9　毕业/综合实习对学生能力与素质的影响路径结果

	路径	标准化系数	标准误	临界比值	p 值
毕业/综合实习	实习考评←转型试点	0.067	0.03	4.389	***
	实习制度←转型试点	0.027	0.031	1.776	0.076
	实习指导←转型试点	0.037	0.031	2.403	0.016
	能力与素质←转型试点	-0.07	0.02	-2.694	0.007
	能力与素质←实习考评	0.51	0.012	16.365	***
	能力与素质←实习指导	0.663	0.013	19.312	***
	能力与素质←实习制度	0.55	0.012	17.229	***

表 7 - 10　转型试点通过毕业/综合实习对学生能力与素质影响的总效应

	转型试点	实习考评	实习制度	实习指导	能力与素质
实习考评	0.067	0	0	0	0
实习制度	0.027	0	0	0	0
实习指导	0.037	0	0	0	0
能力与素质	0.003	0.51	0.55	0.663	0

(二) 就业状况

在就业状况上,以就业起薪、就业对口程度、就业比例和工作总体满意度为显变量,将就业状况设置为潜变量。在实际进行模型构建时,发现学生参与不再具有中介作用,模型均不能通过,因此在对就业状况

[①]　其中转型试点对实习制度的影响显著性是在 10% 的水平上。

的考察中，在课程设置、教学行为和实践教学等方面不再有学生参与的中介作用。对于学生参与的作用，和能力与素质中对毕业/综合实习的考察一样，和毕业/综合实习都单独进行。[①]

表 7 - 11 报告了转型试点通过课程设置、教学行为和实践教学对学生就业状况的影响路径结果。表 7 - 12 报告了上述三个方面对学生就业状况影响总效应的情况。

在课程设置上，转型试点对课程设置、转型试点对就业状况、课程设置对就业状况均具有显著的影响，课程设置对就业状况的标准化路径系数为 0.283，转型试点对课程设置的标准化路径系数为 0.177。在总效应上，转型试点对就业状况的影响为 - 0.116。计算可知，转型试点对就业状况的影响，来自课程设置的路径作用为 0.0501，也即转型试点通过课程设置对就业状况的影响为正。

表 7 - 11　课程设置、教学行为和实践教学对学生就业状况的影响路径结果

	路径	标准化系数	标准误	临界比值	*p* 值
课程设置	课程设置←转型试点	0.177	0.006	9.848	***
	就业状况←转型试点	- 0.166	0.009	- 4.197	***
	就业状况←课程设置	0.283	0.04	5.09	***
教学行为	教学行为←转型试点	0.157	0.006	9.841	***
	就业状况←转型试点	- 0.218	0.009	- 4.96	***
	就业状况←教学行为	0.243	0.027	5.347	***
实践教学	实践教学←转型试点	0.267	0.005	13.178	***
	就业状况←转型试点	- 0.209	0.01	- 4.706	***
	就业状况←实践教学	0.196	0.037	4.574	***

表 7 - 12　课程设置、教学行为和实践教学对学生就业状况影响的总效应

	转型试点	课程设置	就业状况
课程设置	0.177	0	0
就业状况	- 0.116	0.283	0

[①]　需要说明的是，毕业/综合实习的模型中，也不存在学生参与的中介作用，故都单独进行考察。

	转型试点	教学行为	就业状况
教学行为	0.157	0	0
就业状况	-0.18	0.243	0
	转型试点	实践教学	就业状况
实践教学	0.267	0	0
就业状况	-0.157	0.196	0

在教学行为上，转型试点对教学行为、转型试点对就业状况、教学行为对就业状况均具有显著的影响，教学行为对就业状况的标准化路径系数为0.243，转型试点对教学行为的标准化路径系数为0.157，小于课程设置中对应的路径系数。在总效应上，转型试点对就业状况的影响为-0.18。计算得知，转型试点对就业状况的影响，来自教学行为的路径作用大小为0.038，转型试点通过教学行为对就业状况的影响为正，略小于通过课程设置的间接影响。

在实践教学上，转型试点对实践教学、转型试点对就业状况、实践教学对就业状况均具有显著的影响，实践教学对就业状况的标准化路径系数为0.196，小于课程设置和教学行为对就业状况的路径系数；转型试点对实践教学的标准化路径系数为0.267，明显大于课程设置和教学行为中对应的路径系数。在总效应上，转型试点对就业状况的影响为-0.157。转型试点对就业状况的影响，来自实践教学的路径作用为0.052，转型试点通过实践教学对就业状况的影响为正，略大于通过课程设置和教学行为的间接影响。

表7-13报告了转型试点通过学生参与和毕业/综合实习对学生就业状况的影响路径结果。表7-14、表7-15分别报告了学生参与、毕业/综合实习对学生就业状况影响的总效应情况。

在学生参与上，转型试点对学生参与各维度的影响均显著，且相对而言，在主动学习和活动参与上路径系数相对较大；转型试点对就业状况具有显著的负向作用；四类学生参与中，规则参与对就业状况影响并不显著，课程参与对就业状况影响最大且显著，其次为主动学习。在毕业/综合实习上，转型试点对实习考评的影响程度最大，而对实习制度和实习指导影响相对较小；实习指导、实习考评和实习制度对就业状况均有显著性影响，且实习指导作用相对较大。转型试点通过学生参与各维

度，即主动学习、活动参与、规则参与、课程参与对就业状况的影响大
小分别为 0.011、0.006、0.0006、0.009，可知转型试点通过主动学习对
就业状况的促进作用相对较为明显，其次为课程参与。不过，从大小来
看，转型试点通过四类学生参与对就业状况的影响均较小。在毕业/综合
实习上，转型试点通过实习指导、实习制度和实习考评对就业状况的影
响分别为 0.010、0.007、0.013，可知转型试点通过实习考评对就业状况
的影响相对较大。不过从三者大小来看，转型试点通过毕业/综合实习影
响就业状况作用相对有限。

表 7 – 13　学生参与、毕业/综合实习对学生就业状况的影响路径结果

	路径	标准化系数	标准误	临界比值	*p* 值
学生参与	主动学习←转型试点	0.078	0.023	6.678	***
	活动参与←转型试点	0.077	0.023	6.553	***
	规则参与←转型试点	− 0.027	0.023	− 2.266	0.023
	课程参与←转型试点	0.062	0.023	5.3	***
	就业状况←转型试点	− 0.219	0.009	− 6.645	***
	就业状况←主动学习	0.139	0.004	4.784	***
	就业状况←活动参与	0.08	0.004	2.943	0.003
	就业状况←规则参与	− 0.023	0.004	− 0.89	0.373
	就业状况←课程参与	0.148	0.004	5.021	***
毕业/综合实习	实习指导←转型试点	0.035	0.023	3.014	0.003
	实习考评←转型试点	0.077	0.022	6.563	***
	实习制度←转型试点	0.038	0.023	3.247	0.001
	就业状况←转型试点	− 0.183	0.007	− 5.881	***
	就业状况←实习制度	0.180	0.004	5.841	***
	就业状况←实习指导	0.292	0.004	7.779	***
	就业状况←实习考评	0.165	0.004	5.470	***

表 7 – 14　学生参与对学生就业状况影响的总效应

	转型试点	主动学习	活动参与	规则参与	课程参与	就业状况
主动学习	0.078	0	0	0	0	0
活动参与	0.077	0	0	0	0	0
规则参与	− 0.027	0	0	0	0	0

续表

	转型试点	主动学习	活动参与	规则参与	课程参与	就业状况
课程参与	0.062	0	0	0	0	0
就业状况	-0.192	0.139	0.08	-0.023	0.148	0

表 7-15　毕业/综合实习对学生就业状况影响的总效应

	转型试点	实习制度	实习考评	实习指导	就业状况
实习制度	0.038	0	0	0	0
实习考评	0.077	0	0	0	0
实习指导	0.035	0	0	0	0
就业状况	-0.153	0.18	0.165	0.292	0

四　影响路径的结论与讨论

根据研究假设，院校转型试点将通过院校人才培养的技术系统，即课程设置、教学行为和实践教学来对学生发展产生影响。由本节的分析可以得到，转型试点在对学生能力与素质的影响上，表现为转型试点影响课程设置、教学行为、实践教学，进而课程设置、教学行为、实践教学影响学生参与从而对学生能力与素质产生显著的正向影响。而在就业状况上，学生参与并不起中介作用，转型试点通过影响课程设置、教学行为和实践教学来对学生就业状况产生显著的积极影响。无论是对于学生的能力与素质还是对于学生就业状况的影响路径中，转型试点对课程设置、教学行为和实践教学都产生显著的正向作用，相对而言，对实践教学的作用最大，其次为课程设置，教学行为最小。本节子假设6.1得到验证，而子假设6.2没有得到验证。在能力与素质中，专业技术与能力的作用最强，其次为专业素养与态度，在就业状况中则表现为工作总体满意度最强，其次为就业起薪。表7-16、表7-17和表7-18汇总了相关路径结果。可以看到，转型试点对学生能力与素质和就业状况的直接效应和总效应大多为负，这说明目前转型试点虽然一定程度上通过课程设置、教学行为、实践教学来提升学生能力与素质和改善学生就业状况，但是其作用还相对有限。

表 7 - 16 各路径中转型试点对课程设置、教学行为和实践教学的路径系数

	课程设置	教学行为	实践教学
转型试点（能力与素质）	0.184	0.165	0.294
转型试点（就业状况）	0.177	0.157	0.267

表 7 - 17 能力与素质各路径模型中转型试点影响效应汇总

	总效应	直接效应	间接效应	间接效应 1	间接效应（学生参与）
课程设置	- 0.011	- 0.124	0.113	0.005	0.108
教学行为	- 0.034	- 0.116	0.082	0.014	0.068
实践教学	0.035	- 0.124	0.159	0.016	0.143

注：1. 间接效应表示模型中转型试点通过其他路径对学生发展的影响。2. 间接效应 1 表示模型中转型试点通过课程设置、教学行为或实践教学对学生发展的影响，间接效应 1 均不显著。

表 7 - 18 就业状况各路径模型中转型试点影响效应汇总

	总效应	直接效应	间接效应
课程设置	- 0.116	- 0.166	0.050
教学行为	- 0.180	- 0.218	0.038
实践教学	- 0.157	- 0.209	0.052

此外，转型试点还通过影响学生参与和毕业/综合实习对学生发展产生影响。在能力与素质的课程设置、教学行为和实践教学各模型中，研究发现转型试点并不能显著通过学生参与对学生能力与素质产生积极的影响。学生参与对学生能力与素质产生显著影响是通过转型试点在课程设置、教学行为或实践教学中起中介作用。在课程设置、教学行为和实践教学三个模型中，课程设置、教学行为和实践教学均对学生参与产生显著影响，相对而言，课程设置的影响最大，其路径系数为 0.59，其次为实践教学。在学生参与的三个维度中，在各模型中均表现为课程参与的作用最大。在毕业/综合实习上，转型试点还将通过影响实习考评、实习制度、实习指导进而影响学生能力与素质，相对而言，转型试点对实习考评的影响最大，也是实习考评对学生能力与素质影响最大。在就业状况上，转型试点对学生参与各维度影响极为有限，相对而言，对主动学习的影响最大，路径系数大小为 0.078；在几类参与中，转型试点通过

主动学习对学生就业状况影响最大，其次为课程参与。此外，转型试点还将通过实习指导、实习考评和实习制度对学生就业状况产生影响，和能力与素质相同，相对而言，实习考评所起作用最大。对模型分析发现，转型试点通过毕业/综合实习对学生发展产生影响时，学生参与并不起中介作用。子假设 6.3 得到部分验证。

　　进一步地，研究比较分析转型试点对学生能力与素质和就业状况的路径影响大小发现，转型试点通过课程设置、教学行为和实践教学对学生能力与素质的影响，[①] 明显大于对就业状况的影响。转型试点通过课程设置、教学行为和实践教学对学生能力与素质的间接效应分别为 0.113、0.082 和 0.159，而就业状况中对应的则分别只有 0.050、0.038 和 0.052。间接效应的不同是导致转型试点对能力与素质和就业状况总效应不同的根本所在，故表现为转型试点对能力与素质提升表现更为明显。子假设 6.4 得到验证。和之前分析结果保持一致，学生参与对学生就业状况的作用较为有限，但在学生能力与素质中起到重要作用。

---

　　①　包括学生参与的中介效应。

第八章　院校转型的再审视：家庭背景与学生发展

前面四章的分析回答了最开始提出的"正在发生什么""效果如何""效果是如何或通过什么机制产生的"等问题。正如本书在问题缘起的"现实关注"中提出的，相比于重点院校，地方本科院校中来自较低社会阶层的学生相对较多，对于地方本科院校学生发展需要关注社会阶层的作用，这也是关注地方本科院校中的不平等问题。在此，社会阶层主要通过学生的家庭背景来反映。在第四章的分析中已经指出，在地方本科院校内部，转型试点院校中学生家庭背景不仅明显弱于老本科院校，甚至也弱于非转型试点院校。第六章的院校 - 专业类固定效应和第七章中的多层模型分析都发现，家庭背景对学生的能力与素质和就业状况有较大的解释力度，且对学生能力与素质和就业状况产生显著的影响，这尤其表现在家庭经济收入和城乡背景上。正如 2017 年李克强总理政府工作报告中指出的"办好公平优质教育"是当前我国教育发展的重点和关键问题，地方本科院校转型的核心在于人才培养模式改革，在于提升人才培养质量。对于地方本科院校转型对学生发展的关注，无论是从现实关注上还是回应已有研究，都让研究者对于在院校转型试点过程中的高等教育不平等问题饶有兴趣，本书认为这是对院校转型的"再审视"。这对于我们进一步认识转型试点对学生发展的作用具有重要的现实意义，也有助于我们进一步认识"效果如何"的问题。本章在转型试点过程中的高等教育不平等问题，落脚在对家庭背景与学生发展的关系考察上，将检验研究假设 7。具体来说，延续前面研究的思路，将首先分析不同家庭背景学生在院校转型试点变革感知上的不同，结合前面的研究结论，将重点比较城乡学生和不同家庭收入学生在转型试点变革感知上的不同。

再者,将采用第五章的处理效应模型,聚焦城乡背景,通过采用城市和农村两个不同样本,比较在城市和农村两个学生群体中,转型试点对学生发展的不同影响。最后,本章采用院校 – 专业类固定效应模型来比较转型试点院校和非转型试点院校样本中家庭背景对学生发展影响的不同,并进一步使用家庭背景和转型试点的交互项来分析转型试点、家庭背景和学生发展的关系。

第一节 转型试点变革感知

一 城乡学生比较

全样本中城乡学生比例分别为 46.1% 和 53.9%。表 8 – 1 报告了全样本下城乡学生变革感知均值比较情况。由表 8 – 1 可知,城市和农村学生对院校整体变革感知的比例分别为 32.5% 和 36.8%,城乡学生之间在 1% 的水平上存在显著性差异。在对所在专业人才培养方式变革感知上,城市和农村学生感知的比例分别为 30.3% 和 33.1%,两者在 5% 的水平上存在显著性差异。和院校整体及所在专业一样,在课程设置、教师教学、专业实习和校企合作四个方面,农村学生感知比例也均比城市学生比例更高,但是两者均不存在显著性差异。

表 8 – 1 城乡学生变革感知均值比较 (全样本)

	农村	城市	差值	标准误	t 值	p 值
院校整体	0.368	0.325	0.043	0.012	3.76	0.000
所在专业	0.331	0.303	0.028	0.011	2.49	0.013
课程设置	0.295	0.290	0.004	0.011	0.40	0.689
教师教学	0.306	0.293	0.014	0.011	1.23	0.220
专业实习	0.333	0.325	0.008	0.011	0.71	0.475
校企合作	0.352	0.342	0.009	0.012	0.81	0.415

表 8 – 2 进一步报告了以转型试点院校为样本,城乡学生在变革感知上的差异比较。转型试点院校样本中城乡学生比例分别为 43.7% 和 56.3%。由表 8 – 2 可知,对于院校整体人才培养模式感知认同的城乡学生比例分别为 41.4% 和 48.7%,两者之间存在显著性差异。此外,在对

所在专业和专业实习的变革感知上，农村学生比例均在 10% 的水平上显著高于城市学生。而在课程设置、教师教学、校企合作等方面，两者均不存在显著性差异。进一步与全样本下城乡学生对六个方面变革的感知情况进行比较，结果显示，在转型试点院校样本中，无论是城市学生还是农村学生在六个方面变革的感知比例均相对较高。

表 8 - 2　城乡学生变革感知均值比较（转型试点院校）

	农村	城市	差值	标准误	t 值	p 值
院校整体	0.487	0.414	0.073	0.018	3.97	0.000
所在专业	0.442	0.406	0.035	0.018	1.93	0.054
课程设置	0.368	0.364	0.003	0.018	0.18	0.861
教师教学	0.364	0.378	- 0.014	0.018	- 0.79	0.428
专业实习	0.432	0.396	0.035	0.018	1.92	0.054
校企合作	0.464	0.436	0.028	0.019	1.50	0.134

二　家庭年收入

在家庭经济资本上，以家庭年收入来进行衡量，表 8 - 3 报告了全样本下不同收入家庭的学生对变革感知的方差分析结果。全样本中家庭年收入低、中、高的学生比例分别为 56.4%、30.5% 和 13.1%。由表可知，不同家庭经济收入的学生在对院校整体、所在专业、教师教学和校企合作的变革感知上均在 5% 的水平上存在显著性差异，而在课程设置和专业实习上均不存在显著性差异。比较不同收入家庭学生对院校整体、所在专业、课程设置、教师教学、专业实习和校企合作六个方面的变革感知情况，结果显示，低家庭收入学生变革感知均明显更高，其次为中等收入家庭学生，而高收入家庭学生的感知比例均明显更低。

表 8 - 3　不同收入家庭学生变革感知方差分析（全样本）

			平方和	df	均方	F	显著性
家庭 年收入	院校整体	组间	3.814	2	1.907	8.4	0.000
	所在专业	组间	3.126	2	1.563	7.2	0.001

			平方和	*df*	均方	*F*	显著性
家庭 年收入	课程设置	组间	1.116	2	0.558	2.7	0.068
	教师教学	组间	1.902	2	0.951	4.5	0.011
	专业实习	组间	0.283	2	0.141	0.6	0.527
	校企合作	组间	1.383	2	0.692	3.1	0.047

由第四章的分析可知，不同类型院校中学生在经济资本上差异较大，转型试点院校学生中来自低收入家庭学生明显更多，低收入家庭学生比例为66.4%。而前面的分析也已经给出，转型试点院校中学生对变革感知的比例显著更高。对转型试点院校样本进行上述比较发现，不同家庭年收入学生在上述六个方面的感知均不存在显著性差异，结果见表8-4。

表8-4 不同收入家庭学生变革感知方差分析（转型试点院校）

			平方和	*df*	均方	*F*	显著性
家庭 年收入	院校整体	组间	0.714	2	0.357	1.440	0.237
	所在专业	组间	0.470	2	0.235	0.961	0.383
	课程设置	组间	0.158	2	0.079	0.340	0.712
	教师教学	组间	0.126	2	0.063	0.269	0.764
	专业实习	组间	0.277	2	0.139	0.570	0.566
	校企合作	组间	0.729	2	0.365	1.473	0.230

三 其他家庭背景

在家庭文化资本和父母职业上，比较全样本下学生变革感知的差异情况。结果显示，在父亲受教育程度上，不同父亲受教育程度学生间在变革感知的六个方面均不存在显著性差异；在母亲受教育程度上，除专业实习外，不同母亲受教育程度学生间在变革感知上也均不存在显著性差异；在父亲职业上，不同父亲职业层级学生间在各方面变革感知上均在5%的水平上不存在显著性差异，在院校整体和专业实习上在10%的水平上存在显著性差异；在母亲职业上，母亲不同职业层级学生在校企合作的变革感知上存在显著性差异，而在其他方面均不存在显著性差异。整体上可认为，在父母教育情况和父母职业上，不同群体学生间在变革感知上差异并不明显。

第二节　转型试点效果的城乡比较

一　全样本比较

表 8－5 和表 8－6 分别报告了城市和农村样本转型试点对学生发展的影响。对两组样本中各个变量的处理效应模型均进行了第五章中说明的假设判定，均达到相应要求，在此不再一一给出。由表可知，在城市样本中，转型试点对学生总体能力与素质没有显著影响，但对于农村样本，转型试点对学生总体能力与素质具有显著影响。结合第五章分析得到的结果，可以认为，转型试点对学生能力与素质的促进作用主要体现在农村学生上。在能力与素质的各个维度上，城市学生样本中，转型试点对批判创新能力具有显著的影响，而对专业技术与能力、专业素养与态度、职业认知与规划、团队协作能力、沟通表达能力均没有显著影响；在农村样本中，转型试点对专业素养与态度（10% 的显著性水平上）和沟通表达能力均有显著影响。比较城市、农村两类样本中同一能力与素质维度在处理组和控制组得分可知，城市学生在专业技术与能力上均更优，而农村学生在专业素养与态度上表现更好。在处理组，也即进入转型试点院校的学生一组上，城市学生在批判创新能力和职业认知与规划上也明显好于同样进入转型试点院校的农村学生；而对进入转型试点院校的学生，相比于城市学生，农村学生在团队协作能力和沟通表达能力上的提升更为明显。

表 8－5　转型试点对城市学生发展效果（全样本）

分类	变量	处理组	控制组	差值（ATT）	标准误	t 值
能力与素质	总体能力与素质	3.106	3.079	0.028	0.024	1.14
	专业技术与能力	0.062	0.062	0.000	0.051	0.00
	专业素养与态度	-0.091	-0.122	0.031	0.051	0.61
	批判创新能力	0.081	-0.033	0.114	0.051	2.25
	职业认知与规划	0.037	0.048	-0.011	0.050	-0.22
	团队协作能力	0.010	-0.071	0.081	0.050	1.62
	沟通表达能力	0.020	0.014	0.006	0.050	0.11

续表

分类	变量	处理组	控制组	差值（ATT）	标准误	t 值
就业状况	就业比例	0.853	0.799	0.054	0.019	2.88
	就业对口程度	0.685	0.682	0.003	0.028	0.11
	就业起薪	3079.1	3327.9	-248.8	95.7	-2.6
	工作总体满意度	0.775	0.792	-0.016	0.025	-0.65

从就业状况来看，对比表8-5和表8-6发现，无论是处理组还是控制组，农村学生的就业比例和就业对口程度均相对较高，但就业起薪和工作总体满意度均明显相对较低。在就业比例上，转型试点对于城市学生样本和农村学生样本均具有显著的正向影响，而在就业起薪上，则都显示为显著的负向影响，在就业对口程度和工作总体满意度上均没有显著影响。转型试点对就业起薪的显著负向影响，在第五章中已经解释，在此不再说明。不过值得注意的是，相比于城市学生样本，农村学生样本中就业起薪在处理组和控制组上差异明显更大，这是因为转型试点院校中来自农村的学生比例更高。

表 8 - 6 转型试点对农村学生发展效果（全样本）

分类	变量	处理组	控制组	差值（ATT）	标准误	t 值
能力与素质	总体能力与素质	3.100	3.034	0.067	0.021	3.14
	专业技术与能力	-0.030	-0.075	0.044	0.045	0.98
	专业素养与态度	0.091	0.015	0.076	0.045	1.69
	批判创新能力	0.000	-0.030	0.030	0.045	0.68
	职业认知与规划	-0.013	-0.047	0.034	0.045	0.75
	团队协作能力	0.043	-0.010	0.053	0.046	1.16
	沟通表达能力	0.041	-0.084	0.125	0.046	2.71
就业状况	就业比例	0.876	0.842	0.034	0.017	2.03
	就业对口程度	0.701	0.701	-0.001	0.026	-0.02
	就业起薪	2876.4	3172.5	-296.1	73.1	-4.05
	工作总体满意度	0.677	0.697	-0.020	0.027	-0.73

二　新建本科样本比较

和第五章的分析类似，全样本的分析由于存在院校本身的作用，而使得结果的估计可能并不准确，这尤其表现在就业状况上。为此对新建本科样本进行了同样的分析，针对新建本科院校的城市和农村样本对学生发展各变量进行了倾向得分匹配估计，保证各变量估计都达到相应的匹配要求。新建本科样本一共5209份，其中农村学生比例为53.8%，城市学生比例为46.2%。由表8-7和表8-8可知，在农村学生样本中，转型试点对学生的总体能力与素质、专业技术与能力、专业素养与态度、职业认知与规划和沟通表达能力均具有显著的影响；而在城市学生样本中，转型试点只对学生的批判创新能力和团队协作能力（10%的显著性水平上）具有显著的影响。相比于全样本的分析，在新建本科样本中，无论是城市样本还是农村样本，转型试点的作用都有所增强，且在农村样本上反映更为明显。可以认为，整体上，相比于城市学生，转型试点对于农村学生能力与素质的提升更为明显。但是值得注意的是，在批判创新能力上农村学生表现更差，且转型试点对农村学生效果并不明显，而对于城市学生效果显著；此外，尽管转型试点对于农村学生专业技术与能力和职业认知与规划具有显著的提升作用，但农村学生专业技术与能力的表现弱于城市学生。

表 8 - 7 转型试点对城市学生发展效果（新建本科样本）

分类	变量	处理组	控制组	差值（ATT）	标准误	*t* 值
能力与素质	总体能力与素质	3.106	3.070	0.037	0.027	1.35
	专业技术与能力	0.062	0.026	0.036	0.058	0.62
	专业素养与态度	-0.091	-0.029	-0.061	0.059	-1.04
	批判创新能力	0.081	-0.078	0.159	0.059	2.68
	职业认知与规划	0.037	0.048	-0.012	0.059	-0.19
	团队协作能力	0.010	-0.092	0.102	0.058	1.76
	沟通表达能力	0.020	-0.006	0.026	0.056	0.46
就业状况	就业比例	0.853	0.838	0.015	0.021	0.7
	就业对口程度	0.685	0.682	0.003	0.032	0.08
	就业起薪	3079.1	3043.7	35.4	103.0	0.34
	工作总体满意度	0.775	0.766	0.010	0.029	0.33

从就业状况来看，在新建本科样本中，无论对于城市样本还是农村样本，转型试点对就业比例和就业起薪不再有显著影响，这也进一步验证就业状况受学校影响明显，老本科院校在就业状况上明显优于新建本

科院校。在城市样本中，处理组学生在就业比例、就业对口程度、就业起薪和工作总体满意度上均高于控制组；在农村样本中，处理组学生在就业对口程度和工作总体满意度上均高于控制组，而在就业比例和就业起薪上稍低于控制组。对比全样本结果发现，农村学生在就业起薪和工作总体满意度上变化更为明显。不过需要指出的是，无论是处理组还是控制组，城市学生在就业起薪和工作总体满意度上均明显高于农村学生。

表 8 – 8 转型试点对农村学生发展效果（新建本科样本）

分类	变量	处理组	控制组	差值（ATT）	标准误	t 值
能力与素质	总体能力与素质	3.100	3.002	0.098	0.023	4.25
	专业技术与能力	−0.030	−0.137	0.107	0.051	2.09
	专业素养与态度	0.091	−0.063	0.154	0.051	3.02
	批判创新能力	0.000	−0.033	0.033	0.051	0.65
	职业认知与规划	−0.013	−0.152	0.139	0.053	2.63
	团队协作能力	0.043	−0.007	0.050	0.052	0.96
	沟通表达能力	0.041	−0.064	0.105	0.053	2.00
就业状况	就业比例	0.876	0.883	−0.007	0.017	−0.41
	就业对口程度	0.701	0.679	0.021	0.030	0.72
	就业起薪	2876.4	2905.3	−28.8	76.6	−0.38
	工作总体满意度	0.677	0.640	0.037	0.031	1.2

第三节 转型试点、家庭背景与学生发展

一 能力与素质

表 8 – 9 为转型试点院校和非转型试点院校样本的院校 – 专业类固定效应模型结果。在城乡背景上，在非转型试点院校中，城市对学生总体能力与素质、专业技术与能力、专业素养与态度等的回归系数均明显高于转型试点院校样本中相应的回归系数，且对于非转型样本，城市对学生专业技术与能力具有显著的正向影响，相比于农村学生，城市学生专业技术与能力平均显著高 0.097 个标准得分；在父母教育上，非转型试点院校中，父母平均受教育年限对总体能力与素质和学生专业技术与能力

也均具有显著的正向影响，而在转型试点院校中父母教育没有显著影响；在家庭 ISEI 指数上，非转型样本中，家庭 ISEI 指数对学生的专业素养与态度、职业认知与规划均具有显著影响；在家庭经济状况上，在非转型样本中，相比于来自家庭收入一般的学生，来自收入高的家庭的学生在专业素养与态度上明显更好，在沟通表达能力上，转型试点院校和非转型试点院校样本中，家庭收入高的学生在沟通表达能力上均显著更好；对于家庭收入中等的学生来说，两类样本中的专业素养与态度上的回归结果也均具有显著性。相比于城乡背景、父母教育和父母职业情况来看，在转型试点院校中，只有家庭收入高对学生总体能力与素质产生显著影响；而在非转型试点院校样本中，家庭的城乡背景、父母教育、父母职业和家庭经济情况对学生的能力与素质均具有一定的影响。这说明，相比于非转型试点院校，转型试点院校中家庭背景对学生发展的影响有所减弱。比较两类样本的样本数和 R^2 可知，转型试点院校样本中各变量的 R^2 均明显更大，这可能说明相比于非转型试点院校，转型试点院校的院校 – 专业类的作用相对较强，也即学生个体特征与家庭背景的影响会相对较弱，对学生能力与素质的解释力度更小。转型试点对学生能力与素质的影响是通过院校人才培养过程来反映的，更多地体现在院校 – 专业类层面上。由上述分析可以认为，在学生能力与素质上，转型试点能在一定程度上减小家庭背景带来的影响。

表 8 – 9　家庭背景对学生能力与素质的影响（转型样本和非转型样本比较）

	比较	模型（1）总体能力与素质	模型（2）专业技术与能力	模型（3）专业素养与态度	模型（4）批判创新能力	模型（5）职业认知与规划	模型（6）团队协作能力	模型（7）沟通表达能力
城市	转型	− 0.001	0.044	− 0.097	0.04	0.006	0.006	− 0.035
	非转型	0.013	0.097 ***	− 0.026	− 0.04	− 0.011	− 0.053	0.054
父母教育	转型	− 0.002	− 0.002	− 0.005	− 0.004	− 0.004	0.008	− 0.001
	非转型	0.004 *	0.014 ***	− 0.005	0.00	0.003	− 0.006	0.008
家庭 ISEI 指数	转型	0.000	− 0.001	0.000	0.000	0.002	− 0.002	− 0.001
	非转型	0.000	0.000	− 0.002 *	0.001	0.002 *	0.001	0.00
家庭收入高	转型	0.053 *	0.05	0.085	0.058	0.072	− 0.086	0.128 *
	非转型	0.038 *	0.038	0.142 ***	− 0.038	− 0.023	− 0.009	0.094 *

	比较	模型（1）总体能力与素质	模型（2）专业技术与能力	模型（3）专业素养与态度	模型（4）批判创新能力	模型（5）职业认知与规划	模型（6）团队协作能力	模型（7）沟通表达能力
家庭收入中等	转型	0.024	-0.021	0.115***	0.007	0.016	-0.012	0.045
	非转型	-0.01	-0.035	0.072**	-0.013	-0.039	-0.055	0.021
N	转型	2652	2660	2660	2660	2660	2660	2660
	非转型	3529	3545	3545	3545	3545	3545	3545
R^2	转型	0.511	0.237	0.26	0.08	0.128	0.1	0.073
	非转型	0.429	0.198	0.193	0.062	0.115	0.083	0.055

注：1. 地方高校人才培养与就业调查数据，为控制异方差，采用稳健性标准回归；2. *** $p < 0.01$，** $p < 0.05$，* $p < 0.1$，为便于比较和控制篇幅，在此没有报告标准误；3. VIF检验，发现各变量 VIF 值均小于 4，可认为模型中不存在较为严重的多重共线性；4. 具体模型公式参考第五章中的公式（5-1），不过在此对受教育情况进行了调整，为方便比较，不再放入父母受教育程度的六个虚拟变量，而是放入了父母平均受教育年限（父母教育变量）；5. 只报告了家庭背景和样本数、R^2，其他变量的回归值和表6-2与表6-4差异并不明显，在此关注家庭背景变量，就不一一报告。

为进一步探究家庭背景的作用，同时考虑院校-专业类层面的影响，在第六章中的公式（6-4）基础上，增加家庭背景各变量与转型试点的交互项，得到表8-10。由表可知，在控制了家庭背景和转型试点的交互作用后，相比表6-9，转型试点对学生能力与素质不再具有显著性作用，城市对学生专业技术与能力具有显著的正向作用，但是转型试点和城市的交互作用为负，但并不显著，也即转型试点并不能显著减弱城市对学生专业技术与能力的提升作用。在专业素养与态度上，城市学生显著更低，同样，转型试点并不能显著改善这种影响。父母教育和转型试点的交互作用对学生能力与素质均没有显著影响。在家庭 ISEI 指数上，转型试点能够有效减弱家庭 ISEI 指数对专业素养与态度的负向作用，且转型试点能够降低家庭 ISEI 指数对学生的职业认知与规划的显著作用，但是这种作用在统计上并不显著。在家庭收入上，相比于家庭收入一般的学生，家庭收入高的学生在总体能力与素质上显著更高，不过由转型试点与家庭收入高交互作用的回归系数可知，转型试点可以减弱家庭收入对学生总体能力与素质的影响。这进一步证明，转型试点能够在一定程度上抑制家庭背景对学生能力与素质的影响。

表 8 - 10　家庭背景与转型试点的交互效应（能力与素质）

变量	模型（1）总体能力与素质	模型（2）专业技术与能力	模型（3）专业素养与态度	模型（4）批判创新能力	模型（5）职业认知与规划	模型（6）团队协作能力	模型（7）沟通表达能力
转型试点	- 0.033	- 0.073	0.159	- 0.041	- 0.167	0.108	- 0.067
城市	0.002	0.117 *	- 0.129 **	- 0.024	0.039	- 0.023	- 0.048
转型试点 × 城市	- 0.033	- 0.073	0.159	- 0.041	- 0.167	0.108	- 0.067
父母教育	0.004	0.006	0.014	- 0.005	- 0.008	- 0.001	0.018
转型试点 × 父母教育	- 0.007	- 0.013	- 0.018	0.005	0.008	- 0.002	- 0.017
家庭 ISEI 指数	- 0.001	0.001	- 0.006 ***	- 0.003	0.004 **	- 0.001	- 0.002
转型试点 × 家庭 ISEI 指数	0.001	- 0.002	0.006 ***	0.002	- 0.002	0.001	0.001
家庭收入中等	- 0.015	- 0.017	0.104	0.030	- 0.112 *	- 0.085	- 0.004
家庭收入高	0.070 *	0.022	0.193 **	0.057	0.003	0.054	0.046
转型试点 × 家庭收入中等	0.037	- 0.007	0.010	- 0.015	0.121	0.074	0.044
转型试点 × 家庭收入高	- 0.002 *	0.057	- 0.058	- 0.017	0.067	- 0.140	0.102
N	3648	3660	3660	3660	3660	3660	3660
R^2	0.462	0.210	0.225	0.063	0.097	0.079	0.056

注：1. 与表 8 - 9 注中的 1 - 4 相同；2. 样本为根据 Rwg 和 ICC 检验后选择的样本，和表 6 - 9 样本相同；3. 模型中控制了院校层面的院校私立特征、生均经费和院校地区等变量，在专业类层面上控制了课程设置、教学行为和实践教学等变量，个体层面上控制了人口学特征、高中及入学前特征、学生参与和毕业/综合实习等。

二　就业状况

表 8 - 11 报告了转型试点院校样本和非转型试点院校样本的家庭背景对学生就业状况的院校 - 专业类固定效应的回归结果。在城乡变量上，转型试点院校样本中，城市学生在工作总体满意度上显著更高，且在就业对口程度上显著更低；而非转型试点院校样本中，城市对就业对口程度和工作总体满意度均没有显著的影响，不过在就业比例上显著更低。在父母教育上，转型试点院校样本中，父母平均受教育年限每增加一年，就业起薪显著提高 0.5%；非转型试点院校样本中，父母平均受教育年限

每增加一年，学生工作总体满意度增加4.3%。在家庭ISEI指数上，在转型试点院校样本中，家庭ISEI指数每增加1个单位，就业对口程度显著提高0.6%；比较转型试点院校样本和非转型试点院校样本在家庭ISEI指数上的回归系数可知，两类样本在就业状况各变量上差异较小。在就业起薪上，无论是转型试点院校样本还是非转型试点院校样本，相比于家庭经济收入一般的学生，家庭收入高的学生在就业起薪上都显著更高，且在转型试点样本中平均高19.4%，在非转型试点样本中平均高9.6%；在非转型试点院校中，家庭收入高的学生就业比例显著更低，但工作总体满意度显著更高。对于家庭收入中等的学生，相比于家庭收入一般的学生，在转型试点样本中，就业起薪也显著更高。从样本数和伪R^2来看，非转型试点院校样本数略多，但伪R^2明显较高。一般来说样本数越多，R^2可能相对越小，[①]这说明非转型试点院校中，各模型的解释力度明显更高。非转型试点院校中模型的解释力度更高，说明相比于转型试点院校，非转型试点院校中院校－专业类层面的解释力度更大，也即转型试点院校样本中学生个体层面的解释力度更大，院校－专业类层面的解释力度相对较小，这与能力与素质的结果恰好相反。这说明，转型试点并不能有效改善家庭背景对学生就业状况的影响，在转型试点过程中，家庭背景好的学生可能获益更多。

表8-11　家庭背景对学生就业状况的影响（转型样本和非转型样本比较）

	比较	模型（1）就业起薪	模型（2）就业比例	模型（3）就业对口程度	模型（4）工作总体满意度
城市	转型	-0.006	1.036	0.747 **	1.386 **
	非转型	0.023	0.781 **	0.886	1.032
父母教育	转型	0.005 *	0.988	1.01	1.004
	非转型	-0.001	1.016	1.026	1.043 **
家庭ISEI指数	转型	0.000	0.999	1.006 *	0.999
	非转型	-0.001	0.998	0.998	1.003
家庭收入高	转型	0.194 ***	0.839	0.784	1.191
	非转型	0.096 ***	0.665 ***	0.768	1.503 **

---

① 随着样本量的增大，样本回归线与样本观测值的差距会越来越小，也就是说，对于不同的N，如果N的差距够大的话，样本量大的R^2会更小。

续表

比较		模型（1）就业起薪	模型（2）就业比例	模型（3）就业对口程度	模型（4）工作总体满意度
家庭收入中等	转型	0.092 ***	1.05	0.853	0.773
	非转型	0.02	1.209 *	0.95	1.167
N	转型	1780	2584	1904	1812
	非转型	1993	3558	2143	2059
伪 R^2	转型	0.128	0.122	0.101	0.113
	非转型	0.281	0.142	0.105	0.0882

注：1. 地方高校人才培养与就业调查数据，为方便解释，模型（2）（3）（4）并不是报告的回归系数，而是报告的概率比；2. 具体模型公式参考第五章中的公式（5－2）和公式（5－3），不过在此对受教育情况进行了调整，为方便比较，不再放入父母受教育程度的六个虚拟变量，而是放入了父母平均受教育年限（父母教育变量）；3. 只报告了家庭背景和样本数、R^2，在此关注家庭背景变量，不一一报告。

　　为进一步探究在转型试点过程中家庭背景对学生就业状况的作用，和能力与素质类似，在第六章公式（6－5）、公式（6－6）的基础上，增加了家庭背景和转型试点的交互项，得到的回归结果如表8－12所示。由表可知，转型试点院校学生的就业起薪显著低于非转型试点院校，家庭背景变量中，家庭收入高的学生就业起薪显著高于家庭收入一般的学生，平均高 5.1%，由转型试点和家庭收入高的交互项系数可知，转型试点可以明显加强家庭收入对学生就业起薪的影响，这与表8－11推断的结果一致，也即在学生就业状况上，家庭经济状况好的学生可能获益更多。在其他变量上，除家庭 ISEI 指数对就业对口程度的显著影响外，家庭背景的其他变量对就业状况的影响均不显著。

表 8－12　家庭背景与转型试点的交互效应（就业状况）

变量	模型（1）就业起薪	模型（2）就业比例	模型（3）就业对口程度	模型（4）工作总体满意度
转型试点	－ 0.144 **	1.746	1.063	1.559
城市	0.023	1.327	0.868	1.193
转型试点 × 城市	－ 0.029	0.767	0.877	1.228
父母教育	－ 0.000	1.032	1.021	1.010
转型试点 × 父母教育	0.008	0.948	0.987	1.000
家庭 ISEI 指数	－ 0.001	0.999	1.011 *	1.000

续表

变量	模型（1） 就业起薪	模型（2） 就业比例	模型（3） 就业对口程度	模型（4） 工作总体满意度
转型试点×家庭 ISEI 指数	0.000	1.001	0.998	1.001
家庭收入中等	0.002	1.283	0.800	0.917
家庭收入高	0.051*	0.705	0.690	1.293
转型试点×家庭收入中等	0.080*	0.803	1.088	0.859
转型试点×家庭收入高	0.119*	1.188	1.100	0.890
N	2386	3735	2594	2474
R^2	0.0817	0.111	0.0716	0.0780

注：1. 与表 8-11 注中的 1-4 相同；2. 样本为根据 Rwg 和 ICC 检验后选择的样本，和表 6-11 样本相同；3. 模型中控制了院校层面的院校私立特征、生均经费和院校地区等变量，在专业类层面上控制了课程设置、教学行为和实践教学等变量，个体层面上控制了人口学特征、高中及入学前特征、学生参与和毕业/综合实习等。

第四节　小结

通过本章的分析，可知，研究假设 7 得到部分验证，具体可做如下结论和讨论。

首先，不同家庭背景的学生在变革感知上存在显著不同，相对而言，整体上来自弱势阶层家庭的学生对学校变革的感知程度更高，对学校人才培养模式的变化更为敏感。在变革感知的不同方面，不同家庭背景学生的感知差异主要体现在院校整体、所在专业上，而在课程设置和教学行为等方面差异并不明显。根据第五章的分析，学生对变革的感知会在一定程度上影响学生的能力与素质和就业状况，对院校整体人才培养模式变革的感知越强，学生的总体能力与素质和就业起薪越高，学生对校企合作的感知越明显，学生工作总体满意度显著越高。来自农村、家庭收入低、父母受教育程度越低的学生群体对变革的感知越强，且相对而言，在院校整体、所在专业、校企合作上群体间差异明显，这说明地方本科院校人才培养模式的变革可能通过影响学生对变革的感知程度，进而影响学生发展，而来自相对弱势家庭的学生相对受益较多。此外，值得注意的是，在转型试点院校内部，家庭收入中等、父母职业层级为中层就业的学生群体变革感知相对较高，这说明当人才培养模式改革感知变得更为"大众"时，也即地方本科院校转型试点工作进行得更为深入和广泛时，来自优势家庭的学生的感知会明显提高，进而促进学生发展。不过，从目前我国地方本科院校转型试点现状而言，这种现象暂时并不明显，在转型工作深入推进时，需要警惕家庭背景通过转型试点进一步加剧学生发展不平等的现象。

其次，具体从转型试点对城乡学生影响的比较来看，通过倾向得分匹配方法分析得出，转型试点对学生能力与素质的促进作用主要体现在农村学生上，也即相比于城市学生，转型试点对农村学生的能力与素质的促进作用更为明显，不过这在就业状况上作用并不明显。转型试点对农村学生能力与素质的正向影响，不仅体现在总体能力与素质上，还体现在专业技术与能力、专业素养与态度、职业认知与规划和沟通表达能力等多个维度上。不过需要注意的是，在城市学生群体中，转型试点对批判创新能力具有显著的促进作用，而这在农村学生中并没有得到体现。对此，结合已有分析结果，可能的解释是尽管处理效应模型有效控制了学生个体变量的内生性问题，但是城市样本和农村样本在学生个体特征与家庭背景本身就存在显著差异，整体上，相对而言，城市学生个体认知特征、家庭背景更好，转型试点的作用有益于这部分学生群体的批判创新能力的提高。此外，从就业状况来说，城市和农村样本中转型试点的效果均不显著，不过对于城市学生在就业起薪上的正向作用，与农村学生样本相差明显，这可能与转型试点在就业起薪上的影响相对有限有关。此外，还需留意的是，尽管转型试点对农村学生总体能力与素质和能力与素质各维度的正向影响显著，但是农村学生在专业技术与能力、职业认知与规划等方面明显低于城市学生；同时，在就业起薪和工作总体满意度上，农村学生也明显低于城市学生。

最后，根据分样本的院校-专业类固定效应模型和家庭背景与转型试点的交互效应的分析，认为转型试点能够在一定程度上抑制家庭背景对学生能力与素质的影响，但是转型试点并不能减弱家庭背景对学生就业状况的影响，甚至对家庭背景的作用有所加强。具体来说，在学生能力与素质上，在转型院校样本中，家庭背景中除家庭收入高对学生总体能力与素质产生显著影响外，其他变量无显著影响；而在非转型样本中城乡背景、父母受教育程度、父母职业、家庭经济情况等都会对学生能力与素质产生显著影响。同时，分析得出在转型院校样本中，院校-专业类层面的因素解释力度相对较强。交互项的分析表明，转型试点可以减弱家庭收入、家庭 ISEI 指数等对能力与素质的影响。而在学生就业状况上，相比于非转型样本，在转型样本中，家庭背景的作用影响显著，且院校－专业类层面的解释力度相对较小。同时交互项分析表明，转型试点可以显著加强家庭收入对学生就业起薪的正向影响。可以看出，在学生就业状况上，家庭经济状况好的学生可能获益更多，且在转型试点院校中表现更为明显。对此结果，前面已有的分析结果其实已经给出了很好且较为全面的解释。在院校转型试点过程中，对于家庭背景对学生发展的影响，要全面看待，并警惕在不同家庭背景下学生就业状况差距的进一步加大。

第九章　学生发展视角下的地方本科院校转型

通过前面的分析，本书尝试回答了最开始提出的三个问题。本章将集中呈现研究结论，并根据相关结论针对地方本科院校转型试点工作提出相关政策建议。此外，本章将对本研究的贡献、研究不足和未来可能的研究方向进行说明。

第一节　地方本科院校转型发展的现实与机制

本书尝试从学生发展的角度去看地方本科院校的转型，围绕地方本科院校转型，回答了"正在发生什么"、"是否产生了效果"和"效果是如何或通过什么机制产生的"等研究问题。在学生发展的衡量上综合了学生能力与素质和学生就业状况。在"正在发生什么"问题上，对地方本科高校发展和转型现状进行了分析和说明。在"是否产生了效果"问题中，通过采取处理效应模型来对转型的效果进行评估，构造具有可比性的对照组和实验组，即将进入转型试点院校的学生群体作为实验组和进入非转型试点院校的学生群体作为对照组，在此将院校人才培养过程作为"黑箱"进行处理，认为院校人才培养过程由"转型试点"所带来。研究尝试打开院校人才培养过程这一"黑箱"，探讨"效果是如何或通过什么机制产生的"的问题和分析转型试点对学生发展的影响机制问题。为此本书在第六章先对地方本科院校学生发展的影响因素进行了分析，而后在第七章采用三层模型和结构方程模型具体探讨转型试点对学生发展的影响机制问题。最后，回应现实关注，对地方本科院校转型进行进一步审视。本研究的目的在于通过建立院校组织转型与学生发展之间的逻辑联系，并分析学生发展中能力与素质和就业状况的不同，以院校的转型试点这一宏观层面的外在冲击，连接中观层面的院校人才培养过程和微观层面的学生院校经历，完成院校转型试点对学生发展的影响机制分析，论证了组织技术系统和文化系统对个体行为和成就的影响。研究主要采用有针对性的地方高校人才培养与就业调查数据，根据需要综合采用多种定量研究方法对上述问题逐一进行了实证分析，并对实证结果进行相关稳健性检验，其研究结论主要表现在以下几个方面。

第一，地方本科院校转型中的转型主体表现为高等本科教育结构体系中处于相对"末位"的新建本科院校，且转型试点院校学生整体上在入学特征、家庭背景上在新建本科院校中仍处于相对较弱地位。

研究通过梳理各省转型试点院校名单和实地调研发现，地方本科转型试点院校集中在1999年后开始本科学历教育的新建本科院校。研究首先通过2014年全国层面的本科学生调查数据，选择具有代表性的样本，将本科院校分为"985"院校、"211"院校、省部共建院校、一般本科院校和新建本科院校，可认为后三类院校均为地方本科院校。按照高等教育的"入口－过程－结果"的框架，并综合院校发展现状，从资源与规模、入学特征、院校人才培养过程和学生发展等几个方面对上述几类院校进行了比较分析。分析发现，在学生入学特征上，自"985"院校到新建本科院校，各指标取值表现为明显的下降趋势，形成一定的层次梯队。新建本科院校处于高等本科教育结构体系中的末位，与重点院校差距尤为明显。可以说，学校层次越低，代表学生认知能力的高考分数越低，家庭背景状况相对越弱势，即学生来自农村的比例越高，家庭社会经济指数越低，父母受教育年限越低，低收入家庭比例越高。在资源与规模上，自"985"院校到新建本科院校，院校平均经费总收入和院校规模不断下降，但是"211"院校和省部共建院校差异相对并不明显，新建本科院校在生均经费上并不低于一般本科院校。相比于其他类院校，新建本科院校总收入中学费收入占比相对较大，且在民办院校中表现尤为明显。另外值得注意的是，几类院校中，新建本科院校基建支出投入比例最小，这说明目前新建本科院校已经初步完成硬件建设阶段。在院校人才培养过程方面，研究发现，各高等院校正在进行的教育教学改革，可能在地方本科院校，尤其是新建本科院校中表现更为明显，新建地方本科院校在课程的实践和就业导向上显著高于其他类型院校。对于学生发展，与马莉萍和管清天（2016）、Prashant 等（2012）结论较为一致，在能力与素质增值上，重点院校学生并不一定表现更好，但是重点院校学生在专业技术与能力等核心认知能力的提升上显著高于其他类型院校学生。此外，在就业状况上，以就业起薪为衡量，结果显示院校层次越高，学生就业状况表现越好，这也与已有众多研究结论保持一致，如张恺（2016）、卿石松和郑加梅（2013）、岳昌君等（2004）。从以上可以看出，高等教育本科结构体系在"入口"上已经呈现明显的分层分化，入口的分层分化与各高校所占据的资源状况保持较为明显的一致性，"入口"和"资源与规模"反映了院校的声望，自"985"院校到新建本科院校，院校声望不断下降。根据李锋亮等（2009）的研究，在劳动力市场中，院校会呈现信号作用，从而影响学生就业状况。从上述五类院校来看，学生就业起薪和院校声望保持高度一致，"985"院校平均就业起薪为5146元，而新建本科院校学生平均就业起薪则只有2987元。尽管如此，各个院校在院校人才培养过程和学生能力与素质增值上，并没有呈现上述特征。

进一步，研究采用2016年地方高校人才培养与就业调查数据进行进一步分析。结合研究目的，同时为便于比较和分析说明，将地方本科院校分为老本科院校、转型试点院校和新建本科非转型试点院校，样本中所有转型试点院校均为新建本科院校。排除"985"院校和"211"院校，同样分析发现，总体上可认为地方本科院校内部在学生入学特征上呈现明显分化，相比于老本科院校，作为转型试点院校和非转型试点院校的新建本科院校在入学特征的生源状况上明显较弱，且整体上转型试点院校在生源状况上还弱于新建本科非转型试点院校。具体从人口学特征来看，转型试点院校中独生子女比例（29.3%）明显低于老本科院校（43.8%）和新建本科非转型试点院校（38.8%）；在反映学生认知能力和院校生源质量的高考分数上，老本科院校、转型试点院校和新建本科非转型试点院校的平均得分分别为548.6分、452.9分和482.9分；在就读高中类型上，三类院校中老本科院校学生来自重点或示范性高中的比例最高，达到45%，转型试点院校学生来自重点或示范性高中的比例最低，只有34%，且老本科院校高中为理科的学生比例显著高于转型试点院校和新建本科非转型试点院校。可知，在上述几个指标上，老本科院校均明显高于转型试点院校和新建本科非转型试点院校，且新建本科非转型试点院校高于转型试点院校。在家庭背景上，在城市学生比例上三类院校并不存在显著性差异，但是在家庭社会经济指数、父母平均受教育情况和家庭经济情况上，转型试点院校显著弱于老本科院校和新建本科非转型试点院校，但老本科院校和新建本科非转型试点院校间并不存在显著性差异。不过需要指出的是，和其他指标不同，转型试点院校学生在第一志愿录取比例上高于新建本科非转型试点院校。可以认为，转型试点院校并非新建本科院校中的"优势院校"。考虑到 2016 级本科毕业生入学时间为 2012 年 9 月，结合各省转型试点意见的出台时间，可以认为学生在进行院校选择时并不受"转型试点"这一特征影响，这其实为我们考察院校"转型试点"的作用提供了契机。

第二，地方本科院校转型试点，无论是在学生对变革的感知程度上，还是在院校组织的技术系统上，均发生了明显的变化，且相比于课程设置和教师教学，在校企合作上变化更为明显。

从学生对变革感知的程度来看，在转型试点院校中，学生对院校整体人才培养模式发生变革的认同度达到 45.5%，而非转型试点院校中老本科院校和新建本科院校则分别只有 24.8% 和 28.6%。具体在变革感知的几个方面，转型试点院校学生对所在专业、课程设置、教师教学、专业实习和校企合作等方面变革的感知比例均明显高于老本科院校和新建本科非转型试点院校。从三类院校各自内部来看，在对院校整体、所在专业、课程设置、教师教学、专业实习和校企合作等方面变革的感知比例上，均表现为对校企合作变革感知比例最高，其次为专业实习，而课程设置和教师教学变革感知的认同比例最低。方差分析表明，转型试点院校在这六个方面的变化均显著高于地方本科院校和新建本科非转型试点院校，但老本科院校和新建本科非转型试点院校之间并不存在显著性差异。几类变革感知的相关分析显示，对院校整体人才培养模式变革的感知和对所在专业变革感知的相关性最大，对校企合作变革感知和对专业实习变革感知的相关性最大，而对专业实习变革感知和对所在专业变革感知的相关性最大。这说明，学生对院校整体变革感知的形成主要来源于所在专业是否发生人才培养模式变革，而所在专业是否发生人才培养模式变革，更多地来自专业实习是否发生变革，进一步，对专业实习是否发生变革的感知，和校企合作更加相关。变革的感知反映了组织文化和组织氛围，已有研究证明组织文化和组织氛围可以在一定程度上影响个人行为和成就获得。同时，对变革感知的明显差异，也说明了转型试点的"成效"。地方本科院校转型的关键在于校企合作，从变革感知中可以得到证实。另外，需要说明的是，在变革感知上课程设置和教师教学相关性最大，且相对专业实习和校企合作，对于两者的变革感知比例无论是在转型试点院校还是在非转型试点院校均相对较小。这可能是由于课程设置和教师教学的变革更不容易被感知，也可能是由于院校在课程设置和教师教学上本身变化就相对较小。

变革感知主要反映在组织文化层面。现实中很有可能文化层面发生了变化，而文化层面代表的实质并没有发生变化，这主要是"假大空"的宣传使然。对于地方本科院校转型，前文已经反复指出，其核心是人才培养模式的变革，具体体现在课程设置、教学行为、实践教学和毕业/综合实习上，其中实践教学和毕业/综合实习反映校企合作情况。转型试点院校在课程设置、实践教学和毕业/综合实习等满意度上均高于非转型试点院校，但在教师质量满意度上，转型试点院校低于老本科院校。具体在课程设置上，除在课程设置的学科理论性外，两类非转型试点院校在课程设置的应用实践性、前沿交叉性和职业就业性上均显著弱于转型试点院校，且转型试点院校在课程设置的应用实践性上与其余两类院校相差最为明显。转型试点院校和新建本科非转型试点院校在课程设置的职业就业性上均显著高于老本科院校。在教学行为上，转型试点院校在教学行为的探究引导型和学以致用型上显著高于老本科院校和新建本科非转型试点院校，但三类院校在传统教学型上并不存在显著性差异。在实践教学上，三类院校在资源充分性、自主探索性和教师应用性上存在显著性差异，转型试点院校在上述三个维度的得分显著更高，且在资源充分性上差异最为明显，三类院校在内容质量性上并不存在显著性差异。在毕业/综合实习上，转型试点院校在实习考评和实习制度上显著好于老本科院校和新建本科非转型试点院校，在实习指导上显著好于老本科院校。由上可知，转型试点院校无论是和处于同一层次的新建本科非转型试点院校相比，还是和在生源质量、资源、声望明显占优的老本科院校相比，在课程设置、教学行为、实践教学和校企合作上人才培养模式变革中应用性、实践性均表现更为明显，且突出表现在课程设置的应用实践性、教学行为的探究引导型、实践教学的资源充分性和毕业/综合实习的实习考评上，这和转型试点的要求一致。不过需要指出的是，转型试点院校在教师质量、实践教学内容质量等方面还相对较弱，在传统教学上和其他院校并不存在显著差异，这需要进一步加强。

第三，院校转型试点对学生发展具有显著影响，相比于学生就业状况，转型试点对学生能力与素质提升的促进作用更为明显，且主要表现在能力与素质的核心非认知能力上。相比人文社科类专业，转型试点对理工类专业学生发展影响更为明显；相比私立院校，转型试点对公立院校学生发展作用更大。

通过采用处理效应模型倾向得分匹配方法，构造可比较的实验组和对照组，以此来估计转型试点对学生发展的影响。为避免院校本身作用的影响，除全样本外，研究还采用新建本科院校样本和更细分的六所院校样本对结果进行进一步说明，并采用偏差校正匹配估计和自助法对相关结果进行稳健性检验，同时，还对公私立院校对于转型试点对学生发展的异质性效果进行检验。研究结果表明，转型试点对学生总体能力与素质具有显著性的影响，而对学生就业状况的影响相对有限。

具体而言，在学生能力与素质上，越是控制院校本身作用，样本越细分，越具有代表性，转型试点对学生发展的作用越明显。在全样本、新建本科院校样本和六所院校样本估计下，平均处理效应值分别为0.058、0.067和0.169。全样本下的偏差校正估计结果为0.071，而对六所院校采取自助法检验结果的平均处理效应值仍为0.169。由此可知，转型试点对学生总体能力与素质的提升产生显著正向影响。在学生能力与素质的各维度上，综合比较各个样本和稳健性检验结果，在尽可能考虑院校的作用下，可以认为在5%的水平上，转型试点对团队协作能力、沟通表达能力和专业素养与态度均具有显著的正向影响，且相对比较稳定，而对学生的专业技术与能力、职业认知与规划和批判创新能力则没有显著的影响。六所院校样本下，采用自助法估计中，转型试点对学生专业技术与能力提升具有显著性影响，通过理工类和人文社科类样本比较发现，这种影响主要体现在人文社科类专业上。在学生就业状况上，学生就业状况的相关估计受样本的影响较大，这是就业状况受院校本身作用影响较大的结果，转型试点对就业状况的促进作用相对有限，并不能显著促进就业起薪、就业对口程度和工作总体满意度的提高，但是能在一定程度上显著提升就业比例。

转型试点对理工类专业学生和人文社科类专业学生的影响并不相同，整体上可认为转型试点对理工类专业学生发展的影响更为明显。院校的转型试点有助于显著提高理工类学生的专业素养与态度、团队协作能力和沟通表达能力，从而对学生的总体能力素质有明显的促进作用。而在人文社科类专业上，转型试点能显著提升学生的专业技术与能力，这可能是和人文社科类专业中一般不注重专业技术与能力，而转型试点注重学生专业技术与能力的提高有关。在就业状况上，无论是全样本还是六所院校样本，转型试点对理工类专业学生就业比例的提升都更为明显，且均达到显著水平。在就业对口程度和工作总体满意度上，无论是理工类还是人文社科类，转型试点对其都没有显著性影响。在就业起薪上，从三类样本中理工类和人文社科类样本的平均处理效应值可知，转型试点对理工类学生就业起薪的提升作用相对较大，而对人文社科类的作用并不明显。

再者，从公私立院校来看，转型试点对公立院校学生总体能力与素质的提升具有显著性影响，但对于私立院校学生总体能力与素质提升没有显著性影响。转型试点对公立院校学生的专业素养与态度、批判创新能力、团队协作能力和就业比例均具有显著性的影响。可以认为，转型试点对于学生能力与素质的影响主要体现在公立院校上。而对于私立院校，尽管转型试点对学生专业技术与能力和职业认知与规划具有显著的提升作用，但对学生专业素养与态度具有显著的负向作用，从而使得转型试点对学生总体能力与素质的提升并没有显著的影响。对此结果在相关章节已经说明，在此不再赘述。在私立院校中，需要注重学生专业素养与态度的提升。

第四，转型试点对学生发展的影响，受到学生个体特征、家庭背景、院校经历等影响，且尤其受到院校组织技术系统，即课程设置、教学行为和实践教学的影响。学生院校经历对学生能力与素质具有很好的解释作用，院校特征对学生就业状况的影响明显。学生对院校变革的感知也会在一定程度上影响学生发展。转型试点对学生发展提升的"标签效应"主要体现在学生专业素养与态度和工作总体满意度的感知上，而在学生总体能力与素质、就业起薪等方面并没有形成有效的"标签效应"。

在控制院校和专业类层面影响下，学生个体特征对学生发展具有显著的影响，主要表现为男性在专业技术与能力、批判创新能力和职业认知与规划等能力与素质提升上明显好于女性，这也导致男性在总体能力与素质的提升上优于女性。城市学生在专业技术与能力的提升上显著高于农村学生，但农村学生在专业素养与态度提升上显著更高。父母职业水平有助于学生职业认知与规划；家庭收入较高，学生总体能力与素质提升较高。此外，分析还发现，反映学生认知能力的高考分数并没有对学生总体能力与素质产生显著的影响，且对学生能力与素质各个维度也均没有显著影响。在学生在校获取的身份特征上，学生干部身份对学生总体能力与素质提升和学生沟通表达能力都具有显著的促进作用，中共党员身份在学生批判创新能力上显著更低。上述结果表明，相比较家庭背景和学生人口学特征，学生个人认知能力、高中特征和录取方式对学生能力与素质提升并没有显著的影响。可以认为，在控制院校 - 专业类层面的影响后，学生能力与素质的提升更多地受到先赋性特征的影响，且在学生能力与素质各维度中，相比较而言，学生个体特征对团队协作能力、批判创新能力和沟通表达能力的解释极为有限。在就业状况上，和已有研究类似，性别间、高中文理科学生间、学生干部和非学生干部间以及不同家庭收入学生间就业起薪差异显著，男生平均就业起薪比女生平均显著高 4%，高中理科学生就业起薪显著高 3.4%，学生干部身份平均就业起薪高 3%，相比家庭收入低的学生，家庭收入高的学生平均就业起薪高 14.2%，可以看出不同家庭收入学生间就业起薪差异最为明显。家庭的经济资本同样反映学生在劳动力市场中经济资本的获得。女性、独生子女、中共党员、学生干部、家庭收入较高等身份的学生显著更倾向于升学；第一志愿录取和具有学生干部身份的学生就业对口程度显著更高，汉族、城市、家庭收入较高的学生就业对口程度更低；在工作总体满意度上，男性、中共党员、城市、家庭收入高、母亲受教育程度高、第一志愿录取等的学生在工作总体满意度上显著更高。整体上可知，来自城市、家庭经济资本越高，学生越具有身份特征，学生在就业起薪和工作总体满意度上显著越高，且越可能从事非专业对口的工作，同时就业比例显著越低，即越倾向于获得更高的学历。可以看出，先赋性特征占据优势的学生更多地选择升学，进一步获取更高的教育水平，而选择就业的群体在就业上更加灵活，在就业起薪、工作总体满意度上显著更高。

学生的院校经历，即学生参与和毕业/综合实习对学生能力与素质具有很强的解释力度。在学生参与上，课程参与对学生总体能力与素质的提升影响最为明显，其次为活动参与、主动学习，这说明在院校培养过程中，课程的作用不容忽视，学生的自主探索性并没有比课程参与产生更大的效果，这和吴红斌、朱红（2015）使用各类院校的学生调查数据分析结果一致。课程参与对学生能力与素质的作用主要体现在专业技术与能力上，规则参与对学生专业素养与态度的提升作用最为明显，主动学习对学生批判创新能力的提升作用最为明显，而活动参与对学生的团队协作能力和沟通表达能力的提升作用最为明显。不过比较而言，课程参与对专业技术与能力的提升作用最大。在毕业/综合实习上，实习指导对总体能力与素质的提升程度最大，这主要表现在专业素养与态度的提升上，实习考评对学生专业技术与能力的提升作用最大（0.201），且明显大于课程参与对专业技术与能力提升的程度（0.134）。在就业状况上，活动参与和主动学习对学生就业起薪都有显著的影响，且活动参与的影响相对较大，而课程参与对就业起薪并没有显著的影响；活动参与能显著提升学生就业比例，规则参与越高的学生就业对口程度越高。实习考评对学生就业对口程度和工作总体满意度均具有显著的正向作用，且程度较大。由上可知，院校经历对学生发展中的能力与素质和就业状况影响并不相同，整体上学生参与对学生能力与素质影响更大，而毕业/综合实习对学生就业状况影响更为明显。

　　如前所述，组织文化和氛围会对成员个体的行为和成就获得产生影响。在院校人才培养过程中，具体表现为学生对院校变革的感知。在院校-专业类固定效应模型下，控制学生个体特征与家庭背景和院校经历，分析结果表明，对院校整体变革的感知对学生总体能力与素质具有显著的正向影响，这主要是因为对院校整体变革的感知能显著提升学生的专业素养与态度。对教师教学方面变革的感知能够显著提升学生的专业技术能力，而对所在专业变革的感知对学生的批判创新能力具有显著的负向作用。这说明，所在专业的人才培养模式变革在取向上可能并不利于学生批判创新能力的提升。在就业状况上，对学校整体变革的感知能显著提升学生就业起薪的 3.3%，对所在专业的变革感知能够显著提升学生的就业对口程度，说明在专业变革上，更加注重学生的专业素质和技能的提升，从而利于学生从事专业对口的工作；对专业实习的变革感知，可以显著提升学生的就业比例，这说明专业实习的变革感知提升了学生就业（倾向）比例；校企合作的变革感知显著提升学生的工作总体满意度，平均提高工作总体满意度比例为 30.8%。总体上，校企合作、专业实习等的变革感知对学生就业状况的影响明显，而对学生能力与素质的影响相对有限。

　　逐步回归结果显示，转型试点对学生发展的影响，受到院校组织技术系统，即课程设置、教学行为和实践教学的明显影响。转型试点的作用更多地体现在影响院校组织技术系统，从而进一步影响学生发展上，除专业素养与态度和工作总体满意度外，院校转型试点并没有形成类似于已有研究中院校层次所带来的"标签效应"，如鲍威等（2016）研究中指出"985 工程"存在明显的"标签效应"。

此外，就业状况在公私立院校、就业单位性质和就业地区间差异明显。院校生均收入能显著提升学生就业起薪，就业于省会或直辖市的学生工作总体满意度和就业起薪显著更高。

第五，学生发展的影响存在层级效应，且在学生就业状况上表现更为明显。在学生发展上，相较于院校层面的影响，专业类层面影响更大。学生个体层面的学生参与和毕业/综合实习以及专业类层面的课程设置、教学行为和实践教学对学生发展的影响会受到转型试点的调节作用。

三层模型分析中的零模型结果显示，学生总体能力与素质和能力与素质维度中的沟通表达能力和团队协作能力，在 5% 的显著性水平上存在层级效应，而专业技术与能力、专业素养与态度、批判创新能力和团队协作能力则不显著，这说明这几方面能力与素质更受学生个体层面因素的影响。相比较能力与素质，学生就业状况中的四个方面，即就业起薪、就业比例、就业对口程度和工作总体满意度均存在显著的层级效应。观察层级效应中院校和专业类层面的影响大小可知，院校层级的影响均表现较小，只有 2% 左右，甚至更低。相对而言，就业比例来自院校层面的差异更大，跨级相关系数为 2.5%。虽然院校层面对专业素养与态度的差异解释度为 5.1%，但并不显著；就业起薪来自专业类层面的差异最大，达到 10.25%，就业比例和学生总体能力与素质来自专业类层面的差异分别为 8.5% 和 7.7%。就业状况的几个方面，就业起薪来自院校层面的差异最小，这可能和院校层次有关。研究单独选择老本科院校进行零模型分析，结果显示，在老本科院校中，就业状况来自院校层面的差异达到 8.9%，本研究推测院校层次越高，在就业起薪上，来自院校层面的差异可能越大，这在杨素红和杨钋（2014）的研究中得到验证，该研究通过多层模型分析发现毕业生起薪差异的 12% 来自院校层面。

研究分别对具有显著层级影响，且跨级相关系数达到合适程度的学生总体能力与素质、就业起薪、就业比例和就业对口程度进行进一步分析。随机截距模型显示，在课程设置上，职业就业性对学生总体能力与素质的影响最大，且在 1% 的水平上显著；在教学行为上，传统教学型仍发挥重要的作用，在三类教学行为中，对学生总体能力与素质的影响最大，其次为学以致用型；实践教学各方面对学生能力与素质均没有显著性影响。在就业起薪上，课程设置和教学行为的各个维度对其都没有显著的影响，实践教学的教师应用性对学生就业起薪具有显著影响。在就业对口程度上，课程设置的应用实践性、职业就业性均对学生就业对口程度起负向显著作用，这可能和课程设置的"就业取向"而非"专业取向"有关；教学行为和实践教学均对学生就业对口程度没有显著影响，而毕业/综合实习中的实习指导和实习考评均能显著提升学生就业对口程度。

为考察院校层面转型试点特征通过院校组织技术系统和学生院校经历对学生发展产生的调节效应，进行多层模型的随机系数模型分析。结果显示，在院校经历上，转型试点并不能显著通过毕业/综合实习来加强毕业/综合实习各维度对学生总体能力与素质的显著正向影响，但转型试点能通过学生参与中的活动参与和主动学习来增加活动参与和主动学习对学生总体能力与素质的提升作用，且在活动参与上其转型试点的加强作用程度更大。在学生就业起薪上，转型试点会显著减弱实习考评对学生就业起薪的正向影响。在其他方面，结果显示，转型试点并不能有效提升教学行为对学生发展的正向影响，传统教学仍发挥着重要的作用。不过，转型试点能够更好地提升实践教学中的自主探索性和教师应用性，从而达到提升学生就业起薪和就业对口程度的作用，且整体上教师应用性对提升学生就业对口程度影响更大。另外，转型试点能够减弱课程参与对学生就业比例的显著负向作用，转型试点使得整体上的课程参与能够提升学生就业比例，这说明转型试点院校中课程内容上可能"就业取向"更为明显。总体上，转型试点通过课程设置、教学行为和实践教学对学生发展的提升产生的加强作用较为有限，但转型试点可加强学生参与对学生总体能力与素质的影响。和随机截距模型对比来看，院校组织技术系统和院校经历对学生发展的影响，明显受到转型试点的调节作用的影响。

第六，转型试点通过院校组织技术系统对学生能力与素质的影响，主要是通过学生参与的中介机制来发挥积极作用，且在学生参与中，课程参与作用最大；而转型试点对学生就业状况的影响，学生参与并不起中介作用。无论是学生能力与素质还是就业状况，在课程设置、教学行为和实践教学上，均表现为转型试点对实践教学影响更大，且在毕业/综合实习的路径中，均表现为实习考评的作用更为明显。相比学生能力与素质，转型试点通过院校组织技术系统对就业状况的正向影响较为有限。

结构方程模型分析发现，在学生能力与素质的路径模型中，对学生总体能力与素质的作用中，均表现为专业技术与能力的作用最大，其次为专业素养与态度，而团队协作能力和沟通表达能力的作用最小；在就业状况的模型中，均表现为工作总体满意度的作用最大，而就业比例的作用最小。研究得出，无法构建包括转型试点、院校组织技术系统各部分内容、院校经历和能力与素质、就业状况的复杂路径模型。研究针对技术系统中的每部分内容，并分学生能力与素质和学生就业状况两部分单独构建路径模型进行分析。分析表明，在转型试点通过院校技术系统各特征对学生能力与素质的影响路径中，学生参与起到中介作用，而在就业状况中，学生参与不起中介作用。转型试点对学生能力与素质的积极作用，无论是在课程设置、教学行为还是在实践教学中，均表现为主要来自学生参与的中介作用，转型试点直接通过课程设置、教学行为和实践教学对学生能力与素质产生的影响大小分别为 0.004、0.013 和 0.015，而通过学生参与的中介机制产生的影响大小分别为 0.108、0.068 和 0.143。转型试点通过学生参与中的课程参与、规则参与、活动参与和主动学习对学生就业状况产生的影响分别为 0.009、0.006、0.0006、0.011，主动学习的作用最大。

进一步，通过比较各个路径模型中转型试点对课程设置、教学行为、实践教学的影响发现，转型试点对课程设置、教学行为和实践教学均具有显著影响，在学生能力与素质模型中，转型试点对三者的影响大小分别为 0.184、0.165 和 0.294，在就业状况模型中，分别为 0.177、0.157 和 0.267。可知，无论是对于学生能力与素质还是学生就业状况，转型试点对实践教学的影响程度均最大，其次为课程设置，而教学行为最小。转型试点在通过三者对学生能力与素质和学生就业状况的间接影响中，也均表现为通过实践教学的作用最大。此外，不得不指出，在总效应中，无论是在能力与素质各模型还是在就业状况各模型中，其总效应均为负，且在就业状况中更为明显，不过由于在能力与素质中有部分路径并不显著，可以认为转型试点对学生能力与素质的总效应并不显著，这和前面的结果保持一致。转型试点通过课程设置、教学行为和实践教学对学生能力与素质提升产生的间接效应分别为 0.113、0.082 和 0.159，而在就业状况中分别为 0.050、0.038 和 0.052。间接效应的不同是导致转型试点对学生能力与素质和就业状况总效应差异的根本所在。而其中的关键在于转型试点并不能通过院校组织技术系统并进一步通过学生参与来对学生就业状况产生影响。比较其大小可知，相比于学生能力与素质，转型试点通过院校组织技术系统对学生就业状况的促进作用极为有限。

此外，研究发现转型试点还通过毕业/综合实习来对学生能力与素质和就业状况产生影响，无论是从理论还是从现实意义来看，学生参与在其中并不起中介作用，数据分析也证实了这一点。不过研究发现，转型试点通过毕业/综合实习，无论是对学生能力与素质还是对就业状况的影响都极为有限。在对学生能力与素质的路径模型中，实习指导、实习制度和实习考评对其影响大小分别为 0.026、0.017 和 0.036，在就业状况中三者影响大小分别为 0.010、0.007 和 0.013。相对而言，在学生能力与素质和学生就业状况上，实习考评的作用均最大。

第七，来自弱势阶层家庭的学生对转型试点带来的人才培养模式变化更为敏感；从城乡对比来看，转型试点对学生能力与素质的促进作用主要体现在农村学生上；转型试点能够在一定程度上抑制家庭背景对学生能力与素质的影响，但是转型试点并不能有效减弱家庭背景对学生就业状况的影响。

通过对不同家庭背景学生对变革感知的比较分析发现，整体上，来自弱势阶层家庭的学生对学校变革感知的程度更高，对学校人才培养模式的变化更为敏感。在变革感知的不同方面，不同家庭背景学生的感知差异主要体现在院校整体、所在专业和校企合作上，而在课程设置和教师教学上差异并不明显。来自农村、家庭收入低、父母受教育程度低的学生群体对变革的感知较强，且在院校整体、所在专业、校企合作上群体间差异明显。由前面变革感知程度对学生发展的影响可以看到，对院校整体变革的感知更可能体现在学生的专业素养与态度上，而前面分析也指出，农村学生在专业素养与态度上显著更好，对此进行了进一步验证。此外，研究还通过全样本和转型试点样本的比较分析发现，在转型试点学校内部，家庭收入中等、父母职业层级为中层就业的学生群体变革感知相对较强，这说明当院校变革感知到一定程度时，处于中等阶层家庭的学生可能更为敏感。

我国特殊的城乡二元结构，使得城乡学生在家庭背景的社会、经济、文化等资本上都存在明显差异，张恺（2016）在研究中将家庭背景中的父母职业、受教育程度和家庭经济收入当作家庭背景的工具变量，也说明了城乡背景在衡量家庭社会阶层方面的代表性。研究采用倾向得分匹配法，分城市和农村样本，考察了转型试点对学生发展的平均处理效应。结果显示，转型试点对学生能力与素质的发展集中体现在农村学生上，而在城市学生上并不明显。不过研究进一步指出，在学生就业状况上，转型试点无论是对农村样本还是对城市样本作用均较为有限。转型试点对农村学生的正向影响，不仅体现在学生总体能力与素质上，还体现在专业技术与能力、专业素养与态度、职业认知与规划和沟通表达能力等方面。不过尽管如此，农村学生在专业技术与能力、职业认知与规划等方面明显低于城市学生；在就业起薪和工作总体满意度上，农村学生也明显低于城市学生。

进一步比较转型试点样本和非转型试点样本中家庭背景的作用以及通过设置家庭背景和转型试点的交互项进行分析，结果发现，转型试点能够在一定程度上抑制家庭背景对学生能力与素质的影响，这和吴晶（2009）的研究结果一致。但是需要注意的是，这种效果在就业状况上非常有限，EMI 假设得到部分验证。在学生能力与素质上，相比较非转型试点院校，转型试点院校的院校 – 专业类的作用相对较强，也即学生个体背景（包括学生的人口学特征、家庭背景、高中及入学前特征等）的影响会相对较弱，而在就业状况上呈现相反的结果。交互项的结果显示，转型试点可以减弱这种家庭收入对学生总体能力与素质带来的影响，而在就业起薪上，转型试点对其作用显著加强。因此，在院校转型试点过程中，要警惕优势阶层子女在此之中获得更好的发展，要弱化家庭背景的作用，避免进一步扩大高等教育的不平等。

第二节　针对地方本科院校转型发展的政策建议

自 1999 年高等教育扩张以来，我国高等教育获得了从未有过的发展，高等教育已经从"精英化"阶段走向"大众化"阶段。当前，我国已经建成世界上最大规模的高等教育体系，在新的发展阶段，中国高等教育发展重点已经从"规模扩张"逐步调整为"质量提升"，提升人才培养质量、促进学生发展成为现阶段我国高等教育教学改革的重点。庞大规模的高等教育体系，使得我国高等教育结构出现明显的分层分化，在本科阶段，其突出表现为以"985"院校、"211"院校为代表的重点院校和以新建地方本科院校为代表的地方本科院校之间的差异。两类院校在办学目标与定位上也存在明显的差异。在我国经济发展进入"新常态"阶段，两类院校所扮演的角色并不相同，可以认为，重点大学的目标在于"知识发现、科技创新、思想和文化的源泉"，而新建本科院校则重在"服务地方经济社会发展"。针对两类群体，目前国家具有针对性的政策分别是

"双一流建设"和"地方高校转型发展改革",这也是当前我国高等教育改革的两个重大方向。在 2017 年教育部工作要点中针对"整体提升高等教育水平",就明确指出"组织实施好'双一流建设'"和"深化地方高校转型发展改革","推动实施应用型高校建设项目、继续搭建应用型高校校企合作平台"(教育部,2017)。根据 2015 年统计数据,普通高等本科教育中,地方本科院校比重达到 88.2%,其中新建本科院校又占地方本科院校的 60.7%。根据三部委文件中"试点先行、示范引领"的方针,我国多个省份开展了"转型试点"工作,且很多省份部分院校在国家政策出台之前已经根据院校发展现状逐步调整方向、大力进行人才培养模式改革,走向转型发展道路。围绕地方本科院校转型发展,从学生发展的视角出发,对地方本科院校转型试点工作进行了评估并对转型试点对学生发展的影响机制进行探讨。根据上述实证结论,针对地方本科院校和地方本科院校转型试点工作,尝试提出如下政策建议。

第一,合理看待地方本科院校内部分化,持续推进地方本科院校转型试点工作,总结和推广部分转型试点院校经验,加大对转型试点院校投入力度和政策支持。

实证研究分析发现,地方本科院校内部发生明显分层分化,主要表现为老本科院校和新建本科院校之间的差异。目前地方本科院校试点工作集中于新建本科院校,转型试点院校在新建本科院校中还处于较为弱势地位。地方本科院校的内部分化有其明显的"路径依赖"特征,需要合理看待其内部分化。对于地方本科院校转型试点工作,不可"一刀切",不可统一要求向应用型转型,应该结合院校自身特征、办学历史、办学特色、办学条件、办学定位和地区发展情况,分类管理和引导,实现地方本科院校整体上的良性有序发展,并切实提高人才培养质量。

地方本科院校转型试点工作,对于转型试点院校,无论是在学生感知的文化系统上,还是在人才培养过程的技术系统上,都发现明显的变化,且在校企合作上表现更为明显。进一步的分析也发现,这些变化对于促进学生发展,尤其是在促进学生在校参与、促进学生能力与素质的提升上都具有明显的效果。政府应该继续推进地方本科院校转型试点工作,深化地方本科院校转型改革。同时,对于各地区一些表现突出的转型试点院校,应该总结并推广其转型试点经验。考虑到不同学科特色院校、公私立院校的不同,在选择典型试点院校进行经验推广时,应该考虑到不同类别、不同办学主体的转型试点院校。此外,考虑到整体上转型试点院校在资源上的相对有限和不足，从中央政府到省级政府，再到院校所在地级市政府，应该加大对转型试点院校的投入，并给予一定的政策性支持。在投入和政策支持上，应围绕加强和改善院校人才培养模式改革来进行。

第二，关注地方本科院校学生群体，提高高等教育机会和过程公平，警惕转型试点过程中不平等的进一步拉大。

通过对比重点院校我们发现，地方本科院校学生在入学社会阶层上存在明显的劣势，以城市学生比例为例，"985"院校平均比例为60%以上，而地方本科院校平均比例不到40%，且新建本科院校平均比例只有30%左右；在家庭社会经济指数上，"985"院校平均得分为40以上，而地方本科院校平均得分不到30，新建本科院校得分更是只有26。和已有高等教育机会均等研究结果类似，本研究也实证得出，在高等教育入学机会上，优势社会阶层子女更多地进入重点院校。以代表学生认知能力水平的高考分数作为院校声誉的代理变量发现，院校声望越高，来自优势社会阶层的学生比例越高。对于高等本科院校而言，需要重点关注地方本科院校学生群体，尤其是新建本科院校学生群体，适度加大对这些院校学生资助的力度和覆盖面。同时，在入学选拔机制上，针对不同类型院校，尤其是在重点院校入学上，适度向弱势社会阶层家庭子女倾斜。不同专业类间在学生发展上存在较为明显的差异，倾斜的视角可以不仅在院校类型选择上，还可以表现在专业类型的选择上，从而更好地提升高等教育机会与过程公平。

李煜（2009）认为社会阶层等先赋因素在子女地位获得过程中的作用大小及变迁是辨别一个社会是否平等的重要指标。本研究结果显示，在地方本科院校群体中，社会阶层等因素对学生发展具有显著的影响，且在就业状况上表现更为明显。相比家庭文化资本和父母职业情况，社会阶层因素中的家庭城乡背景、家庭经济资本对学生发展影响更为明显。针对转型试点的社会阶层和学生发展的专门分析发现，转型试点通过提升人才培养模式改革、改进教育教学方向、提升教育教学质量，能够在一定程度上抑制社会阶层等先赋因素对学生发展的显著正向影响，可以有效避免不平等程度的进一步拉大。但是这种作用更多地表现在学生能力与素质增值上，而对学生就业状况的影响并不明显，甚至在转型试点过程中以家庭经济收入为衡量标准的家庭经济资本将会发挥更大的作用。同时，根据有效维持不平等理论假设和对变革感知的分析发现，可以推断当转型试点效果更为明显、转型试点进行得更为深入时，更加需要警惕通过院校人才培养过程高等教育不平等进一步拉大。

第三，加强学生专业技术与能力的培养，秉承全面的学生发展观念，结合院校目标与定位，构建以学生发展为核心的地方本科院校转型试点评估体系，推动院校的整体性、系统性变革。

对地方本科院校学生群体分析发现，通过大学四年的学习，学生在专业技术与能力、专业素养与态度、职业认知与规划、团队协作能力、批判创新能力和沟通表达能力上都有较大程度的提升，不过相比较而言，学生在专业技术与能力上的提升较为不足。而通过不同类型院校的比较分析也发现，地方本科院校学生在专业技术与能力的提升上也低于重点院校，这和马丽萍、管清天（2016）的研究结果一致。进一步来看，通过转型试点对学生发展效果的评估发现，转型试点对学生总体能力与素质的提升具有显著的促进作用，而对学生专业技术与能力的提升较为有限。研究认为在地方本科院校转型试点过程中，需要进一步加强对学生专业技术与能力的培养，尤其是在理工类专业上。学生的专业技术与能力作为"硬核"决定着学生的技能性、应用性水平，影响着学生的未来发展和就业水平。

郭建如（2017）指出对于转型试点的评价应该既要关注关键指标，注意到转型的整体性、系统性及机制性的问题，还要考虑到重要利益相关者的关切。秉承全面的学生发展观念，结合院校目标与定位，构建以学生发展为核心的地方本科院校转型试点评估体系，有利于对院校转型的整体性、系统性及执行问题的关注，这也是对高校人才培养质量问责的有力回应。从组织转型的相关理论与模型中我们可以看到，院校组织的转型与变革主要是为了应对高等院校内外部的一系列变化。对于地方本科院校而言，教学、人才培养是其核心功能。院校内外部的一系列变化，需要院校更加集中利用有限的资源切实提升人才培养质量以促进学生发展。学生的良好发展，不仅表现在学生就业状况上，还表现在学生能力与素质的增值提升上。地方本科院校在转型试点过程中，应围绕学生发展来构建院校的变革机制与内容，从结构、人员、技术、文化等多个方面具体展开，从而推动院校的系统性、整体性变革。

第四，做好做实人才培养关键环节，大力提高教师质量和应用水平，深化校企合作，着实提高实践教学和实训实习质量与水平。

院校是否能够促进学生发展的关键在于人才培养。对于地方本科院校而言，围绕地方本科院校定位和人才培养目标，人才培养的关键环节可以从课程设置、教学行为、实践教学、综合实习等方面着手。研究得出，在人才培养的课程设置、实践教学、教学行为、综合实习等几个关键环节上，转型试点院校的学生满意度都显著高于非转型试点的地方本科院校。转型试点院校在课程设置的应用实践性、教学行为的探究引导型、实践教学的资源充分性和综合实习的实习考评等方面表现突出。但是研究进一步发现，在转型试点院校中，这些方面的变化对学生发展的作用还没有得到有效发挥，在转型试点过程中，应进一步做好做实这些人才培养的关键环节，从而更好地提升学生能力与素质和改善学生就业状况。

对于地方本科院校转型试点，正如高校管理者感叹"转到深入是课程，转到难处是教学，转到痛处是教师"（曹勇安，2016），教师是人才培养中实施的主体，教师质量决定着教学质量，直接影响着人才培养质量，转型试点中教师是关键所在。但是研究发现，在转型试点院校中学生的教师质量满意度明显低于老本科院校，学生对教师的应用性水平也评价不高。实证分析发现，教师的应用性水平能显著提升学生能力与素质和学生就业起薪。因此，研究建议在地方本科院校转型试点过程中，要通过多种方式和机制在提升教师质量、提升教师应用性水平上下功夫。此外，研究发现校企合作对学生发展的影响最为明显，校企合作主要表现在院校人才培养过程中的实践教学和实训实习上。尽管在转型试点院校中，实践教学和实训实习已经发挥一定作用，但是其效果还相对较小，应进一步加大校企合作力度、完善校企合作制度。

第五，构建良好的校园文化氛围，加强院校支持体系建设，促进学生参与，提升学生在校获得感。

校园文化氛围具有重要的育人功能，对人的发展具有重要影响（郭永红，2010）。本研究通过从学生对变革的感知来验证校园文化氛围对学生发展的影响。研究表明，校园的整体氛围对学生专业素养与态度和学生工作总体满意度均具有显著的正向影响。在转型试点过程中，应加大相关宣传力度，注意积极构建合适有效的校园文化氛围。

院校支持体系包括制度规则、场地设施、活动开展等方面。院校支持体系不仅能够保障教学的有效进行，也能有效促进学生的参与。和已有研究类似，本研究同样得出学生参与对学生能力与素质的提升作用明显，且有较大的解释力度。学生的活动参与和主动学习能够显著提升学生的就业起薪。转型试点对学生能力与素质的促进作用主要表现为学生参与的中介机制。转型试点带来的课程设置、教学行为、实践教学等方面的作用发挥，依赖于促进学生参与，通过学生参与来影响学生发展。地方本科院校在转型试点过程中，应该注重学生参与的提升，且通过院校支持体系的建设，发挥学生参与的主动性，从而更好地促进学生发展，提升学生在校的获得感。

第三节　理论及实证贡献与现实意义

本书的研究贡献，主要可分为理论贡献、实证贡献和现实意义三个层面。

在理论贡献上，正如研究意义中所说，有效地建立了院校转型与学生发展之间的逻辑联系，不仅将院校转型与学生能力与素质的增值建立起联系，还建立起院校转型与学生就业状况间的联系。院校转型主要是通过影响院校组织技术系统，进而影响学生发展。不过，在学生能力与素质和就业状况上的影响路径并不相同。此外，丰富和扩充了已有院校影响力理论，本研究充分考虑到专业类在院校影响过程中的作用，探讨了院校、专业类、个体三个层面对学生发展的影响，并进一步分析院校影响过程中的机制问题。和已有相关研究中采用学生学业成绩或学生能力与素质增值评价作为因变量不同，研究从学生能力与素质和就业状况两个方面来对学生发展进行衡量，充分考虑了学生学业成就类型的认知层面和情感层面、资料特性中的心理和行为性，并考虑到教学内容与学业成就评估的直接性和间接性，有利于进一步丰富学生发展的内涵。再者，研究抓住目前"转型试点"带来的教育质量信息的不对称性的特点，针对地方本科院校去探讨 EMI 假设的适用性，研究得出，从学生发展在劳动力市场的表现来看，EMI 假设仍然成立，但是对于较为内隐的学生能力与素质来说，EMI 假设适用性有限，这说明 EMI 假设的适用性不仅和教育质量信息的判断有关，还与结果变量的选择相关，有效维持不平等假设可能更关注外显化的结果。

在实证贡献上，本研究构建了针对地方本科院校转型的相关量表，主要有课程设置、教学行为、实践教学、综合实习、学生参与、能力与素质六个量表。六个量表在已有相关量表基础上结合地方本科院校教育教学过程特点和转型试点要求而构建，研究证明了其有效性，因此本研究的实证贡献首先体现在量表价值上。其次，相比于已有相关研究，本研究的实证贡献还体现在方法上，本研究综合采用多元线性回归、处理倾向得分匹配、三层模型和结构方程模型等多个方法围绕地方本科院校转型试点的效果和效果发生的机制展开了较为深入的探讨，并采用多种检验方法对结果进行检验，使得结果具有较强的说服力和可信性。最后，在变量处理上，本研究针对学生对人才培养过程中关键环节的评价，如课程设置、教学行为和实践教学等，结合院校专业人才培养情况，将其聚合到专业类变量上，并采用 Rwg 和 ICC 方法进行检验，这大大减小了已有研究中直接采用学生个体评价带来的误差。同时，研究还采用此类方法，验证了院校学生参与和毕业/综合实习的个体性。这也证明了院校对学生的影响，不仅体现在专业内部较为一致的人才培养过程环节（更多地体现为教师的"教"），还体现在学生个体的院校经历上（更多地体现为学生的"学"）。

在现实意义上，有利于准确把握地方本科院校转型试点的实际情况，进一步推进我国高等教育的结构性改革。同时，研究通过对地方本科院校的分析，让我们对新一轮"读书无用论"有了较为全面的认识。来自弱势家庭的子女在高等教育入学机会上，主要集中在地方本科院校，且在新建本科院校中比例更高。而从毕业情况来看，新建本科院校学生在就业上，无论是在就业起薪还是在就业单位性质和就业地区上，都与重点院校学生差异显著。即使是在进一步升学选择上，来自优势家庭的子女也获得了更多更好的机会。但是也要看到，地方本科院校转型试点通过人才培养模式的变革，改善教育教学效果，尽管目前对学生就业状况的影响较为有限，但切实有助于提升学生的能力与素质。本研究的结果有助于增进我们对学生发展的全面了解，有助于认识高等教育中的不平等现象，从而为相关政策制定提供参考。

第四节　不足与未来研究展望

由于各种原因，本研究还存在许多不足和可改进之处，主要表现在以下方面。

第一，地方本科院校转型是个系统而复杂的过程，对地方本科院校转型与转型效果的分析，需要对定性和定量方法熟练掌握和运用。结合高等教育人才培养质量，从学生发展的角度对地方本科院校转型进行分析，难免忽略掉转型试点过程中的结构性、管理性、机制性等方面的问题，这就导致在转型概念界定上可能存在不清晰。当然，研究也可从学生发展的角度，结合已有组织转型或院校转型相关理论模型，并结合研究者本人实地调研的相关资料和访谈来展开分析和探讨，但是，一方面研究者本人对定性方法掌握程度有限，且在理论思辨上存在一定的不足，另一方面避免过于烦琐，因此，本研究仅集中于采用定量分析的方法对地方本科院校转型试点进行分析。同时需要说明的是，各个院校在具体转型过程中程度不一，当然也可能效果不一，本研究得出的结果是从整体上、宏观上来说明的，并不能说明具体某个学校的转型情况。另外，可能的批评是当前地方本科院校的转型试点工作还缺少时间的沉淀，对其效果的评估可能还为时过早。未来可尝试对此进行跟踪调查研究，也可从其他视角，如采用案例研究等方法对地方本科院校转型试点进行进一步的探讨和分析。

第二，对于人才培养过程和院校经历之间的关系有待于进一步探讨。本研究对人才培养过程的分析主要从专业类层面的课程设置、教学行为和实践教学来进行，院校经历主要从个体层面的毕业/综合实习和学生参与来进行，但实际上院校人才培养过程和个体院校经历非常复杂。研究对院校人才培养定位于专业类层面，而对院校层面的影响分析较为有限。在院校人才培养过程专业类层面上，三者之间存在一定的关系，本研究并没有对课程设置、教学行为和实践教学三者之间的关系进行探讨。此外，在个体院校经历上，只从学生参与和毕业/综合实习两个方面来看，存在明显的遗漏偏误，且个体院校经历之间的关系也难以厘清。院校人才培养过程与个体院校经历之间的关系也值得进一步探讨，这也是未来可能的研究方向。

第三，学生发展的测量方法可进一步改进，学生发展中能力与素质和就业状况的关系需要进一步研究。本研究对学生发展的测量，参考了Astin 的学生成就类型和吉田文的学业成就评估模式4，综合采用学生能力与素质增值和就业状况来进行。具体在学生能力与素质增值上采用学生自我陈述的评价量表来进行，正如已有研究指出的学生自我陈述报告的结果难免存在一定偏误，且不同院校、不同专业间学生自我报告的增值评价间存在可比性的问题。在学生就业状况上，就业状况的几个指标，尤其是就业比例和就业对口程度主要是结合地方本科院校转型试点目标和要求来设置，但是对就业状况几个指标间的关系探讨和分析较为不足。不仅如此，学生的能力与素质与就业状况之间的关系探讨也较为缺乏。这就导致在给读者的感觉上，认为本书探讨了转型试点对学生发展各种因变量的影响，结果庞杂、印象不深、聚焦不够。未来研究可专门探讨本研究中学生发展相关指标的关系，或选择某一两个主要指标进行更加深入的分析。

第四，在定量分析上，难免存在变量的内生性和因果关系问题。尽管本研究对变量的内生性问题进行了有意识的控制，但是囿于截面数据的性质和学生发展影响因素的复杂性，想要完全消除变量的内生性几乎不可能。变量的内生性来源于多个方面，主要有测量误差、联立性和遗漏变量等方面。测量误差主要体现在自我陈述调查的局限性上；在联立性上，本研究采用多层模型和结构方程模型，探讨了变量之间的相互影响和路径关系，但是难免存在其他联立性的可能；在遗漏变量上，本研究尝试控制院校、专业类、个体三个层面的多个变量，且在学生发展影响因素的探讨上，采用院校－专业类的固定效应，尽可能地控制遗漏变量偏误。但是学生发展的影响极为多元和复杂，遗漏变量偏误难以消除。变量的内生性也带来因果关系上的不确定性。在对转型试点效果评估的讨论中，采用倾向得分匹配模型来进行探讨，在研究过程中，变量层面采用学生个体，而在处理变量上则是院校特征变量（是否为转型试点院校），样本中院校数量极其有限，这可能带来结果估计偏误。此外，在因果关系上，学生能力与素质的发展也很有可能影响学生在校参与和对课程设置、教学行为与实践教学的评价，其中存在一定的反向因果问题。此外，研究的结果还可能受样本选择的影响。

参考文献

中文文献

白小斌，2014，《地方本科大学生创业意向调查》，《教育与职业》第16期。

鲍嵘，2007，《从"计划供给"到"市场匹配"：高校学科专业管理范式的更迭》，《浙江师范大学学报》（社会科学版）第2期。

鲍威，2009，《扩招后中国高校学生的学习行为特征分析》，《清华大学教育研究》第1期。

鲍威，2010，《未完成的转型——普及化阶段首都高等教育的人才培养与学生发展》，《北京大学教育评论》第1期。

鲍威，2014，《未完成的转型：高等教育影响力与学生发展》，教育科学出版社。

鲍威，2015，《大学生学业成就增值效应研究》，《江苏高教》第1期。

鲍威、陈杰、万蜓婷，2016，《我国"985工程"的运行机制与投入成效分析：基于国际比较与实证研究的视角》，《复旦教育论坛》第3期。

鲍威、吴红斌，2016，《象牙塔里的薪资定价：中国高校教师薪资影响机制》，《北京大学教育评论》第2期。

鲍威、张晓玥，2012，《中国高校学生学业参与的多维结构及其影响机制》，《复旦教育论坛》第6期。

鲍银霞，2006，《有效学习发生的条件及其对教师教学的要求》，《教育导刊》第9期。

北京大学教育学院，2014，《高等理科本科教育改革研究报告》。

别敦荣，2015，《战略规划与高校的转型发展》，《现代教育管理》第

1 期。

伯顿·克拉克，2003，《建立创业型大学：组织上转型的途径》，王承绪译，人民教育出版社。

伯恩鲍姆，2003，《大学运行模式》，别敦荣等译，中国海洋大学出版社。

蔡瑜琢、阎凤桥，2012，《中国大陆民办高等教育多样性与同型性问题研究》，《浙江树人大学学报》第 2 期。

蔡袁强、戴海东、翁之秋，2010，《地方本科院校办学面临的困惑与对策——以温州大学为研究对象》，《高等工程教育研究》第 1 期。

曹勇安，2016，《高校转型抓住课程建设牛鼻子》，《中国教育报》10 月 18 日，第 7 版。

陈国华，2013，《"读书无用论"现象的农村社会调查与反思》，《天府新论》第 2 期。

陈萌，2016，《地方普通本科高校大学生创业意愿调查分析》，《新课程》（下）第 3 期。

陈娜、朱红，2014，《大学生学业参与模式对其职业成熟度的影响——基于自我主导理论的视角》，《教育发展研究》第 21 期。

陈强，2010，《高级计量经济学及 Stata 应用》，高等教育出版社。

陈秋燕，2013，《福建省地方本科院校专业设置现状研究》，《泉州师范学院学报》第 4 期。

陈文娇，2009，《我国大学组织趋同现象研究》，博士学位论文，华中师范大学教育学原理系。

陈晓宇、刘钊，2015，《高等理科生源状况统计分析》，《高等理科教育》第 5 期。

陈新民，2009，《新建本科院校转型研究》，《教育发展研究》第 1 期。

陈学飞、王富伟、阎凤桥等，2011，《独立学院地方性发展实践的政策启示——基于浙江省独立学院的实地调查》，《复旦教育论坛》第 1 期。

程开明，2006，《结构方程模型的特点及应用》，《统计与决策》第 10 期。

程燕，2007，《地方本科院校定位问题研究》，硕士学位论文，天津大学教育经济与管理系。

达睿，2012，《学生参与视角下学生干部经历对学生发展影响的实证研究》，硕士学位论文，北京大学高等教育学系。

刀福东、丁小浩，2008，《家庭背景与大学生专业选择》，"中国教育经济学年会"会议论文。

邓峰、郭建如，2014，《高职院校培养方式变革与毕业生就业能力培养》，《教育学术月刊》第 5 期。

邓国英、许加明，2015，《地方本科院校学生教育结果质量调查——基于某地方本科院校"CCSS‐2013"调查数据的分析》，《中国成人教育》第 22 期。

第九届全国人民代表大会常务委员会第四次会议，1998，《中华人民共和国高等教育法》，《中国高等教育》第 10 期。

丁小浩，2006，《规模扩大与高等教育入学机会均等化》，《北京大学教育评论》第 2 期。

窦丽芳、吴太山，2013，《新建本科院校办学定位问题及对策——基于全国 51 所新建本科院校的调查》，《长春教育学院学报》第 15 期。

杜才平，2011，《地方本科院校专业设置：现状、问题及结构调整策略》，《黑龙江高教研究》第 8 期。

杜育红、梁文艳，2010，《教育投入对学生发展的影响——对西发项目影响力评价研究设计的反思》，《教育学报》第 6 期。

段锦云、王娟娟、朱月龙，2014，《组织氛围研究：概念测量、理论基础及评价展望》，《心理科学进展》第 12 期。

樊明成，2009，《中国普通高校专业选择的研究》，博士学位论文，厦门大学高等教育学系。

樊正恩，2013，《新建本科院校课堂教学质量评价模型探析》，《甘肃高师学报》第 2 期。

傅平，2005，《中国传媒集团组织转型研究》，博士学位论文，复旦大学企业管理系。

高林，2006，《应用性本科教育导论》，科学出版社。

高庆蓬，2008，《教育政策评估研究》，博士学位论文，东北师范大学教育学原理系。

高玉峰、刘泽义，2010，《地方高校本科毕业生择业趋向调查分析》，《国家教育行政学院学报》第 4 期。

《工人日报》，2016，《农村学生的辍学率为何居高不下?》，中国网，http：//www. china. com. cn/chinese/OP-c/588012. htm. 2016/08/10。

顾华锋，2007，《地方本科院校师资队伍建设的创新研究》，《南京审计学院学报》第 4 期。

顾永安，2009，《基于新建本科院校的品牌大学内涵建设——以常熟理工学院为例》,《当代教育科学》第 17 期。

郭建如,2007,《陕西民办高校的组织转型——以四所民办本科高校为例》,《高等教育研究》第 9 期。

郭建如,2014,《高职培养模式变革与毕业生就业:一项实证研究》,《华中师范大学学报》(人文社会科学版)第 4 期。

郭建如,2017,《地方本科高校转型发展中的核心问题探析》,《黄河科技大学学报》第 1 期。

郭建如、邓峰,2013,《高职教育培养模式变革、就业市场变化与毕业生就业概率分析》,《高等教育研究》第 10 期。

郭建如、邓峰,2015,《高职院校培养模式变革与毕业生起薪差异的实证研究》,《社会发展研究》第 4 期。

郭永红,2010,《怎样让学生在良好的校园文化氛围中发展》,《科学咨询》(教育科研)第 2 期。

韩高军,2012,《行业院校地方化的制度主义分析——以武汉工程大学为例》,《高等工程教育研究》第 1 期。

韩高军,2013,《创业型大学视角下的行业院校转型》,《中国高校科技》第 3 期。

韩高军、郭建如,2011,《划转院校组织转型研究——以湖北某高校为例》,《教育学术月刊》第 5 期。

汉语大字典编辑委员会编,1988,《汉语大字典》,四川辞书出版社。

郝大海,2007,《中国城市教育分层研究(1949—2003)》,《中国社会科学》第 6 期。

郝文武,2009,《新读书无用论的根源及其消除》,《中国教育学刊》第 9 期。

何二毛,2016,《"90 后"大学生就业能力状况实证研究——基于河南地方普通本科高校问卷调查》,《河南科技学院学报》第 1 期。

何晓芳,2012,《大众化进程中的中美高等教育层次结构比较研究》,《国内高等教育教学研究动态》第 1 期。

和经纬,2008,《中国公共政策评估研究的方法论取向:走向实证主义》,《中国行政管理》第 9 期。

黑建敏,2010,《地方本科高校人事分配制度深化改革研究》,人民出版社。

侯杰泰、成子娟,1999,《结构方程模型的应用及分析策略》,《心理学探新》第 1 期。

胡荣，2015，《经济转型背景下的企业组织转型研究：基于组织学习的视角》，《中国市场》第 46 期。

黄琳、文东茅，2008，《大学生独生子女与非独生子女学业状况比较》，《教育学术月刊》第 2 期。

黄群慧、白景坤，2013，《制度变迁、组织转型和国有企业的持续成长——深入推进国有企业改革的生态学视角》，《经济与管理研究》第 12 期。

黄容霞，2012，《全球化时代的大学变革（1980–2010 年）——组织转型的制度根源》，博士学位论文，华中科技大学教育经济与管理系。

黄素霞，2014，《论地方本科院校"双师型"教师队伍建设——以莆田学院为例》，《莆田学院学报》第 4 期。

季诚钧、何菊芳、卢双坡，2010，《高校教师课堂教学行为分析》，《中国大学教学》第 5 期。

江红霞，2007，《地方本科院校定位与特色问题研究》，硕士学位论文，湖南师范大学教育经济与管理系。

焦明宇，2012，《我国国有企业组织结构变革研究》，博士学位论文，首都经济贸易大学企业管理系。

教育部，2014，《地方高校转型发展呼唤顶层设计》，教育部官网，http://www. moe. edu. cn/publicfiles/business/htmlfiles/moe/s271/201401/161967. html。

教育部，2017，《教育部 2017 工作要点》，教育部官网，http://www. moe. edu. cn/jyb_xwfb/moe_164/201702/t20170214_296203. html。

教育部高等教育教学评估中心，2016，《中国特色不必让步于世界标准》，教育部高等教育教学评估中心官网，http://www. pgzx. edu. cn/modules/news_detail. jsp? id = 101664. 2016/08/20。

孔繁敏，2006，《建设应用型大学之路》，北京大学出版社。

雷德雨，2016，《微观经济计量学分析框架下的公共政策评价研究》，《当代经济》第 10 期。

李忱，2009，《性别因素对高校毕业生就业机会和起薪水平影响的研究》，硕士学位论文，北京大学教育经济与管理系。

李春玲，2010，《高等教育扩张与教育机会不平等——高校扩招的平等化效应考查》，《社会学研究》第 3 期。

李锋亮、岳昌君、侯龙龙，2009，《过度教育与教育的信号功能》，《经济学》第 2 期。

李继兵，2006，《大学文化与学生发展关系研究》，博士学位论文，华中科技大学高等教育学系。

李莉、云阁、徐少冈等，2010，《教师课堂教学行为与学生课堂参与的关系——基于问卷调查的心理学实证研究》，《教学研究》第 5 期。

李立国，2014，《中国高等教育大众化发展模式的转变》，《清华大学教育研究》第 1 期。

李璐，2016，《高校组织氛围与教师科研生产力——基于组织场域的研究视角》，博士学位论文，北京大学教育经济与管理系。

李攀，2015，《地方本科院校转型背景下校企合作办学模式研究》，研究生学位论文，河北科技师范学院职业技术教育学系。

李群英，2008，《地方本科院校深化实践教学改革的实践与思考》，《中国成人教育》第 17 期。

李莎，2014，《创新专业设置和课程体系适应地方高校转型发展》，《重庆科技学院学报》（社会科学版）第 7 期。

李晓鹏、方杰、张敏强，2011，《社会科学研究中多层线性模型方法应用的文献分析》，《统计与决策》第 23 期。

李欣，2015，《地方本科院校教育经费问题实证研究》，《教育财会研究》第 5 期。

李煜，2009，《代际流动的模式：理论理想型与中国现实》，《社会》第 6 期。

李作战，2007，《从组织变革的模式选择看组织变革的阻力及其克服》，《现代管理科学》第 6 期。

厉以宁，1996，《转型发展理论》，同心出版社。

栗新，2007，《地方本科院校学科建设研究》，硕士学位论文，武汉理工大学教育经济与管理系。

廖筠，2007，《公共政策定量评估方法之比较研究》，《现代财经》（天津财经大学学报）第 10 期。

林海、彭劲松、严中华，2010，《从 NPO 到社会企业——非营利组织转型策略研究》，《科技管理研究》第 18 期。

林卉，2012，《高等教育机会获得的阶层差异研究》，硕士学位论文，清华大学社会学系。

林琦芳，2013，《应用型本科院校校企合作的研究》，硕士学位论文，华侨大学公共管理系。

刘红云、孟庆茂，2002，《教育和心理研究中的多层线性模型》，《心理科学进展》第 2 期。

刘晶，2012，《新建地方本科院校实践教学体系研究》，硕士学位论文，江西师范大学高等教育学系。

刘精明，2006，《高等教育扩展与入学机会差异：1978～2003》，《社会》第 3 期。

刘精明，2014，《能力与出身：高等教育入学机会分配的机制分析》，《中国社会科学》第 8 期。

刘敏、陆根书，2016，《高校毕业生起薪的性别差异状况及其影响因素》，《高等教育研究》第 5 期。

刘洋，2013，《地方本科院校师资队伍国际化建设探析——以徐州工程学院为例》，《当代教育科学》第 5 期。

刘莹、刘进华，2012，《提升高职高专学生就业质量的探讨》，《科技视界》第 29 期。

刘勇，2012，《构建新建地方本科院校实践教学质量保障体系的探索》，《学术论坛》第 9 期。

刘跃华、龙伟，2009，《学习型组织理论视角下的高职院校教师专业化发展研究》，《时代教育》（教育教学版）第 Z1 期。

刘云杉、王志明、杨晓芳，2009，《精英的选拔：身份、地域与资本的视角——跨入北京大学的农家子弟（1978－2005）》，《清华大学教育研究》第 5 期。

刘振天，2014，《地方本科院校转型发展与高等教育认识论及方法论诉求》，《中国高教研究》第 6 期。

刘志英，2010，《新建地方本科院校师资队伍建设研究》，硕士学位论文，河南大学高等教育学系。

刘智广，2010，《新建地方本科院校大学生就业问题及对策研究》，硕士学位论文，河北师范大学马克思主义理论与思想政治教育系。

柳友荣，2011，《我国新建应用型本科院校发展研究》，博士学位论文，南京大学高等教育学系。

柳友荣、龚放，2008，《"本科教学质量"辨正》，《中国大学教学》第 6 期。

卢晓中，2001，《高等教育：概念的发展及认识》，《高教探索》第 3 期。

罗建平、马陆亭，2013，《高校学生素质培养的影响因素探究——基于 2011 年"首都高等教育质量与学生发展监测"项目相关数据的分析》，《黑龙江高教研究》第 9 期。

罗璇，2012，《高中教育经历对大学新生学业表现与大学适应性的影响》，硕士学位论文，北京大学教育经济与管理系。

罗云，2004，《关于学科、专业与课程三大基本建设关系的思考》，《现代教育科学》第 5 期。

马莉萍、管清天，2016，《院校层次与学生能力增值评价——基于全国 85 所高校学生调查的实证研究》，《教育发展研究》第 1 期。

马文·彼得森，2007，《大学和学院组织模型：历史演化的视角》，《北京大学教育评论》第 1 期。

孟大虎，2006，《专业选择、专用性人力资本与大学生就业——基于调查数据的经验分析》，中国教育经济学年会会议论文。

莫琳·T. 哈里楠，2004，《教育社会学手册》，傅松涛等译，华东师范大学出版社。

帕森斯，1988，《现代社会的结构与过程》，梁向阳译，光明日报出版社。

潘懋元、车如山，2009，《做强地方本科院校——地方本科院校的定位与特征研究》，"2009 年高等教育国际论坛"会议论文，杭州。

潘懋元、王琪，2010，《从高等教育分类看我国特色型大学发展》，《中国高等教育》第 5 期。

潘懋元、肖海涛，2008，《中国高等教育大众化结构与体系变革》，《高等教育研究》2008 年第 5 期。

潘彭丹、余期江，2004，《浅析当前阶层分化对高等教育机会获得的影响》，《江西科技师范学院学报》第 2 期。

潘文庆、李溢航，2013，《学生干部毕业生就业竞争力评价研究》，《华南师范大学学报》（社会科学版）第 4 期。

潘雅静，2009，《当前新建地方本科院校专业结构的和谐问题》，《鸡西大学学报》（综合版）第 6 期。

庞明礼，2013，《"新读书无用论"与大学生就业压力相关性研究》，《高校教育管理》第 2 期。

彭旭，2009，《试论新建地方本科院校教学质量监控体系》，《黑龙江高教研究》第 11 期。

齐明山、刘爠毅，2009，《公共组织转型的现状与未来》，《上海行政学院学报》第 5 期。

齐振宏，2002，《企业组织变革研究》，硕士学位论文，华东师范大学农业经济管理系。

钱国英，2010，《大范围改革教学方法推动人才培养模式创新》，《中国高等教育》第 11 期。

钱国英、徐立清、应雄，2007，《高等教育转型与应用型本科人才培养》，浙江大学出版社。

卿石松、郑加梅，2013，《专业选择还是性别歧视？——男女大学生起薪差距成因解析》，《经济学》（季刊）第 3 期。

全国教育科学规划领导小组办公室，2014，《"区域经济发展视野下的新建本科院校转型研究"成果报告》，《大学》（学术版）第 5 期。

全国人大常委会办公厅，2008，《中华人民共和国教育法》，中国民主法制出版社。

任玉珊，2009，《大学组织转型与要素变革：以应用性本科为例》，博士学位论文，北京大学教育经济与管理系。

任玉珊，2012，《建设应用型本科大学：组织转型与创新》，光明日报出版社。

任兆璋、范闻，2005，《中国教育质量与收益率的微观计量分析》，《华南理工大学学报》（自然科学版）第 9 期。

沙沃森，2016，《教育的科学研究》，教育科学出版社。

沈艳、张恺，2015，《家庭背景对我国高等教育入学机会的影响——基于2013 届高校毕业生调查的实证分析》，《教育学术月刊》第 5 期。

盛欣，2015，《新建地方本科院校人才培养质量及保障机制研究》，博士学位论文，湖南师范大学高等教育学系。

盛正发，2009，《从一元管理到多元治理》，博士学位论文，湖南师范大学高等教育学系。

石卫林，2011，《大学生成长变化的院校影响理论述评》，《教育学术月刊》第 7 期。

宋俊骥，2015，《高职（专科）院校转型研究》，博士学位论文，华中师范大学教育领导与管理系。

宋征征，2016，《河南省地方本科院校转型问题研究》，硕士学位论文，郑州大学教育经济与管理系。

搜狐教育，2016，《重庆上万应届生弃高考读书"无用论"蔓延农村》，搜狐教育网，http://learning.sohu.com/20090328/n263059136.shtml。

孙城、杜云英等，2013，《地方高校转型发展理论与实践分析》（内部资料）。

孙士杰、张国荣、冯喜英，2000，《高校学生学业成就评价现状及改革的研究》，《河南师范大学学报》（哲学社会科学版）第5期。

孙莹，2012，《地方本科高校人才培养特色范式研究》，硕士学位论文，哈尔滨工程大学教育经济与管理系。

谭英，2012，《学生家庭背景与学业成绩相关性实证研究》，硕士学位论文，湖南农业大学高等教育学系。

陶东梅，2015，《地方本科高校转型政策的评价与反思（2014~2015）》，载杨东平主编《中国教育发展报告（2015）》，社会科学文献出版社。

田丰、刘雨龙，2014，《高等教育对独生子女和非独生子女差异的影响分析》，《人口与经济》第5期。

汪建飞、李柱梁、王伟，2005，《地方本科高等学校学科建设中存在的问题与对策》，《高等农业教育》第12期。

王富伟，2012，《独立学院的制度化困境——多重逻辑下的政策变迁》，《北京大学教育评论》第2期。

王建华，2012，《我们时代的大学转型》，教育科学出版社。

王菊，2007，《资源依附与高校发展定位的类型选择——从社会学的角度看我国高校发展定位问题》，《清华大学教育研究》第3期。

王军胜，2013，《创业型大学视角下民办本科高校转型路径研究》，博士学位论文，天津大学管理科学与工程系。

王莉、董春利，2012，《基于后现代组织理论的高职院校组织弊端分析及其变革》，《产业与科技论坛》第15期。

王萍，2009，《地方本科院校创业教育研究》，硕士学位论文，山东师范大学课程与教学论系。

王雪莉，2003，《影响中国企业组织变革成功的因素研究》，博士学位论文，清华大学企业管理系。

王玉丰，2008，《常规突破与转型跃迁——新建本科院校转型发展的自组织分析》，博士学位论文，华中科技大学高等教育学系。

王玉萍，2009，《地方性本科院校应用型人才培养研究》，硕士学位论文，华中农业大学教育经济与管理系。

温福星，2009，《阶层线性模型的原理与应用》，中国轻工业出版社。

文东茅，2005，《家庭背景对我国高等教育机会及毕业生就业的影响》，《北京大学教育评论》第 3 期。

文东茅，2005，《我国高等教育机会、学业及就业的性别比较》，《清华大学教育研究》第 5 期。

邬开东，2006，《论促进学生发展的教学交往》，硕士学位论文，安徽师范大学教育学原理系。

吴红斌、朱红，2015，《高校教师教学行为对学生创新能力的影响》，"2015 年中国高等教育学年会暨国际高等教育论坛"会议论文，珠海。

吴晶，2009，《高校教学质量与学生学业成就的关联性——基于学生视角分析》。

吴愈晓，2013，《教育分流体制与中国的教育分层（1978—2008）》，《社会学研究》第 4 期。

谢凌凌，2011，《新建本科院校"生态位战略"的构建、运行与评价》，博士学位论文，南京农业大学教育经济与管理系。

谢银萍，2007，《福建省新建地方本科院校教学工作量管理问题研究》，硕士学位论文，厦门大学教育经济与管理系。

谢宇，2013，《回归分析》（第 2 版），社会科学文献出版社。

谢作栩，2008，《高等教育大众化与缩小社会阶层高等教育差异的研究》，《大学》（研究与评价）第 4 期。

邢晖、郭静，2015，《经济新常态背景下地方高校转型发展的调查与建议——基于全国 27 个省份 86 名地方高校校级领导的调研》，《重庆高教研究》第 5 期。

熊丙奇，2014，《资源不均衡导致农村大学生就业难》，《It 时代周刊》第 2 期。

徐敏、李明，2003，《地方本科高校学科建设策略的实施》，《教育评论》第 5 期。

徐斯雄、吴叶林，2011，《当前高校专业设置的问题审视——基于学术资本主义的视角》，《教育学报》第 1 期。

阎凤桥，2004，《中国大陆私立大学组织特征的环境因素分析》，《民办教育研究》第 1 期。

阎凤桥，2007，《中国民办高校内部治理形式及国际比较》，《浙江树人大学学报》第 5 期。

阎凤桥、林静，2012，《商业性的市民社会：一种阐释中国民办高等教育特征的视角》，《教育研究》第 4 期。

杨东平，2006，《高等教育入学机会：扩大之中的阶层差距》，《清华大学教育研究》第 1 期。

杨东平，2009，《警惕对农村学生教育机会的制度化伤害》，《教育与职业》第 28 期。

杨红卫、彭增华，2015，《应用型本科院校建设探索》，云南大学出版社。

杨钋，2012，《以就业能力为新的使命——高职高专院校组织变革的案例分析》，《教育发展研究》第 z1 期。

杨钋、井美莹、蔡瑜琢等，2015，《中国地方本科院校转型的国际经验比较与启示》，《国家教育行政学院学报》第 2 期。

杨钋、许申，2010，《本专科学生能力发展的对比研究——基于 "2008 年首都高校学生发展状况调查" 相关数据的分析》，《教育发展研究》第 5 期。

杨钋、许申，2010，《本专科学生能力发展的对比研究——基于 "2008 年首都高校学生发展状况调查" 相关数据的分析》，《教育发展研究》第 5 期。

杨素红、杨钋，2014，《应届本专科毕业生起薪的院校差异研究——基于分层线性模型的分析》，《复旦教育论坛》第 2 期。

姚捷，2016，《甘肃省地方本科院校转型发展研究》，硕士学位论文，兰州大学高等教育学系。

叶芳，2014，《福建新建地方本科院校研究》，硕士学位论文，厦门大学公共管理系。

叶晓阳、丁延庆，2015，《扩张的中国高等教育：教育质量与社会分层》，《社会》第 3 期。

易丹辉，2008，《结构方程模型：方法与应用》，中国人民大学出版社。

应用技术大学（学院）联盟/地方高校转型发展研究中心，2013，《地方本科院校转型发展实践与政策研究报告》。

于忠宁，2013，《一些地方本科院校就业率缘何 "垫底"》，《教育文汇》第 15 期。

余三定，2005，《对新建地方本科院校办学特色的理性思考》，《教育与职业》第 20 期。

余伟良，2008，《二十世纪的中国学位制度研究》，博士学位论文，湖南师范大学中国近现代史系。

俞国良、董妍，2005，《学业情绪研究及其对学生发展的意义》，《教育研究》第 10 期。

俞菓，2012，《社会学视角下的现代大学分层现象探析》，《江苏高教》第 4 期。

袁贵仁，2016，《就"教育改革和发展"答记者问》，新华网，http://www.xinhuanet.com/politics/2016lh/zhibo/20160310d/index.htm。

岳昌君，2010，《高等教育与就业的性别比较》，《清华大学教育研究》第 6 期。

岳昌君、陈昭志，2015，《"211"高校本科毕业生的就业起薪分析》，《北京大学教育评论》第 3 期。

岳昌君、胡丛，2008，《毕业生对高等教育质量评价的实证研究》，《大学》（研究与评价）第 3 期。

岳昌君、文东茅、丁小浩，2004，《求职与起薪：高校毕业生就业竞争力的实证分析》，《管理世界》第 11 期。

岳昌君、杨中超，2015，《高校毕业生就业起薪的部门差异研究》，《教育发展研究》第 11 期。

张大良，2015，《把握"学校主体、地方主责"工作定位积极引导部分地方本科高校转型发展》，《中国高等教育》第 10 期。

张道文，2010，《地方本科院校"双师型"师资队伍建设探讨》，《高等教育研究》（成都）第 1 期。

张海涛、白雪，2010，《高校毕业生就业工作中学生党员作用研究》，《商情》第 12 期。

张花，2010，《第四代评价理论视角下我国高校学生学业评价研究》，硕士论文，山东大学高等教育学系。

张恺，2016，《城乡背景给高校毕业生带来了什么？——就与就业差异的实证研究》，博士学位论文，北京大学教育经济研究系。

张莉萍，2015，《地方本科院校转型发展的困境及对策》，《教书育人》（高教论坛）第 4 期。

张茂聪、杜文静，2013，《教育政策评估：基本问题与研究反思》，《教育科学》第 10 期。

张倩、岳昌君，2009，《高等教育质量评价与学生满意度》，《中国高教研究》第 11 期。

张强，2014，《高级计量经济学及 STATA 应用》，高等教育出版社。

张筱，2014，《行业院校发展及其转型研究》，硕士学位论文，武汉工程大学高等教育学系。

张应强，2014，《从政府与大学的关系看地方本科高校转型发展》，《江苏高教》第 6 期。

张羽，2013，《教育政策定量评估方法中的因果推断模型以及混合方法的启示》，《清华大学教育研究》第 3 期。

赵彩英，2007，《地方本科院校毕业生就业状况及高校对策研究》，硕士学位论文，南京师范大学高等教育学系。

赵晨曦、张世英、刘臻，2015，《基于校企协同的地方本科院校双师型教师队伍建设的研究与实践》，《教育教学论坛》第 44 期。

赵芳林，2013，《地方高校办学特色研究》，硕士学位论文，山东师范大学高等教育学系。

赵莉、严中华，2012，《基于"社会创业"理论的高职院校组织转型研究》，《职教通讯》第 19 期。

赵琳、史静寰、王鹏等，2012，《高等教育质量的院校类型及区域差异分析——兼论我国高等教育资源配置格局与质量格局》，《清华大学教育研究》第 5 期。

赵晓阳，2013，《基于学生参与理论的高校学生发展及其影响因素研究》，博士学位论文，天津大学管理科学与工程系。

钟秉林、王新凤，2016，《我国地方普通本科院校转型发展若干热点问题辨析》，《教育研究》第 4 期。

周朝成，2009，《制度变迁与民办高校组织转型——以浙江树人大学四校联合组建为例》，《教育发展研究》第 6 期。

周光礼、吴越，2009，《我国高校专业设置政策六十年回顾与反思——基于历史制度主义的分析》，《高等工程教育研究》第 5 期。

周涛、鲁耀斌，2006，《结构方程模型及其在实证分析中的应用》，《工业工程与管理》第 5 期。

周廷勇、周作宇，2012，《高校学生发展影响因素的探索性研究》，《复旦教育论坛》第 3 期。

周志光、郭建如，2013，《高职院校组织转型：要素和分析框架——以某高职示范校建设为例》，《职业技术教育》第 7 期。

朱波涌、罗雪松，2008，《关于新建地方本科院校师资队伍建设的思考》，《教育与职业》第 15 期。

朱红，2010a，《高校人才培养质量评估新范式——学生发展理论的视角》，《国家教育行政学院学报》第 9 期。

朱红，2010b，《高校学生参与度及其成长的影响机制——十年首都大学生发展数据分析》，《清华大学教育研究》第 6 期。

朱红、安栋，2016，《教学行为对本科生创新能力影响的实证研究——基于理科与其他学科的比较》，《教育学术月刊》第 1 期。

朱省娥、孙熠，2006，《影响大学生学业成绩因素的统计分析》，《统计科学与实践》第 4 期。

朱世一，2011，《地方本科高校就业现状及对策研究——以河北省为例》，硕士学位论文，河北师范大学思想政治教育系。

卓奕源，2010，《地方重点本科院校推进人才大类培养的研究》，硕士学位论文，浙江工业大学项目管理系。

邹建国、言捷智，2017，《地方本科院校转型发展背景下人才培养模式的困境与出路》，《高教学刊》第 4 期。

祖力亚提·司马义，2008，《少数民族学生低学业成就浅析》，《西北民族研究》第 2 期。

英文文献

Abadie, A. 2004. "Implementing Matching Estimators for Average Treatment Effects in Stata. " *Stata Journal* 3：290 – 311.

Arthur, W. Chickering and Linda Reisser. 1993. *Education and Identity* (Second Edition). San Franc ISEI：Jossey-Bass.

Astin, A. W. and Education A. C. O. 1992. "Assessment for Excellence：The Philosophy and Practice of Assessment and Evaluation in Higher Education. " *Journal of Higher Education* 63 (6).

Astin, A. W. 1970. "The Methodology of Research on College Impact, Part One. " *Sociology of Education* 4：N/A.

Astin, A. W. 1971. "The Methodology of Research on College Impact, Part Two. " *Sociology of Education* 4：N/A.

Astin, A. W. 1984. "Student Involvement：A Developmental Theory for Higher Education. " *Journal of College Student Personal* 4：297 – 308.

Astin, A. W. 1991. *Assessment for Excellence: The Philosophy and Practice of Assessment and Evaluation in Higher Education*. New York.

Astin, A. W. 1970. "College Influence: A Comprehensive View. " *Syccritiques* 15: N/A.

Astin, A. W. 1985. "Achieving Educational Excellence. " *Priorities & Practices in Higher Education* 1: 1 – 12.

Barr, R. and Dreeben, R. 1983. *How Schools Work*. Chicago: University of Chicago Press.

Baum, J. A. C. and Dobbin, F. 2000. "The Iron Cage Revisited: Institutional Isomorphism and Collective Rationality in Organizational Fields. " *Advances in Strategic Management* 2: 147 – 160.

Betts, J. R. and Morell, D. 1999. "The Determinants of Undergraduate Grade Point Average—The Relative Importance of Family Background, High School Resources, and Peer Group Effects. " *Journal of Human Resources* 2: 268 – 293.

Bidwell, C. E. and Kasarda, J. D. 1980. "Conceptualizing and Measuring the Effects of School and Schooling. " *American Journal of Education* 4: 401 – 430.

Blau, P. M. 1960. "Structural Effects. " *American Sociological Review* 2: 178.

Bliese, P. D. 2000. *Within-groupagreement, Non-independence, and Reliability*. San Franc ISEI: Jossey-Bass.

Clark, B. R. 1998. *Creating Entrepreneurial Universities: Organizational Pathways of Transformation*. Pergamon.

Coleman, J. S. 1966. Equality of Education Opportunity. Washington D. C. : U. S. Government Printing Office.

Dreeben, R. 2000. *Structural Effects in Education*. Springer.

Durkheim, E. 1938. *The Rules of the Sociological Method*.

Dzubur, E. 2015. "XTCENTER: Stata Module to Disaggregate Within and Between-person Effects by Centering Variables for Mixed and Melogit Models. " *Statistical Software Components*.

Fletcher, B. R. 1990. "Organization Transformation Theorists and Practitioners: Profiles and Themes. "

Flowers, L. and Pierson, C. T. 2001. "How Much Do Students Learn in

College? Cross-Sectional Estimates Using the College BASE. " *Journal of Higher Education* 5: 565 – 583.

Gumport, P. J. and Sporn, B. 1999. *Institutional Adaptation: Demands for Management Reform and University Administration.* Springer Netherlands.

Howe, J. G. 1977. " Group Climate: An Exploratory Analysis of Construct Validity. " *Organizational Behavior & Human Performance* 1: 106 – 125.

James, L. R. and Jones, A. P. 1976. " Organizational Structure: A Review of Structural Dimensions and Their Conceptual Relationships with Individual Attitudes and Behavior. " *Organizational Behavior & Human Performance* 1: 74 – 113.

James, L. R. , Demaree, R. G. , and Wolf, G. 1984. "Estimating Within-group Inter Rater Reliability with and Without Response Bias. " *Journal of Applied Psychology* 691: 85 – 98.

Kavanagh, M. H. and Ashkanasy, N. M. 2006. "The Impact of Leadership and Change Management Strategy on Organizational Culture and Individual Acceptance of Change During a Merger. " *British Journal of Managements* 1: S81 – S103.

Ketchen, Jr. D. J. and Giunipero, L. C. 2004. " The Intersection of Strategic Management and Supply Chain Management. " *Industrial Marketing Management* 1: 51 – 56.

Kuh, G. D. , Pace, C. R. , and Vesper, N. 1997. " The Development of Process Indicators to Estimate Student Gains Associated with Good Practices in Undergraduate Education. " *Research in Higher Education* 4: 435 – 454.

Kuh, G. D. E. , Kinzie, J. E. , Buckley, J. A. E. , et al. 2006. " Piecing Together the Student Success Puzzle: Research, Propositions, and Recommendations. ASHE Higher Education Report, Volume 32, Number 5. " *Ashe Higher Education Report* 5: 1 – 182.

Lenning, O. T. and Others, A. 1977. " A Structure for the Outcomes of Postsecondary Education. "

Leslie, L. L. and Slaughter, S. A. 1997. "The Development and Current Status of Market Mechanisms in United States Postsecondary Education. " *Higher Education Policy* 3 – 4: 239 – 252.

Levin, J. S. 2000. "The Revised Institution: The Community College Mission at the End of the Twentieth Century." *Community College Review* 2: 1 – 25.

Levy, A. and Merry, U. 1986. *Organizational Transformation: Approaches, Strategies, Theories.* Greenwood Publishing Group.

Maani, S. A. and Kalb, G. 2007. "Academic Performance, Childhood Economic Resources, and the Choice to Leave School at Age 16." *Economics of Education Review* 3: 361 – 374.

Merton, R. K. 1937. "Social Structure and Anomie." *Mid-American Review of Sociology* 4: 91 – 96.

Oliver, C. M. 1991. "Strategic Responses to Institutional Process." *Academy of Management Review.*

Pascarella, E. T. and Terenzini, P. T. 2005. *How College Affects Students: Vol. 2 A Decade of Research.* San Franc ISEI: John Wiley & Sons.

Pascarella, E. T. and Terenzini, P. T. 2005. "How College Affects Students: A Third Decade of Research. Volume 2." *Jossey-Bass, An Imprint of Wiley* 3: 8 – 10.

Peterson, M. W and Others, A. 1998. "Planning and Management for a Changing Environment: A Handbook on Redesigning Postsecondary Institutions." *Administrator Role* 1: 56 – 61.

Prashant, L., Yingquan, S., and Jianguo, W. 2012. "The Effects of Attending Selective College Tiers in China." *Social Science Research* 41: 287 – 305.

Raftery, A. E. and Hout, M. 1993. "Maximally Maintained Inequality: Expansion, Reform, and Opportunity in Irish Education, 1921 – 1975." *Sociology of Education* 1: 41 – 62.

Romanelli, B. E. and Tushman, M. 2015. "Organizational Transformation as Punctuated Equilibrium." *Academy of Management Journal.*

Romanelli, E. and Tushman, M. L. 1994. "Organizational Transformation as Punctuated Equilibrium: An Empirical Test." *Academy of Management Journal* 5: 1141 – 1166.

Rothstein, R. 2004. "Accountability for Noncognitive Skills: Society Values Traits Not Covered on Academic Tests, so Why Aren't They Measured in School?" *School Administrator* 61: 5.

Samuel, R. and Lucas. 2001. "Effectively Maintained Inequality: Education

Transitions, Track Mobility, and Social Background Effects. " *American Journal of Sociology* 6: 1642 – 1690.

Smith, D. G. and Morrison, D. E. 1994. " College as a Gendered Experience. " *Journal of Higher Education.*

Sporn, B. 1999. " Adaptive University Structures: An Analysis of Adaptation to Socioeconomic Environments of US and European Universities. Higher Education Policy Series 54. " *Acta Psychiatrica Scandinavica* 4: 261.

Strauss, L. C. and Volkwein, J. F. 2002. " Comparing Student Performance and Growth in 2-and 4-Year Institutions. " *Research in Higher Education* 2: 133 – 161.

Wang, J. , Wildman, L. , and Calhoun, G. 1996. " The Relationships Between Parental Influence and Student Achievement in Seventh Grade Mathematics. " *School Science & Mathematics* 8: 395 – 399.

Weidman, J. C. 1989. " Undergraduate Socialization: A Conceptual Approach. " *Higher Education: Handbook of Theory and Research.*

Wilson, A. B. 1959. " Residential Segregation of Social Classes and Aspirations of High School Boys. " *American Sociological Review* 24: 836 – 845.

Zhang, L. 2009. " Does State Funding Affect Graduation Rates at Public Four-year Colleges and Universities? " *Educational Policy* 5: 714 – 731.

图书在版编目(CIP)数据

地方本科院校转型与学生发展 / 吴红斌著. -- 北京：
社会科学文献出版社，2020.3
ISBN 978 - 7 - 5201 - 6042 - 1

Ⅰ.①地…　Ⅱ.①吴…　Ⅲ.①地方高校－教育改革－
研究－中国　Ⅳ.①G649.21

中国版本图书馆 CIP 数据核字（2020）第 014317 号

地方本科院校转型与学生发展

著　　者 / 吴红斌

出 版 人 / 谢寿光
责任编辑 / 杨桂凤
文稿编辑 / 张真真

出　　版 / 社会科学文献出版社·群学出版分社（010）59366453
　　　　　地址：北京市北三环中路甲 29 号院华龙大厦　邮编：100029
　　　　　网址：www. ssap. com. cn
发　　行 / 市场营销中心（010）59367081　59367083
印　　装 / 三河市龙林印务有限公司

规　　格 / 开　本：787mm × 1092mm　1/16
　　　　　印　张：16.75　字　数：282 千字
版　　次 / 2020 年 3 月第 1 版　2020 年 3 月第 1 次印刷
书　　号 / ISBN 978 - 7 - 5201 - 6042 - 1
定　　价 / 118.00 元

本书如有印装质量问题，请与读者服务中心（010 - 59367028）联系